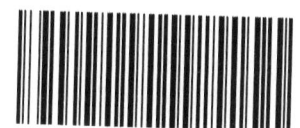

真昼の月

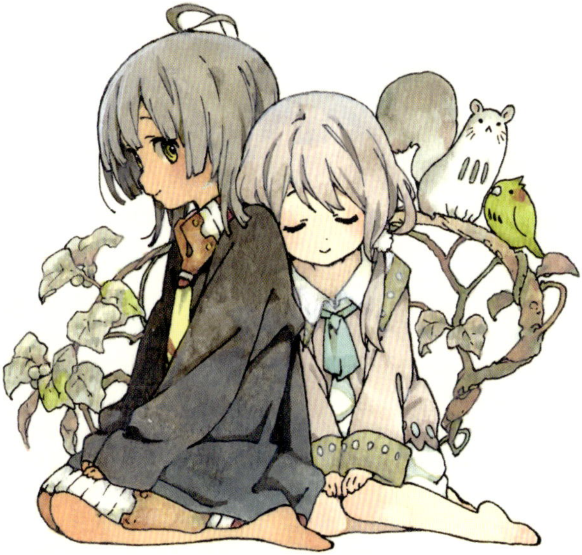

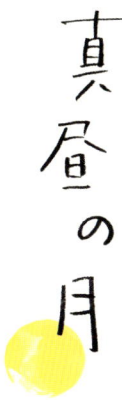

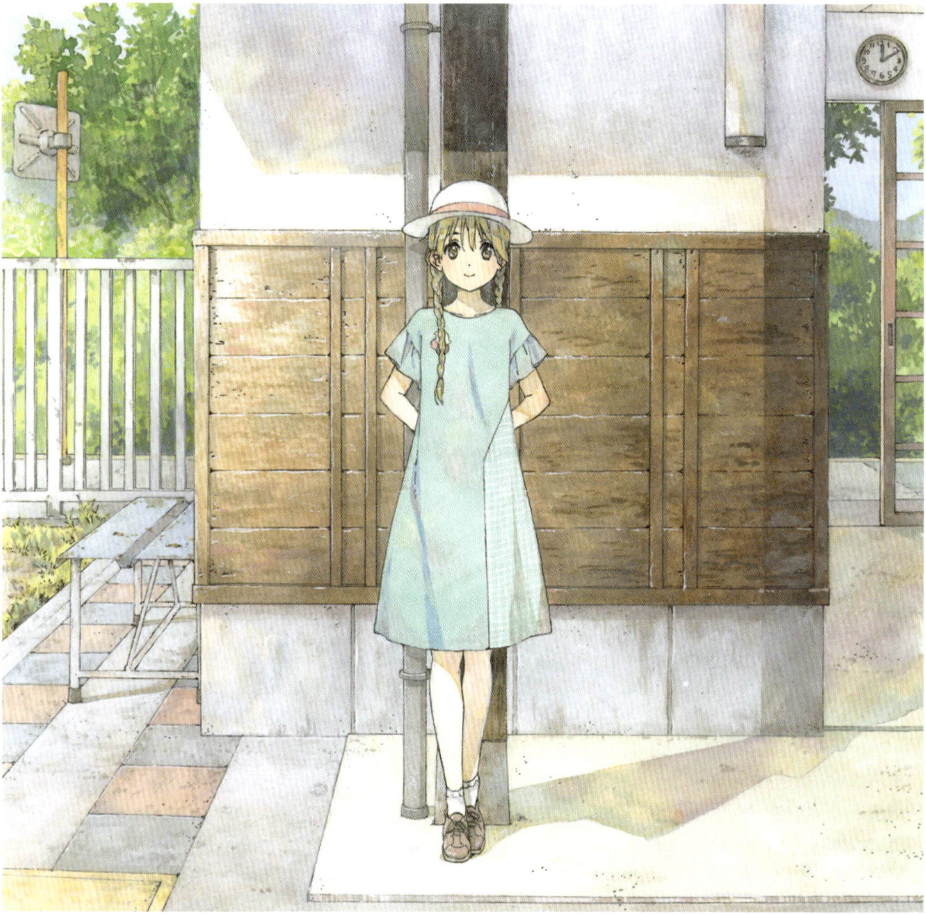

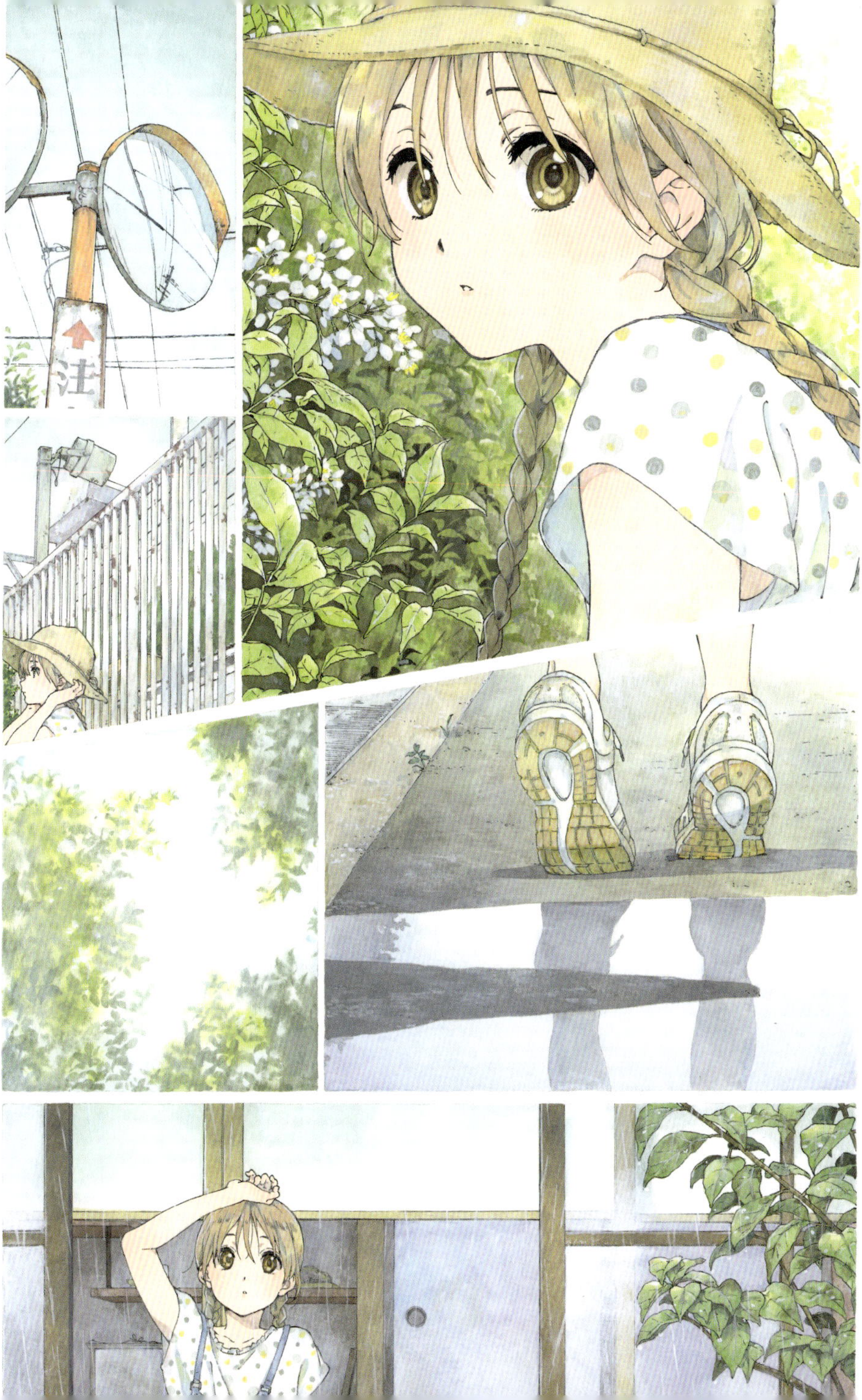
注

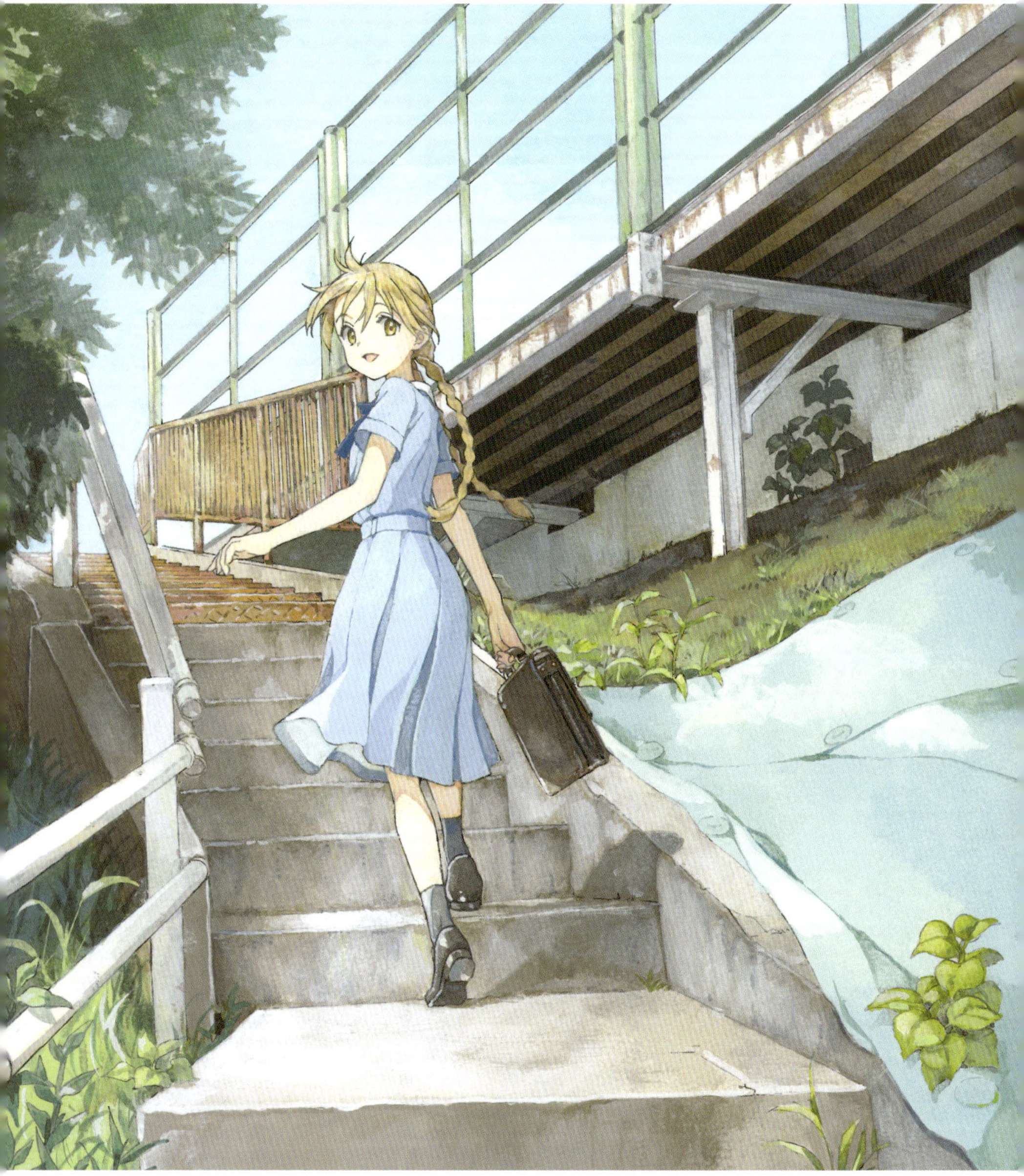

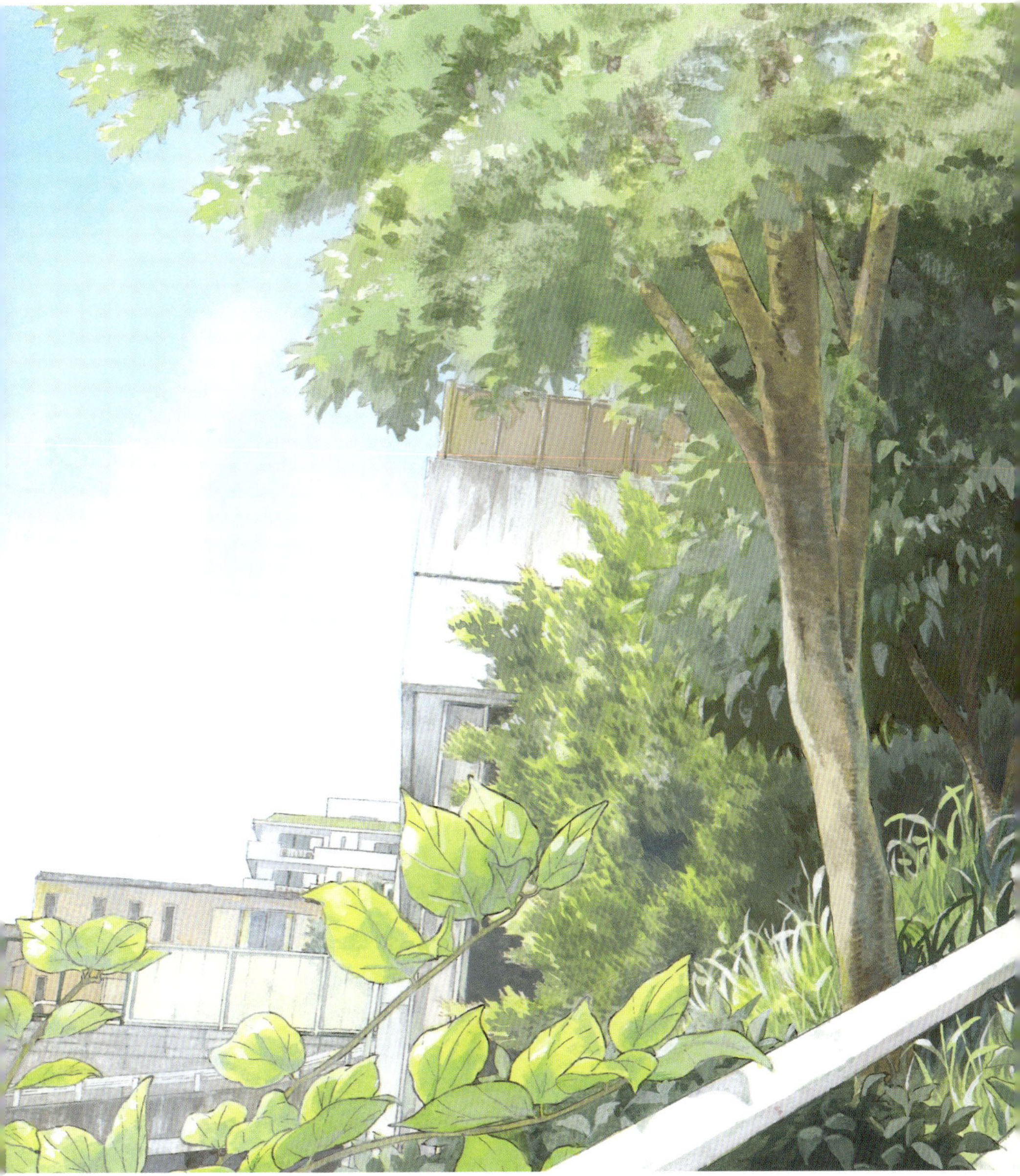

呼吸の隙間を。
きみに奪われてしまったんだ。

chapter.1

girl meets girl

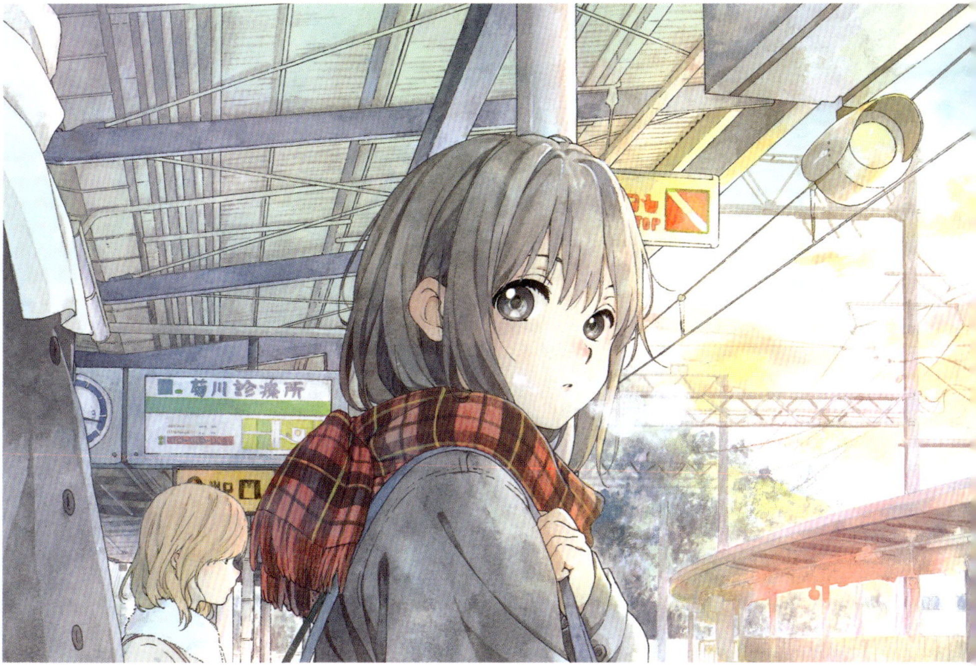
菊川診療所

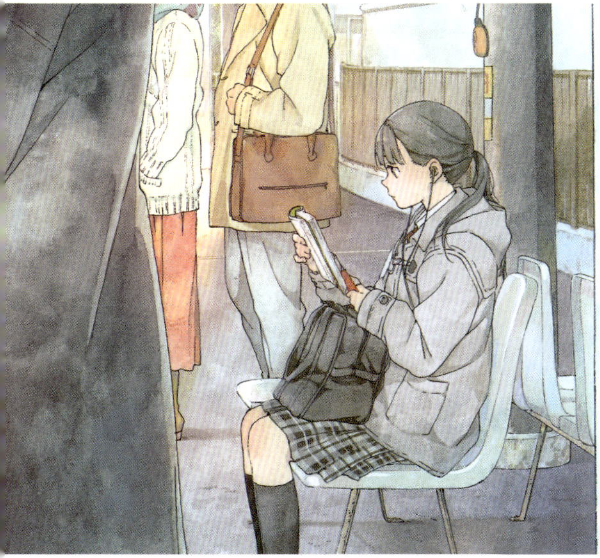

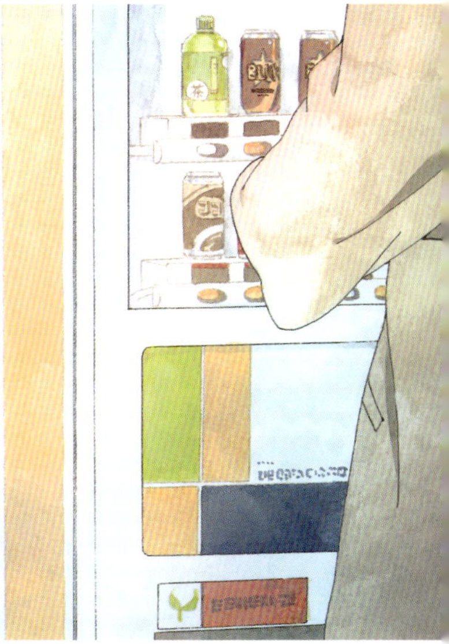

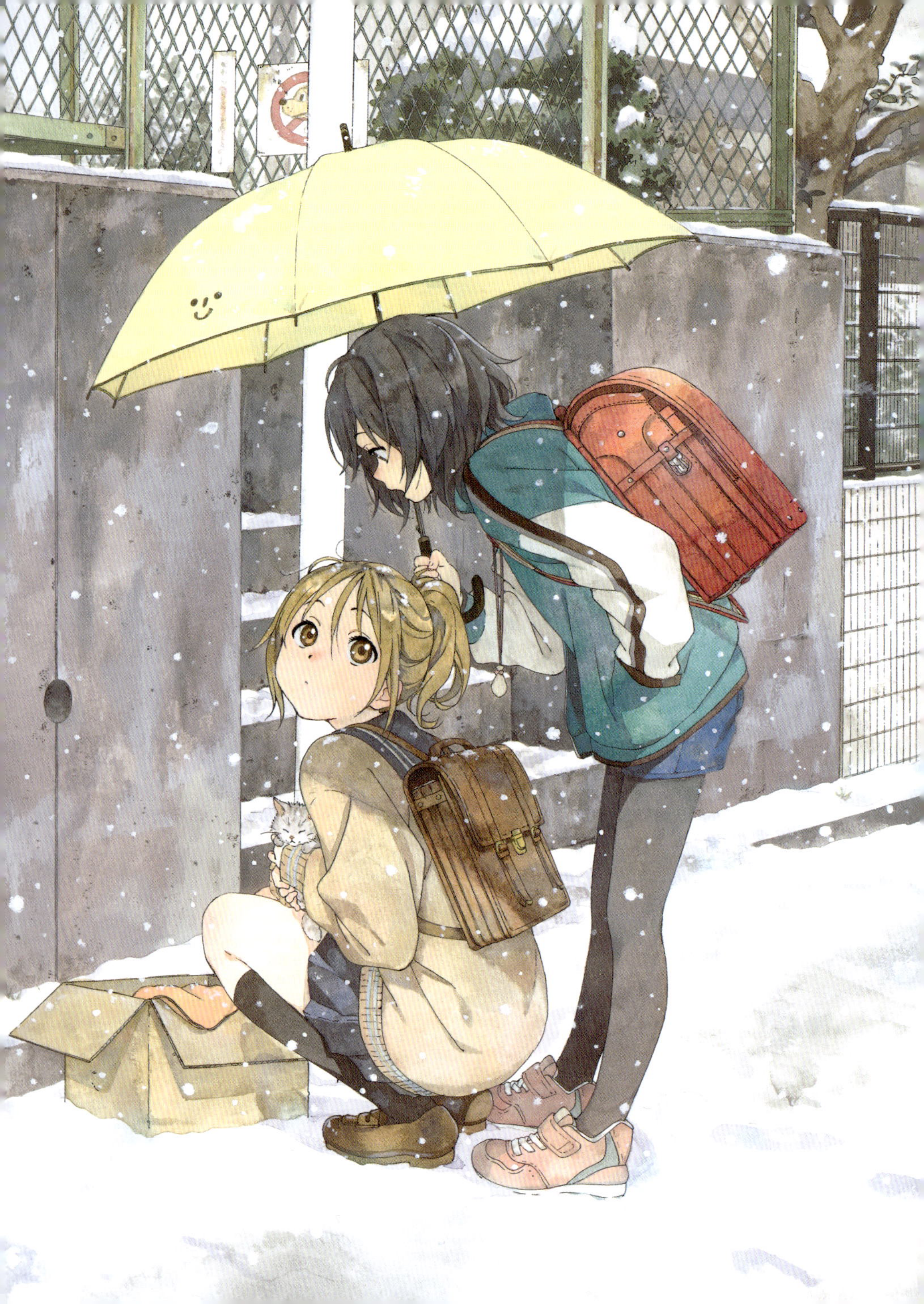

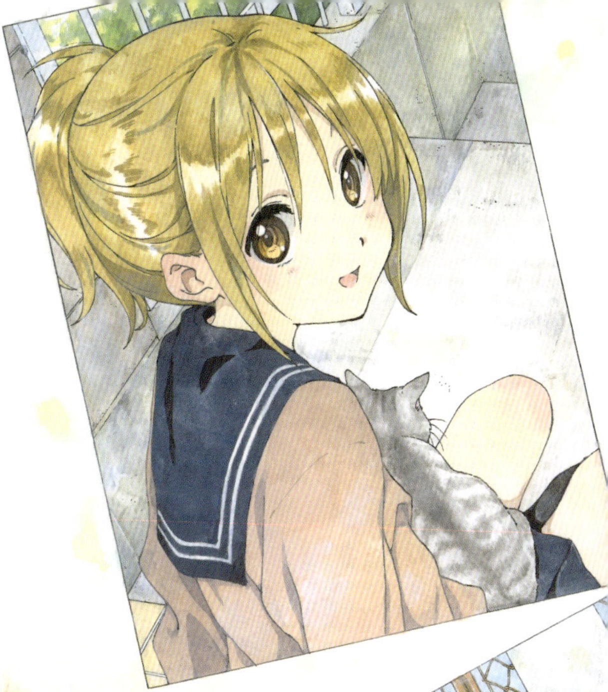

あしおと。
手の中の温度と、
きみのにおいと。

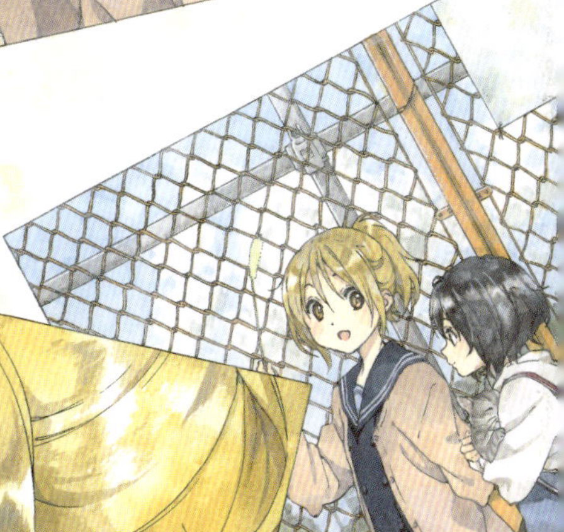

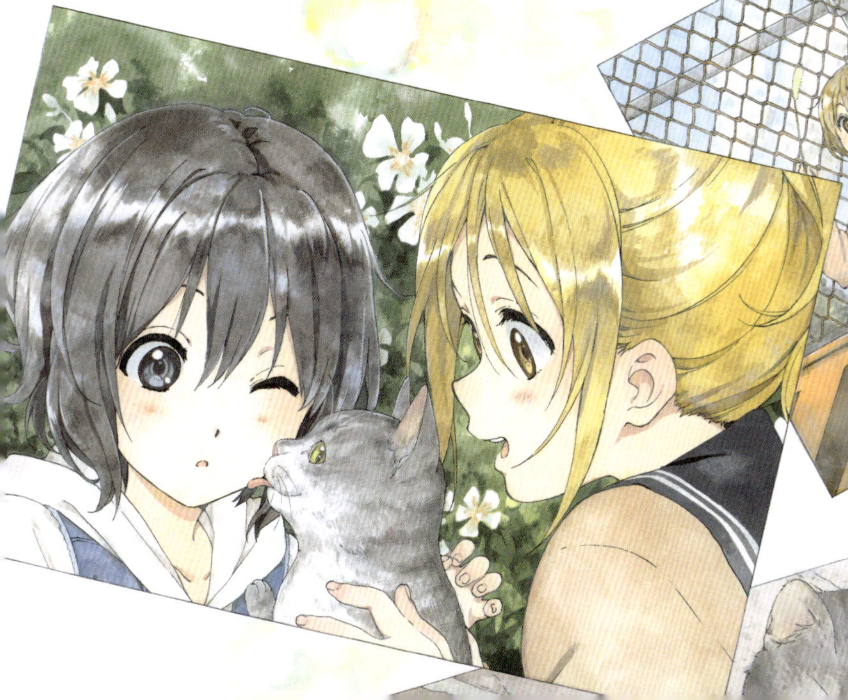

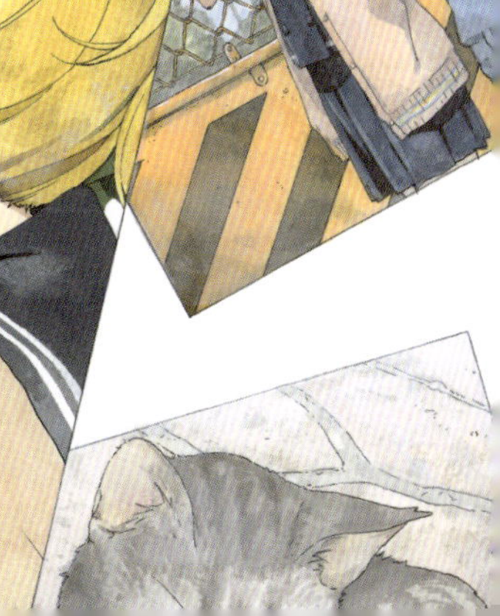

等身大のままで
いてくれて
うれしいんだよ。

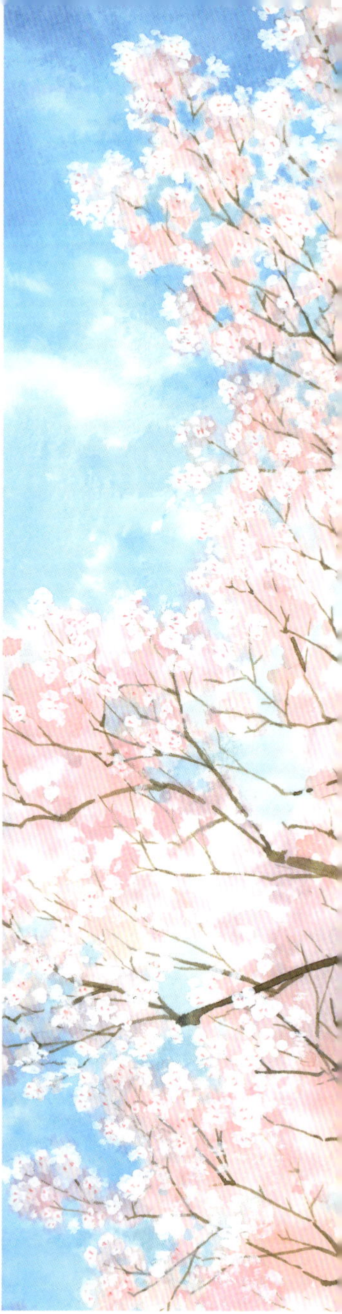

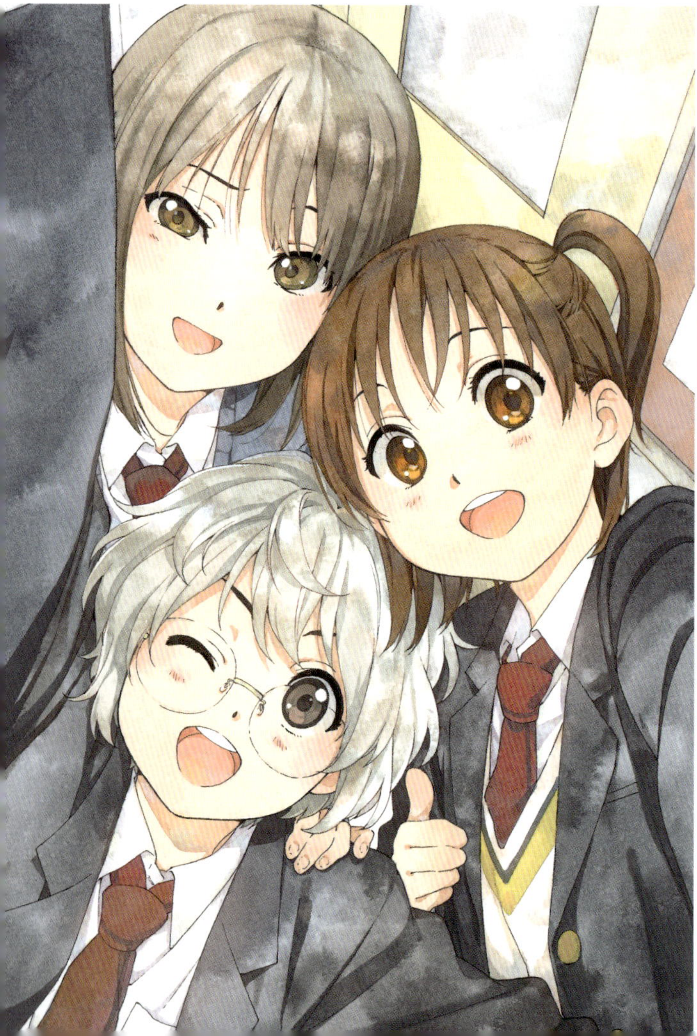

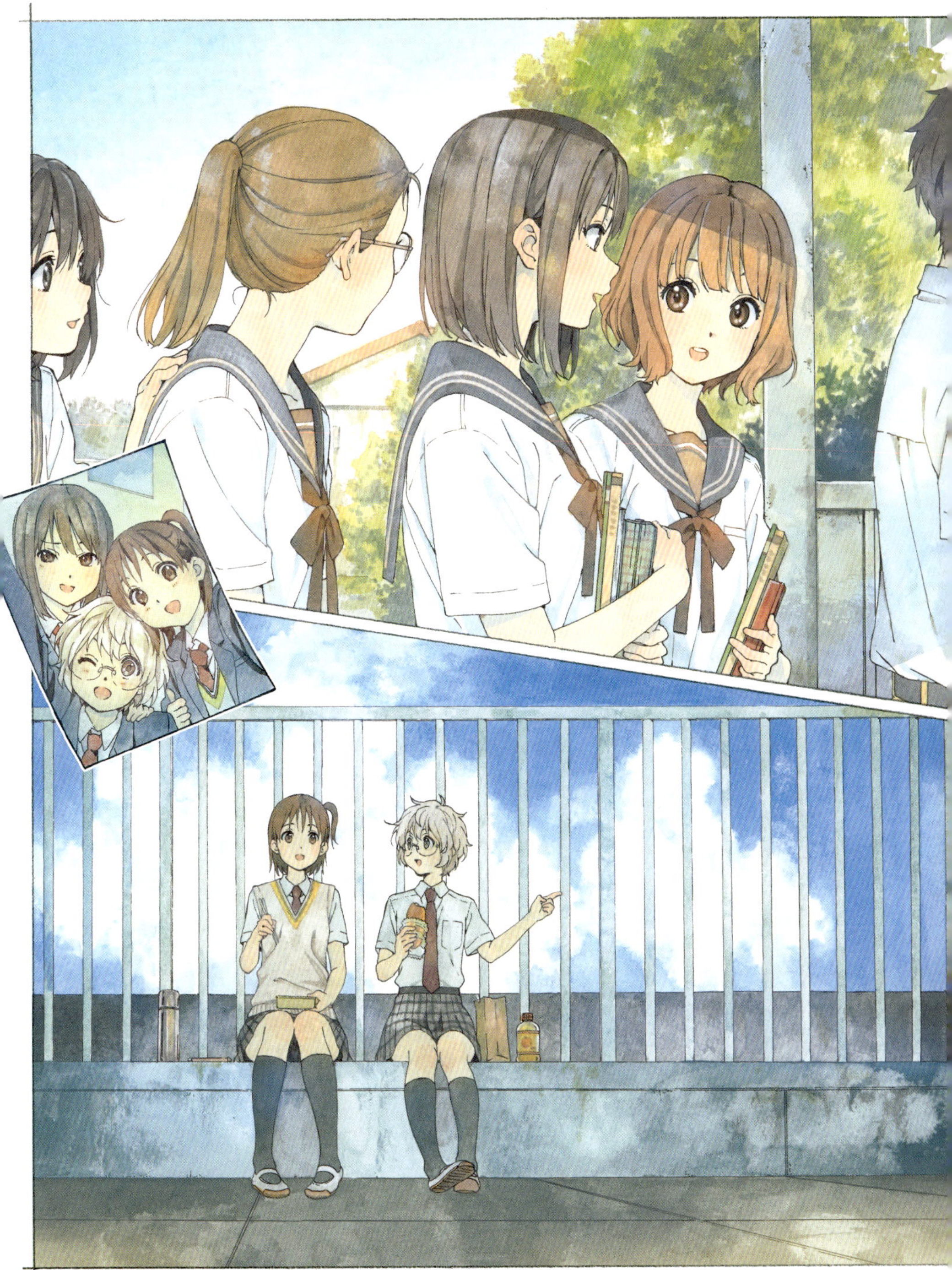

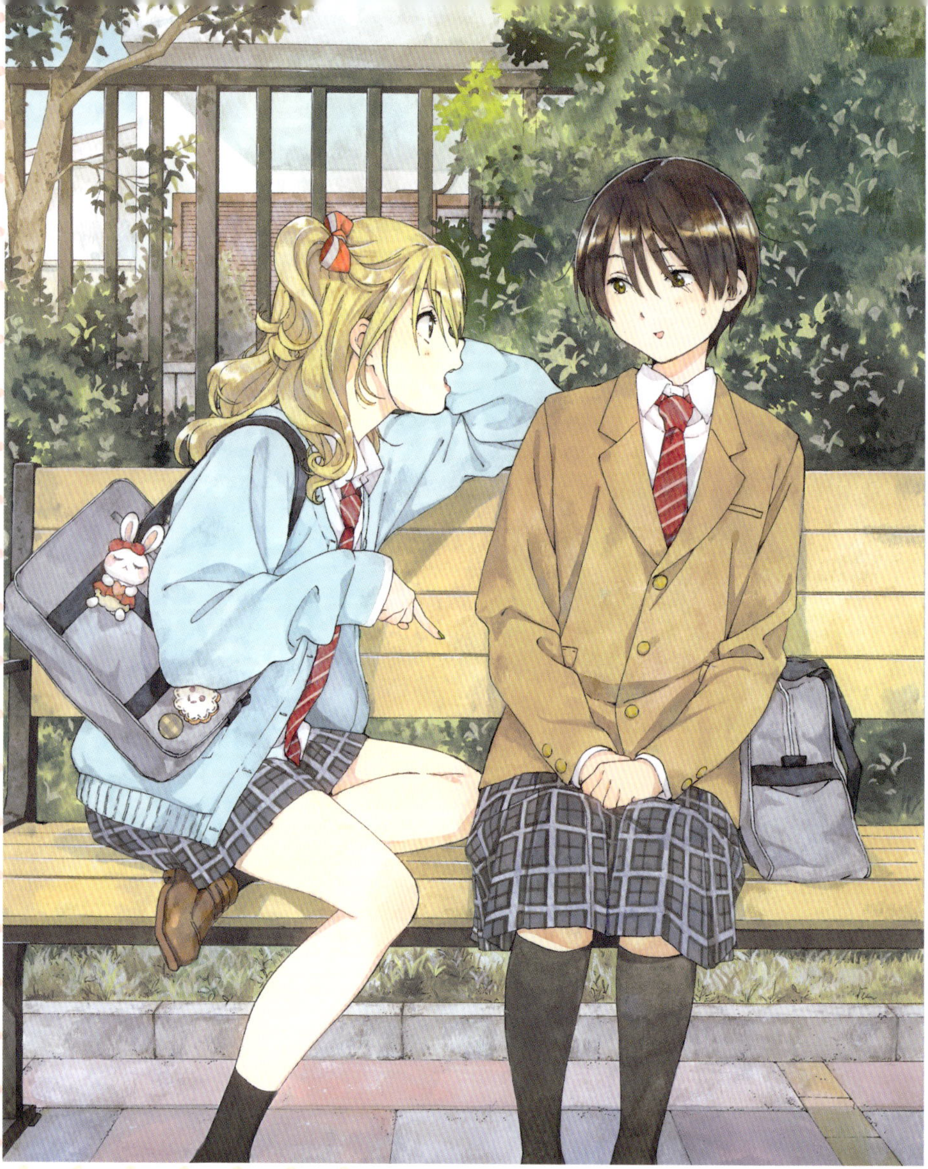

しらないこと
まだ
いっぱいある。

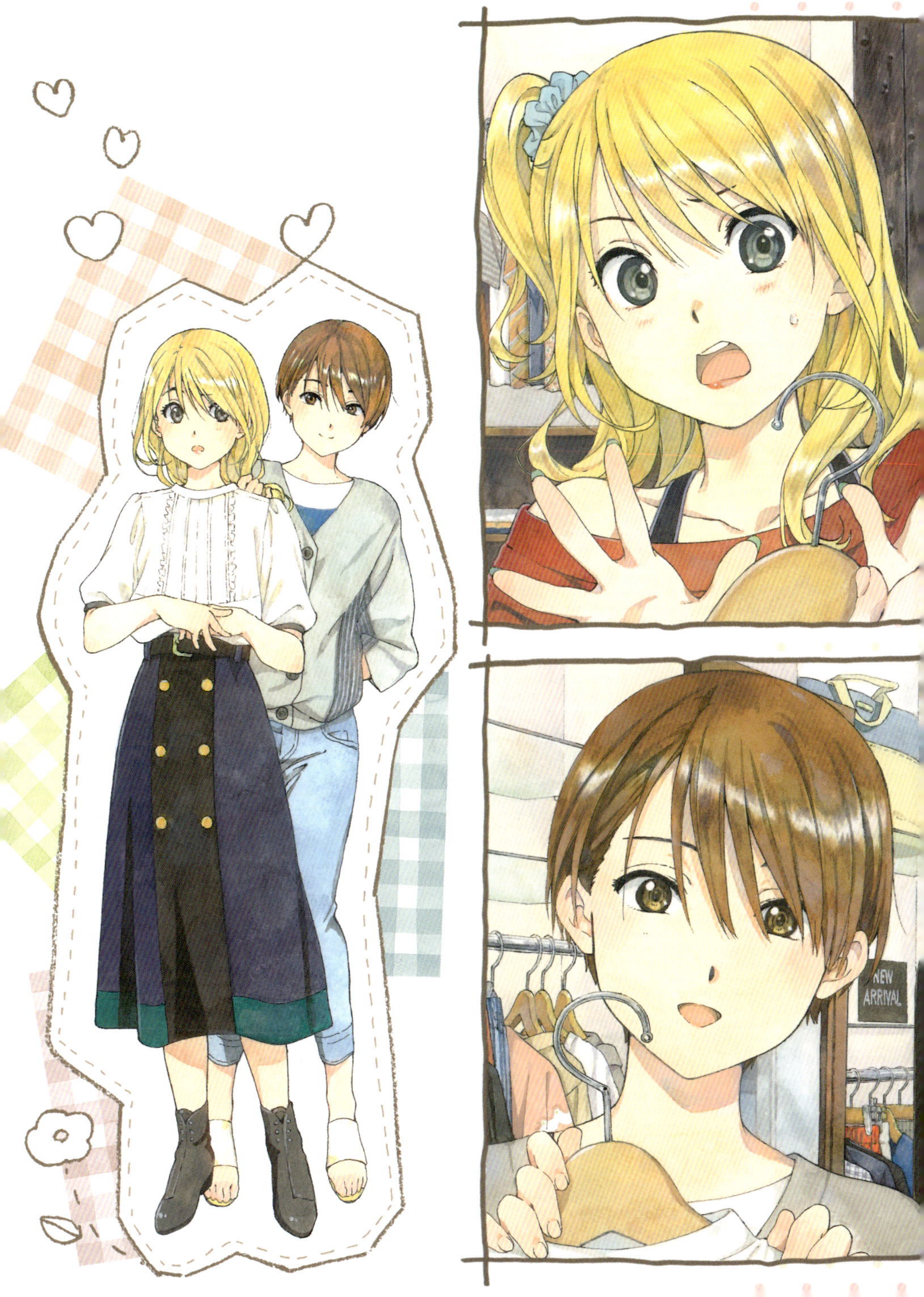
NEW ARRIVAL

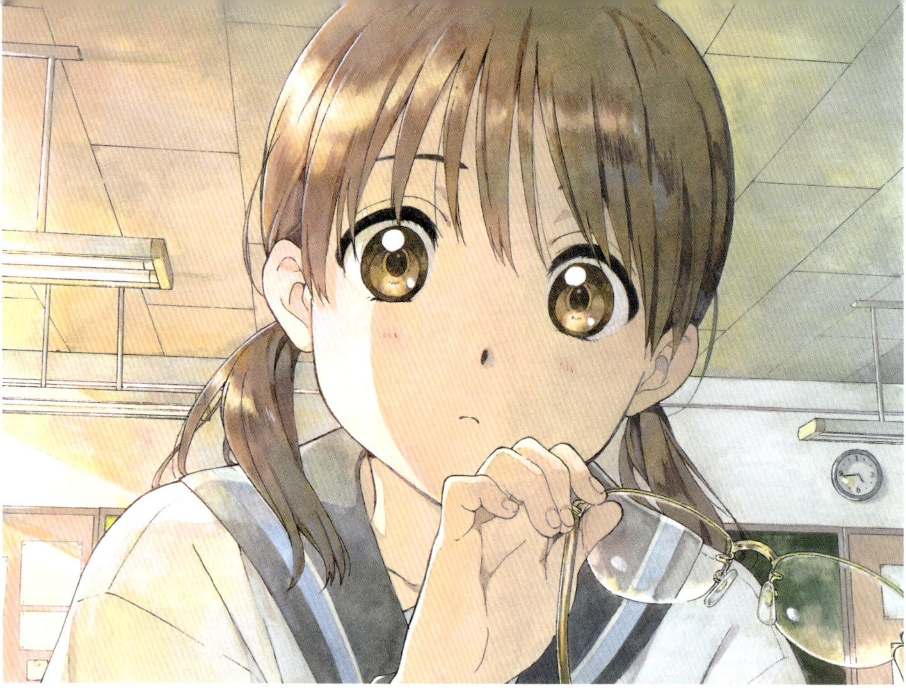

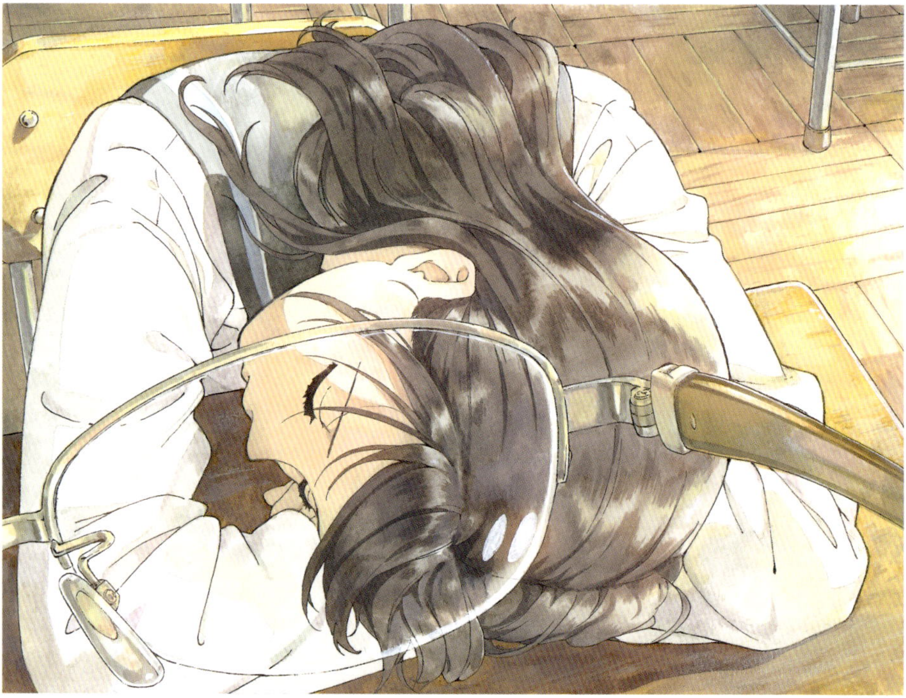

チョークの粉がすべり落ちるくらいの時間。

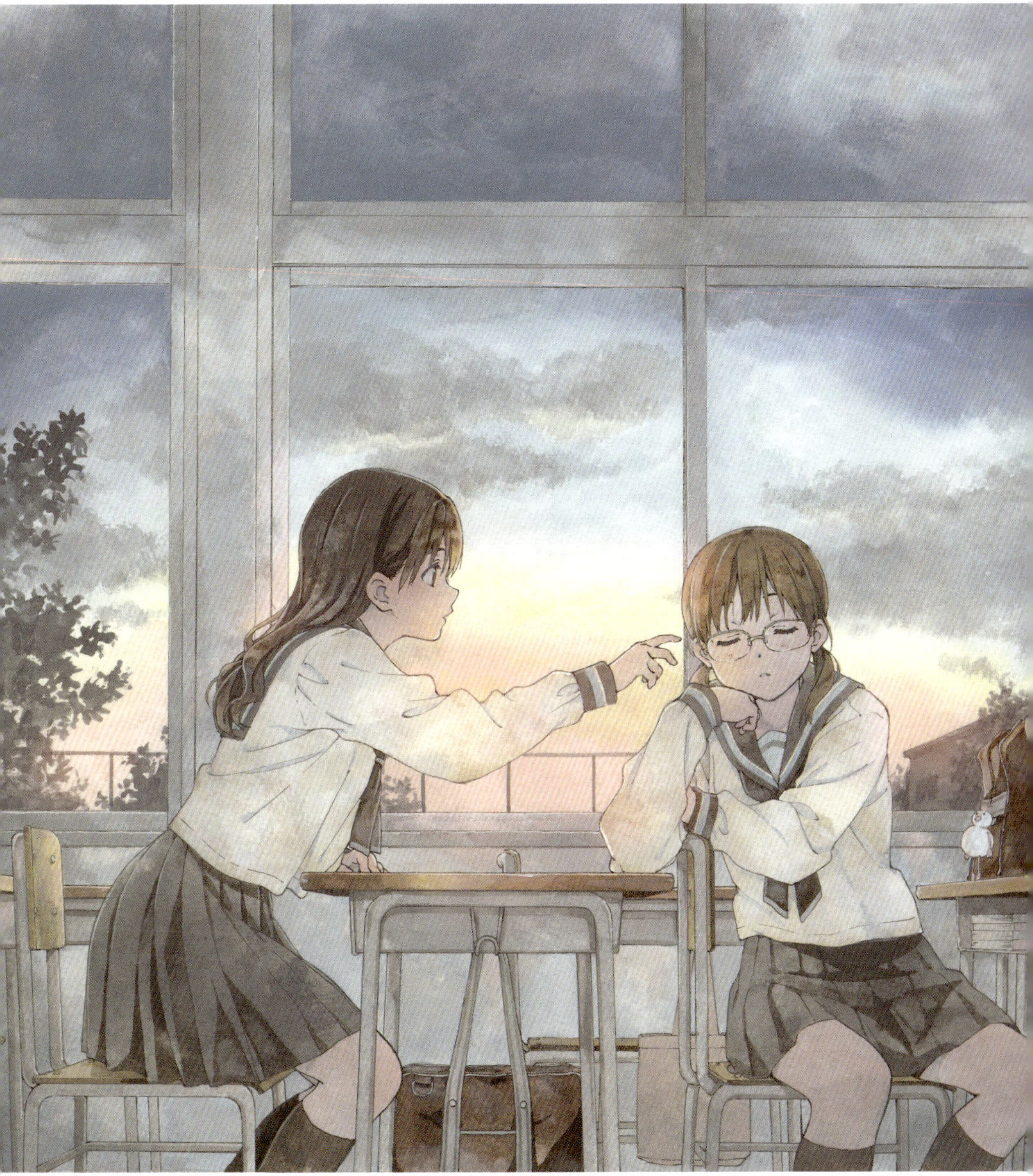

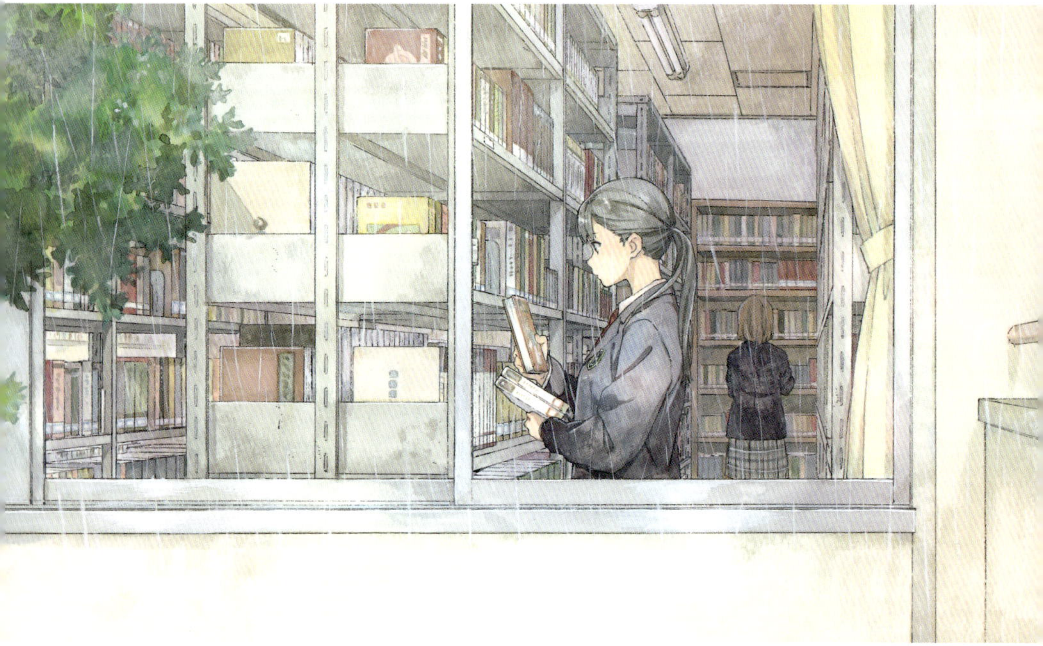

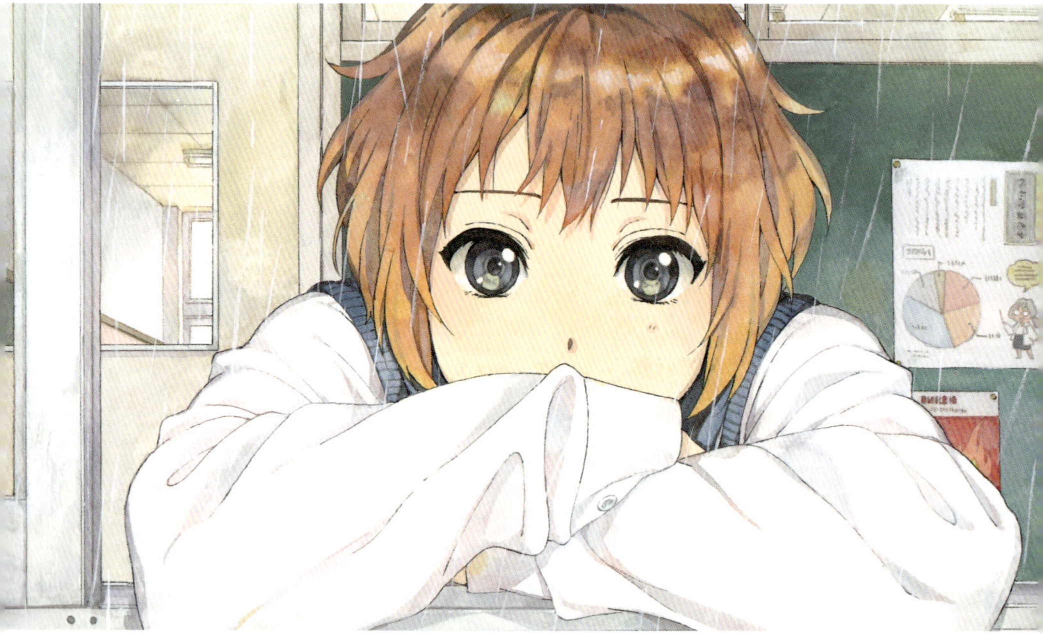

やっと、やっとだ。
この瞬間のこと
めちゃくちゃシミュレーション、した。

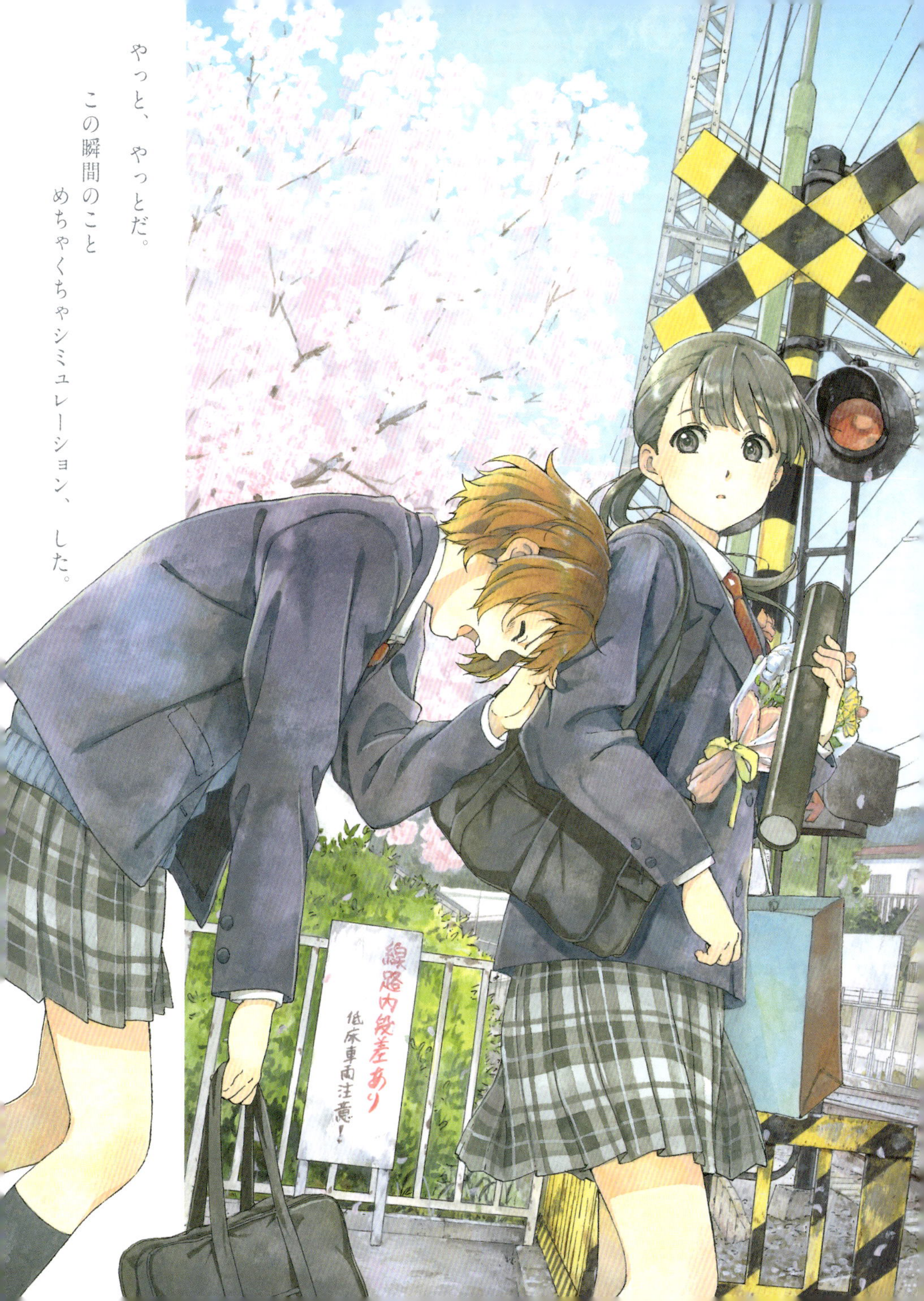

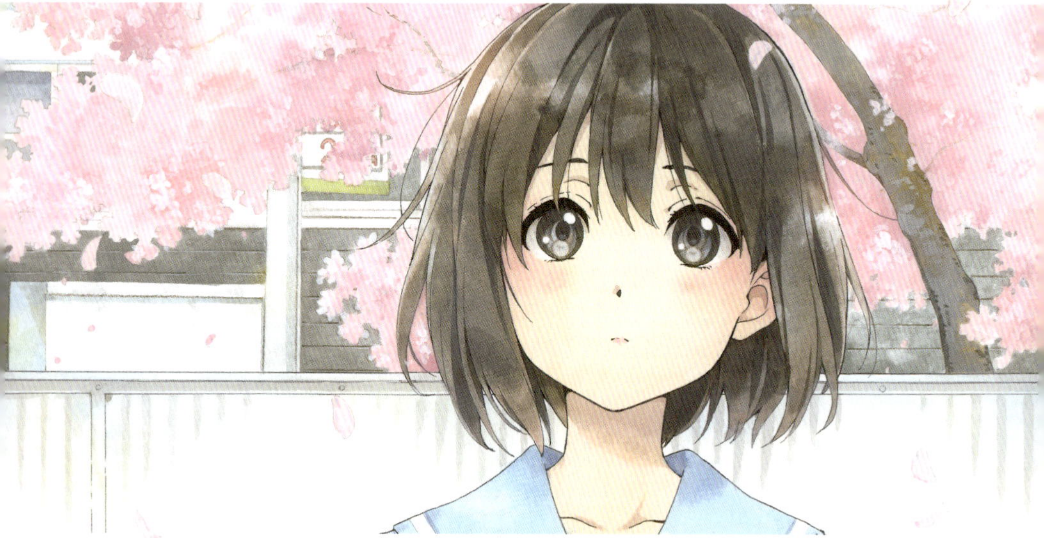

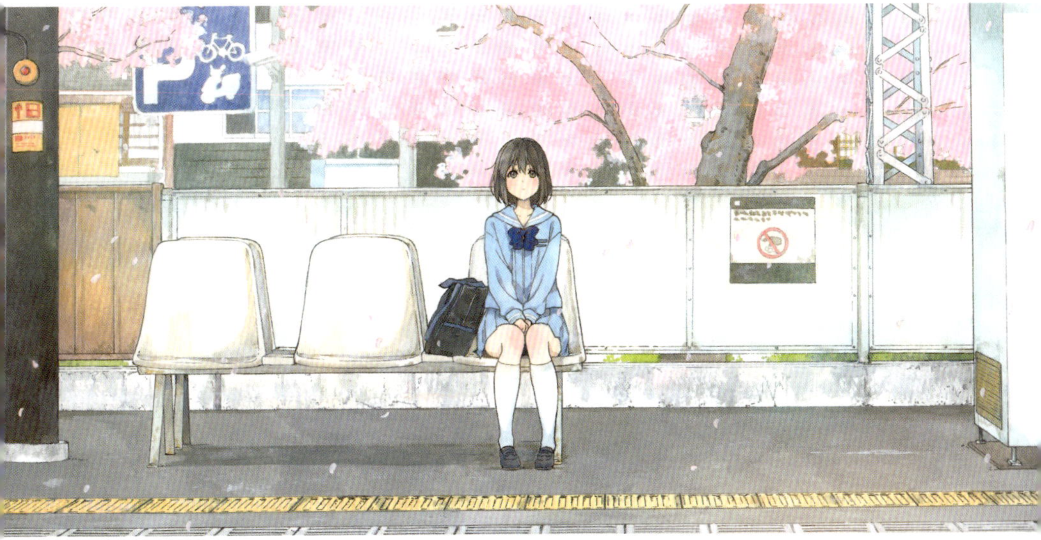

わたしは
ここにいます。

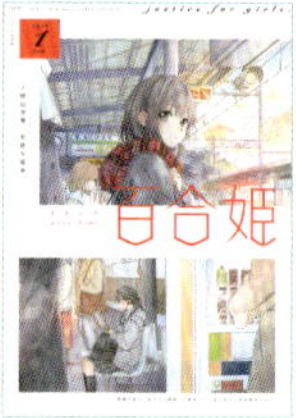

一迅社「コミック百合姫」
2019年1月号表紙

ベンチの君。胸の奥の密かな高揚感と、肌がちくちくする冬のつめたい雰囲気を出したいなと思って描きました。未満の想い。

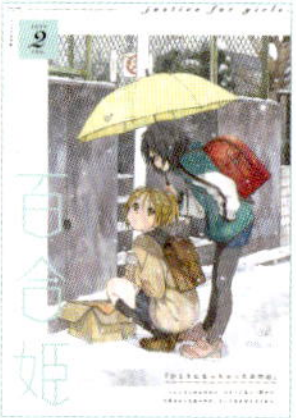

一迅社「コミック百合姫」
2019年2月号表紙

小学生（高学年）と中学2年生と猫の組み合わせが好きなんですよね。色々この二人（+猫）には妄想が詰まっています。

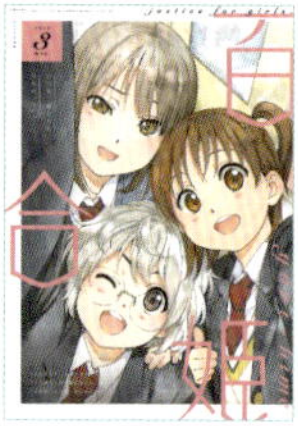

一迅社「コミック百合姫」
2019年3月号表紙

しっとりした絵が続いたので、ここで明るい絵を入れたいなと。仲良し三人娘。画集の方では7月号の背景を入れ込んでいます。

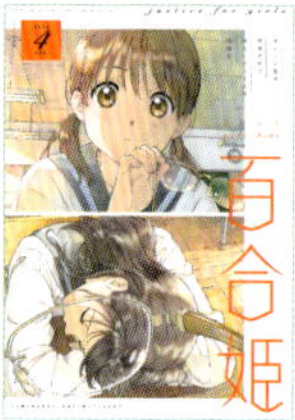

一迅社「コミック百合姫」
2019年4月号表紙

1月号のラフで採用されなかった絵です。息遣いが聞こえそうな生っぽい感じが上手く出せたかなと気に入っています。

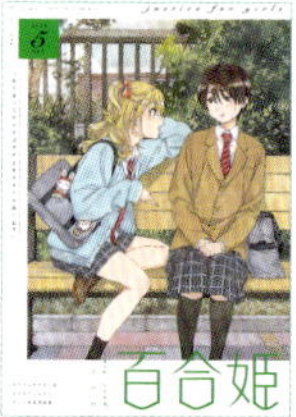

一迅社「コミック百合姫」
2019年5月号表紙

編集さんがギャルが好きだとおっしゃっていたので描きました。お相手は絶対ベリーショート！ と決めてました。

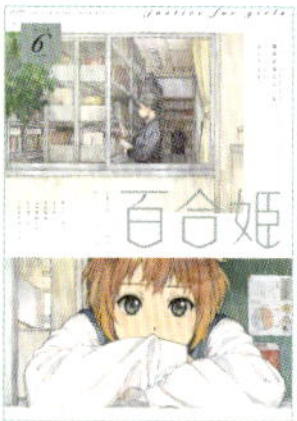

一迅社「コミック百合姫」
2019年6月号表紙

ベンチの君再登場です。雨越しの安全圏なら見放題な後輩ちゃん。誰にも知られるわけにはいきません、この気持ちは。

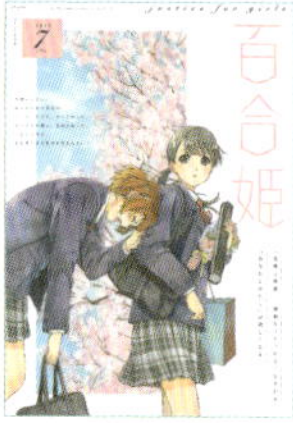

一迅社「コミック百合姫」
2019年7月号表紙

元々バックは踏切をイメージしていたので、画集用に加筆してみました。先輩の卒業式。後ろ指さされる怖さより、一生会えなくなる怖さ。

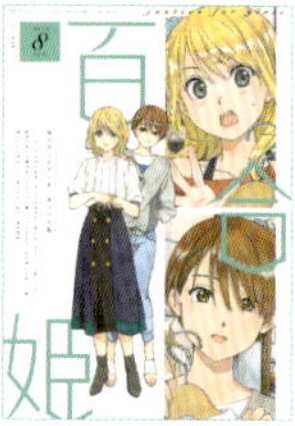

一迅社「コミック百合姫」
2019年8月号表紙

髪を茶色く染めたベリーショートちゃん。お互いを尊重しながら影響しあえる素敵な関係ではないでしょうか…！

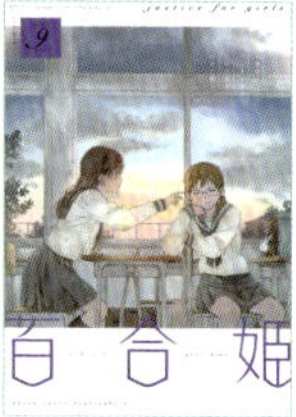

一迅社「コミック百合姫」
2019年9月号表紙

昼と夜？ のような、絶対的な違いに気づいているのです。そのままずっと光の中にいて欲しい人。きっとそんな感じでしょうか。

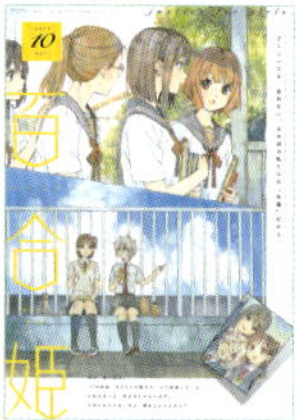

一迅社「コミック百合姫」
2019年10月号表紙

当たり前が当たり前でなくなって、そのことに慣れていく哀しさ。抗う時点で違ってしまっているという…。

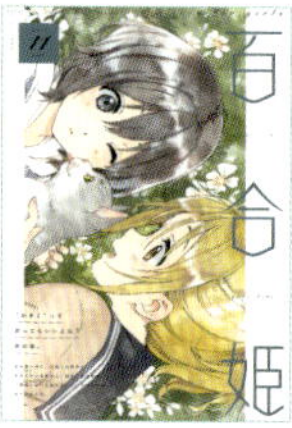

一迅社「コミック百合姫」
2019年11月号表紙

画集では細かいコマ割り絵にする予定でしたが、結局写真風になりました。雪解け。裏設定でお互いの親の再婚（姉妹！）というのがあったり。

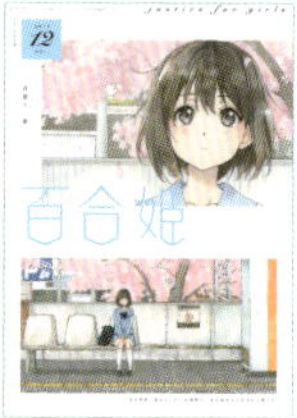

一迅社「コミック百合姫」
2019年12月号表紙

魔法が解けて、残ったのは何も変わっていない自分。でも天気は良いし、風も気持ちいいのです。本誌でも白枠に桜を散らす予定だったのに忘れてました;

P.6〜P.19
ポエム・上座 梟

表紙デザイン：BALCOLONY.

chapter.2 Novel illustration

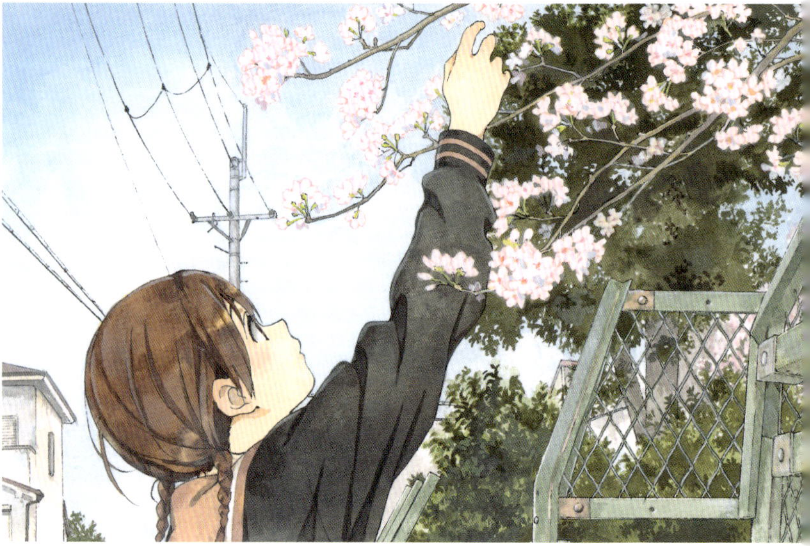

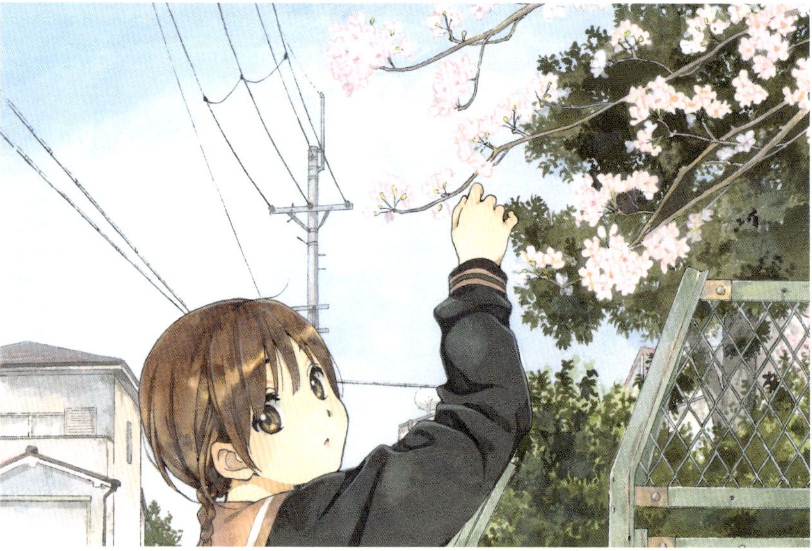

「季刊エス」vol.64(左)　「季刊エス」vol.66(右)　この子は別の写真集を出す予定でしたがピンと来ず今回収録しました(汗)

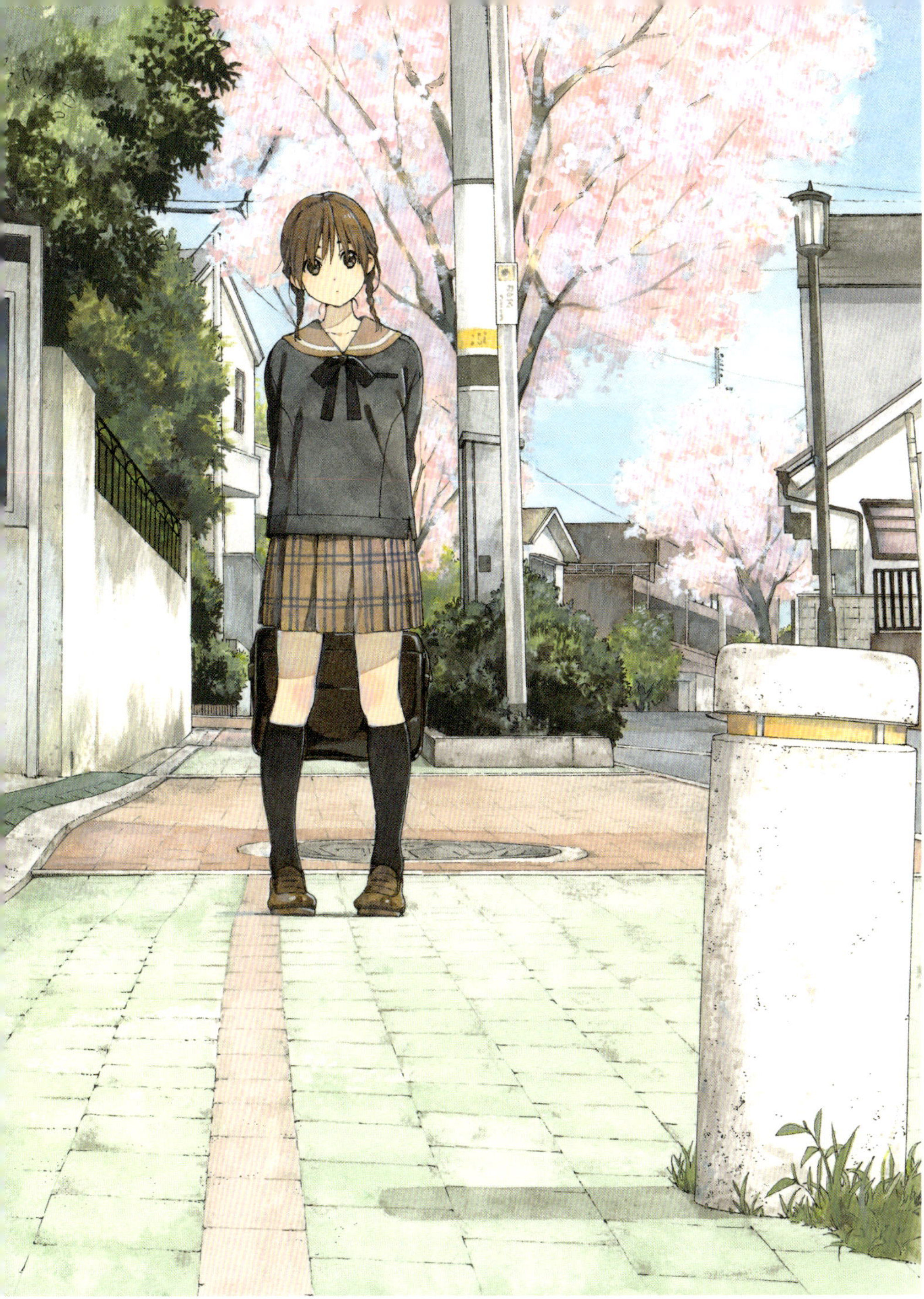

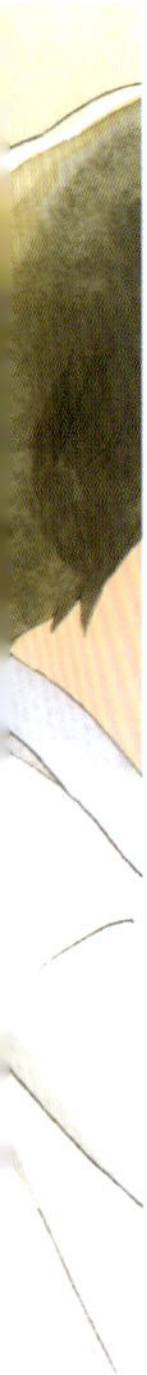

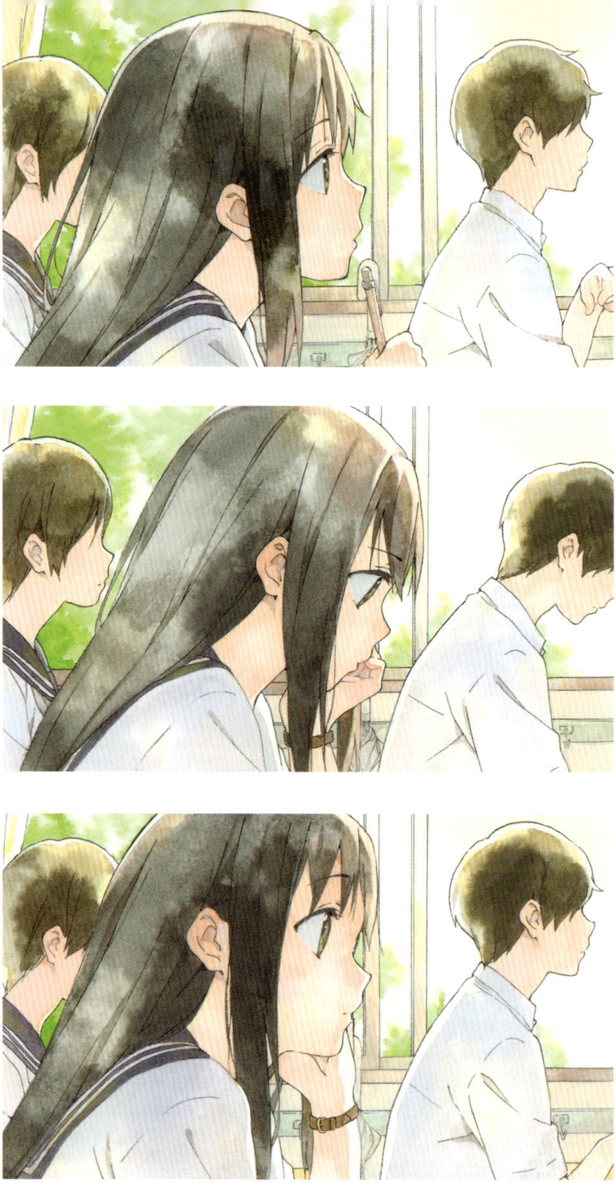

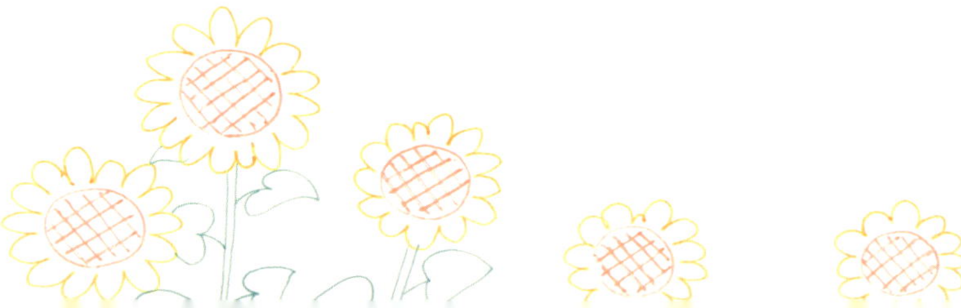

「季刊エス」vol.50

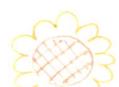

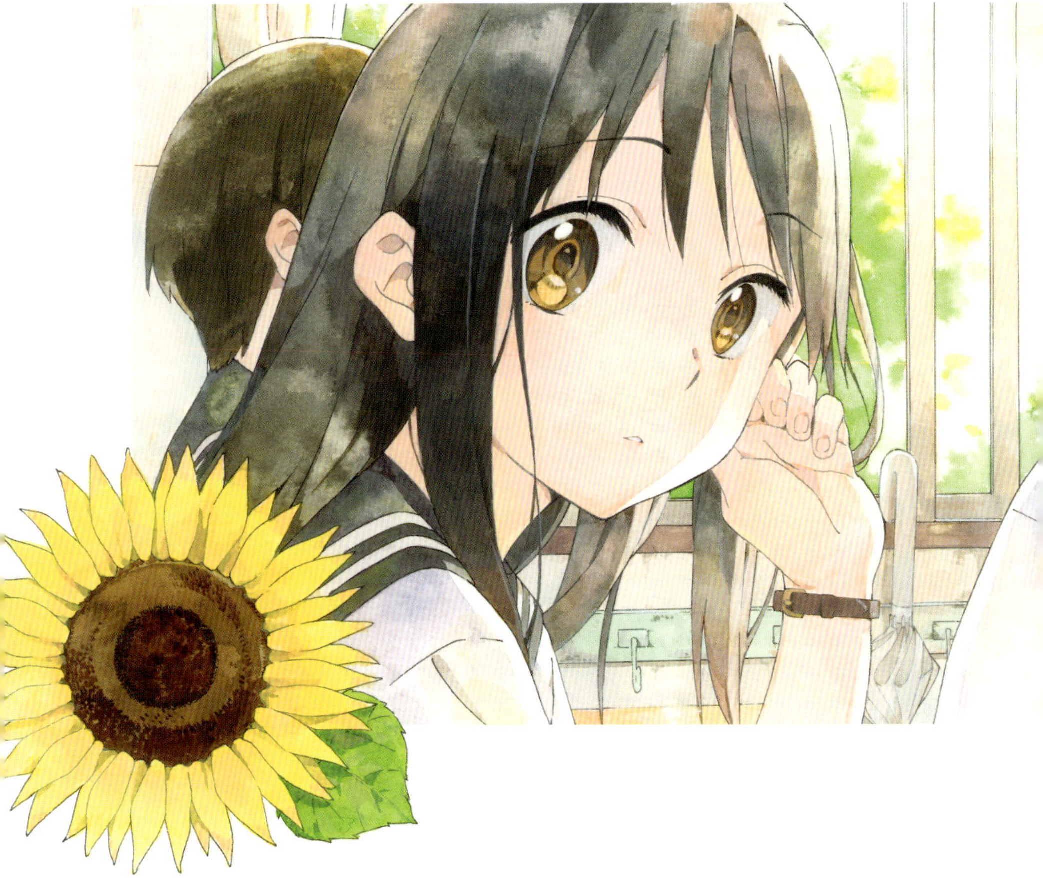

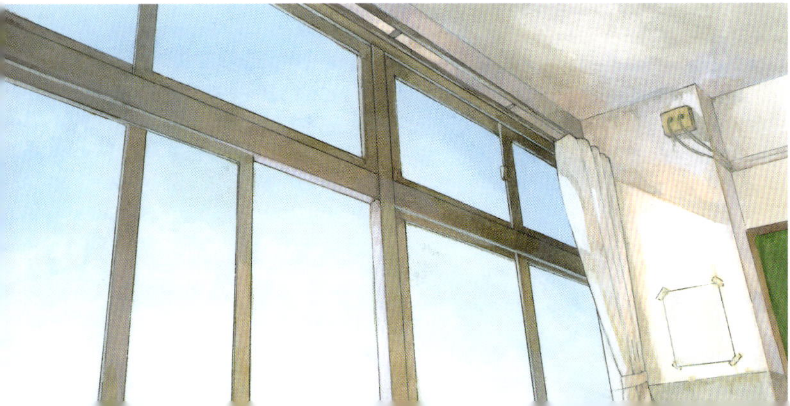

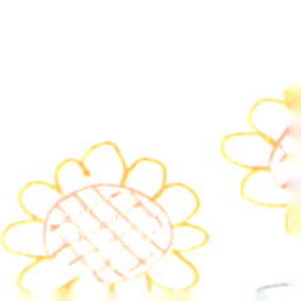

『あの夏を、いつかの君と。』カバー

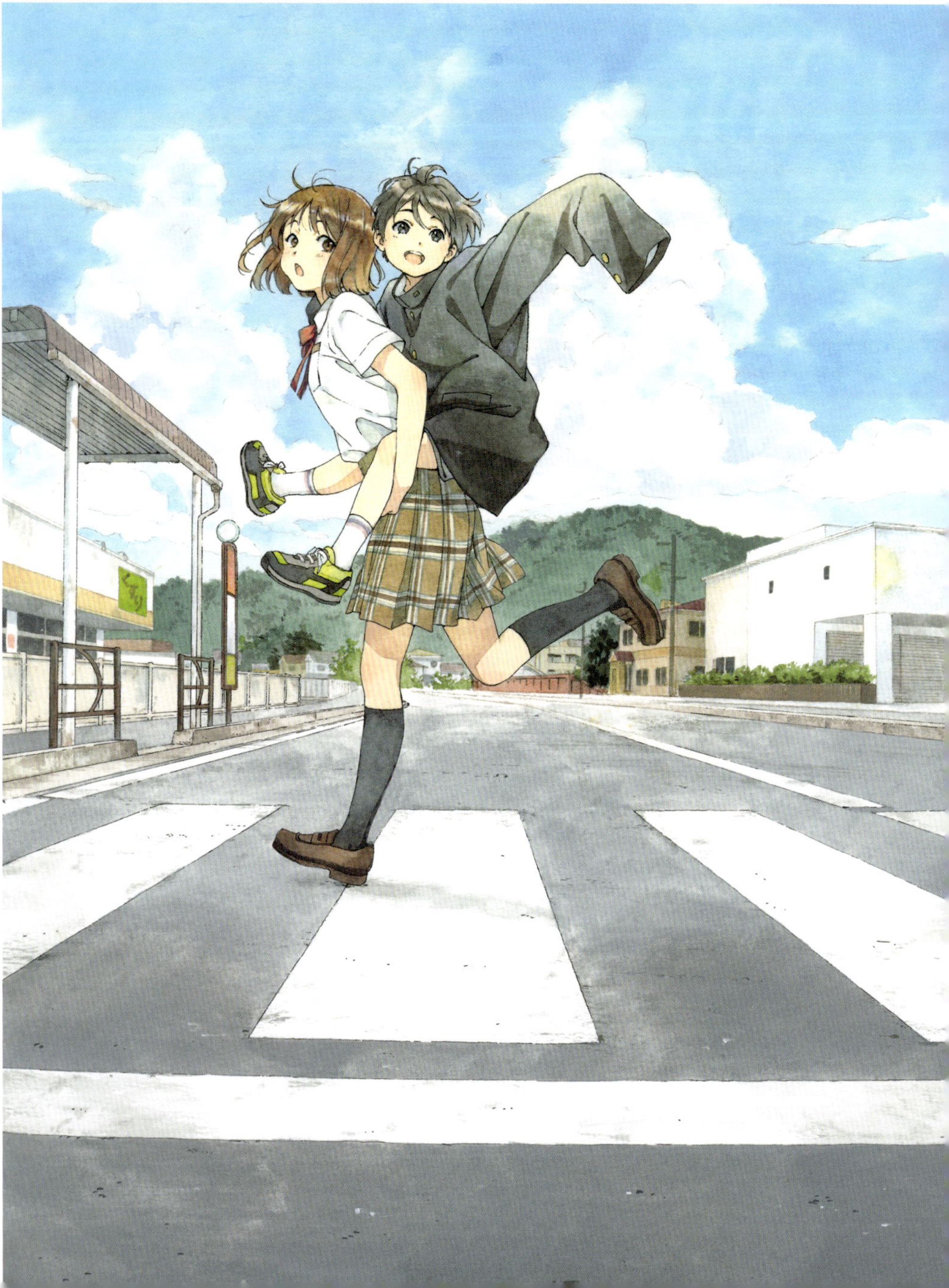

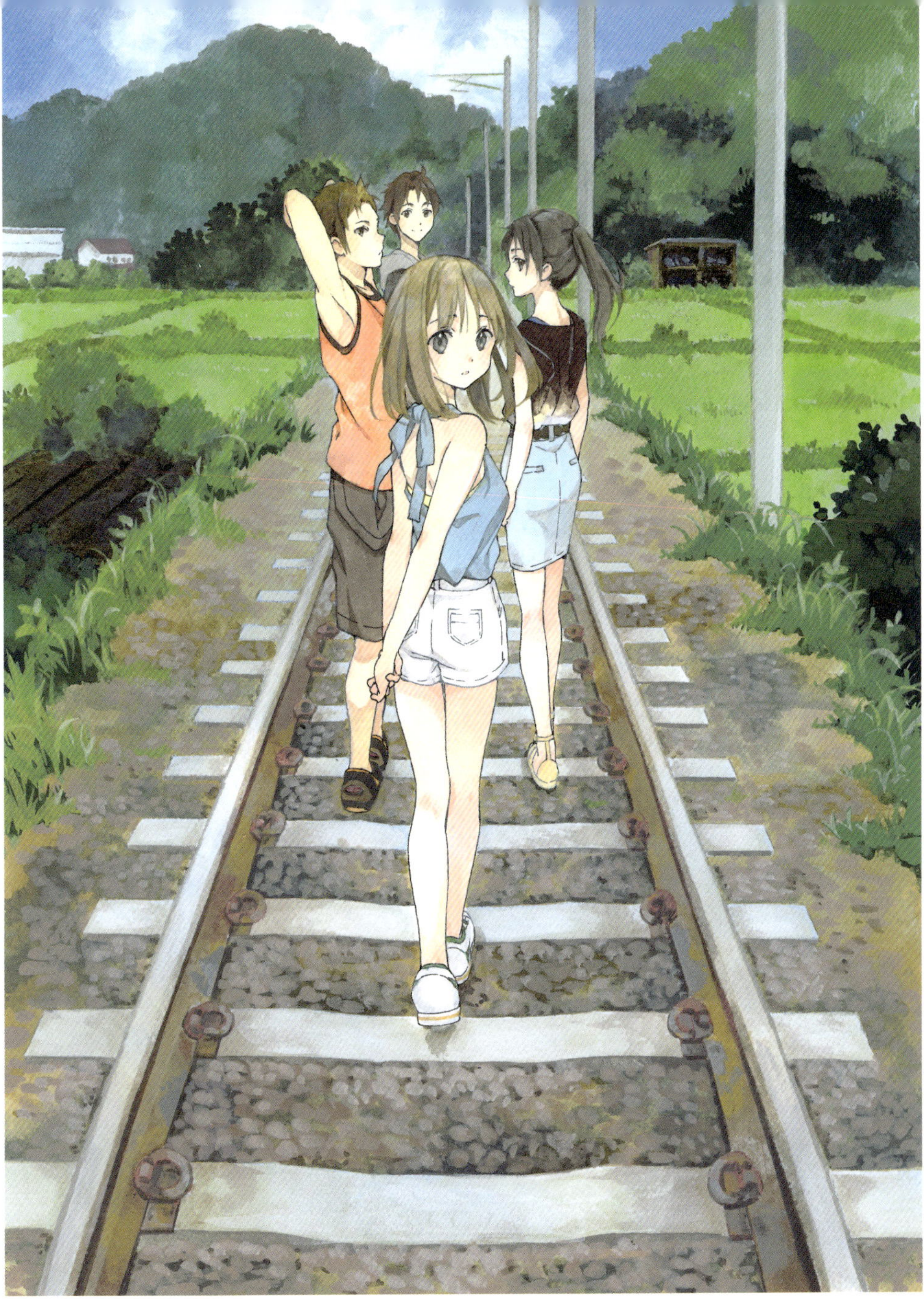

『そして、君のいない九月がくる』口絵

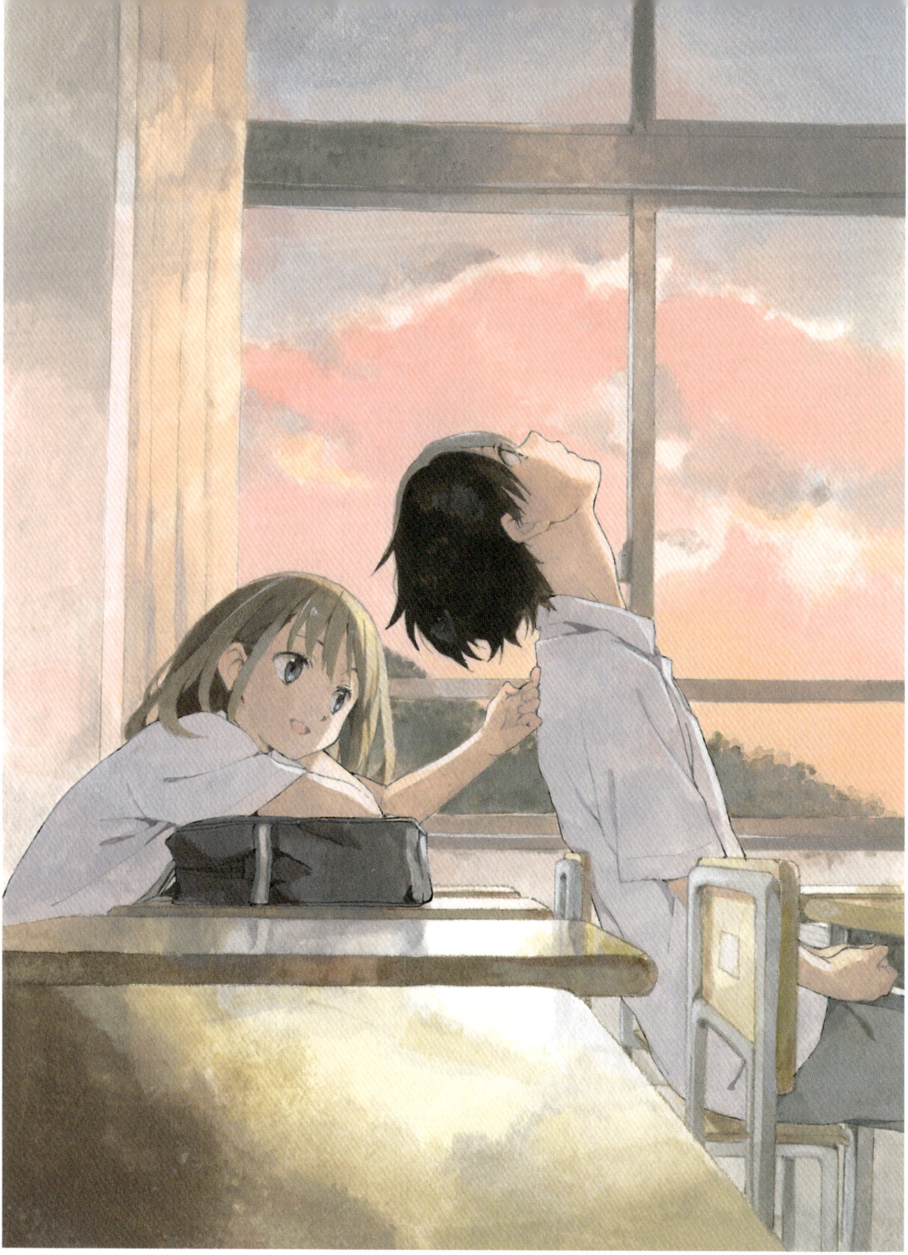

『そして、君のいない九月がくる』 カバー

本当は口絵の絵が表紙でしたが、
完成を見た担当さんのアイディアで
こちらが表紙になりました。

『思春期テレパス』カバー

初めて『ALDEBARAN』という
高い紙で描いた表紙絵。
今は製造中止になってしまいましたが、
『コロシアム』『白蝶記』のような
幻想的な発色が良かったです。 ペン入れしにくいですが…

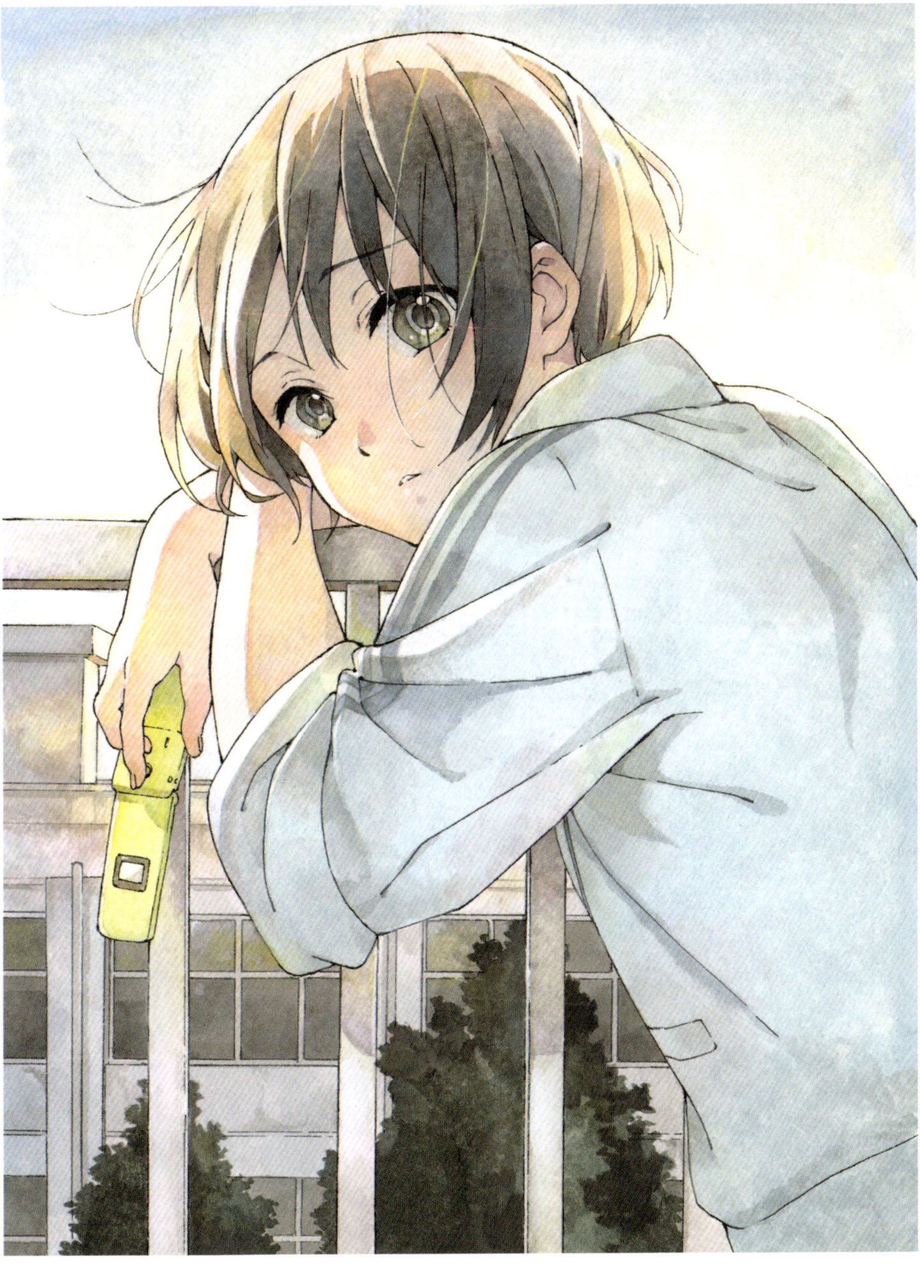

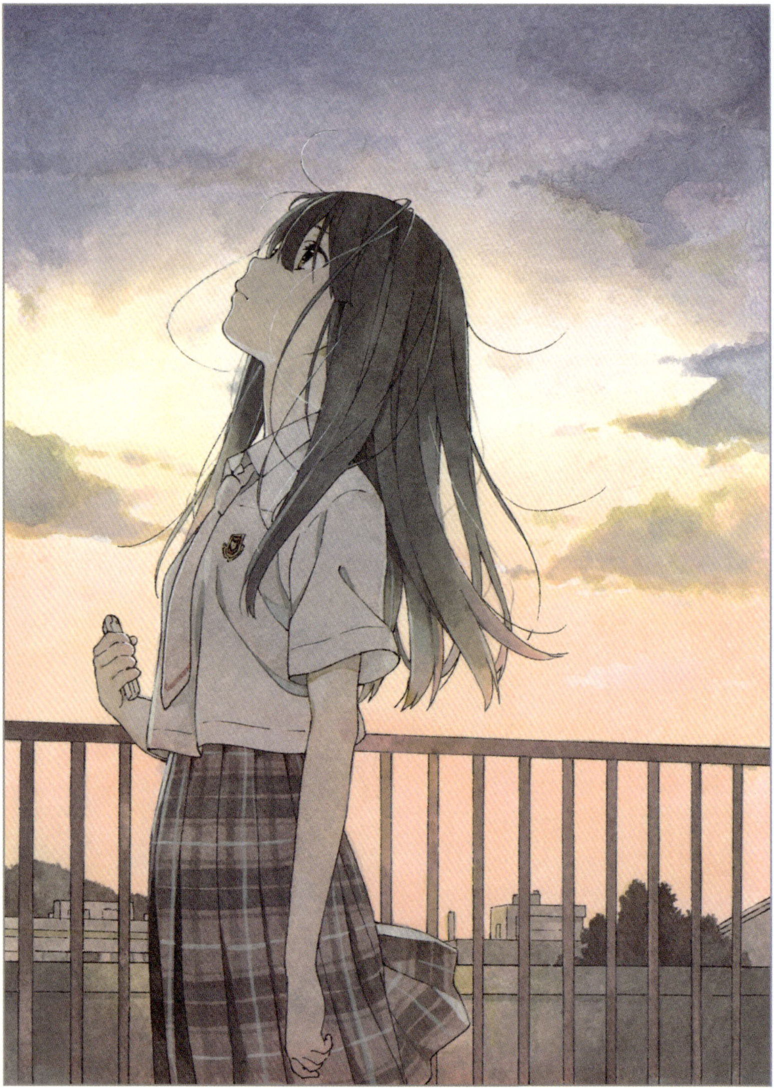

『思春期テレパス』口絵

『七月のテロメアが尽きるまで』 口絵

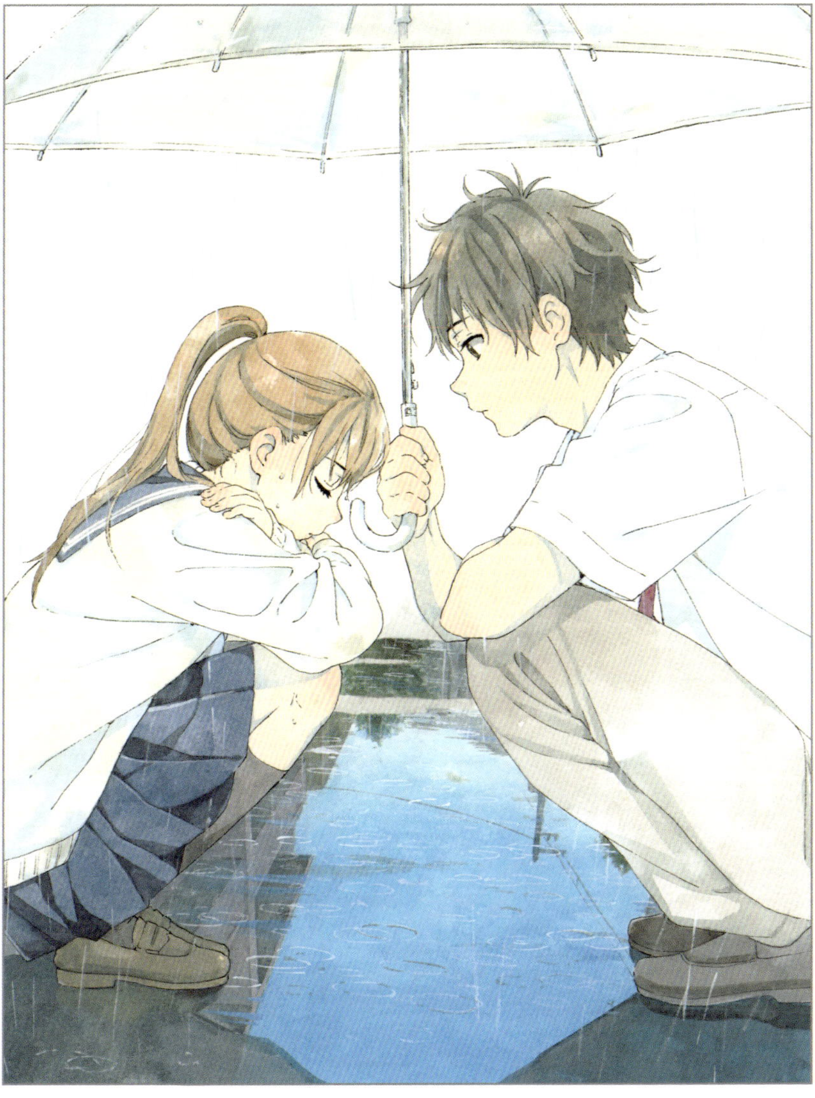

『七月のテロメアが尽きるまで』カバー

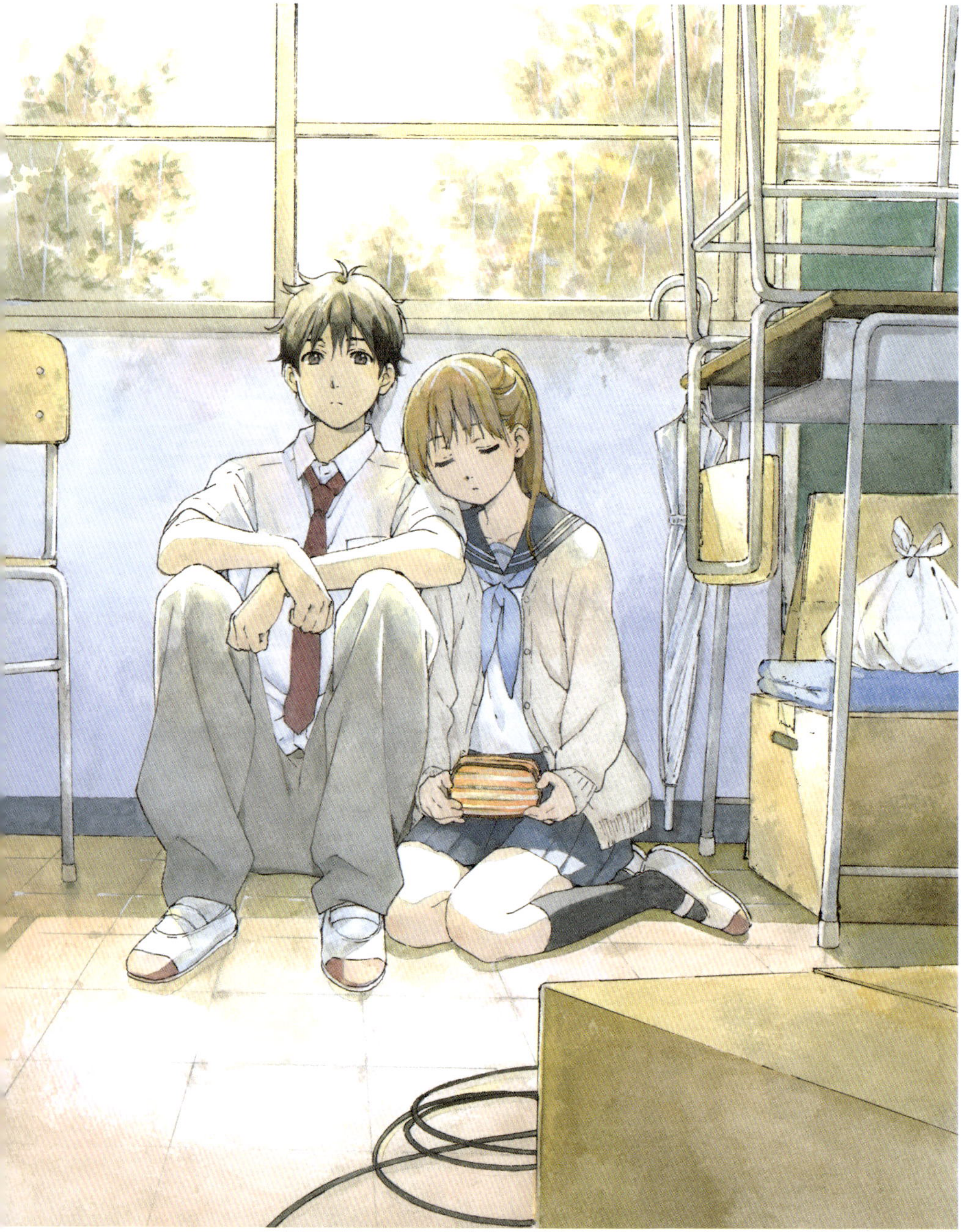

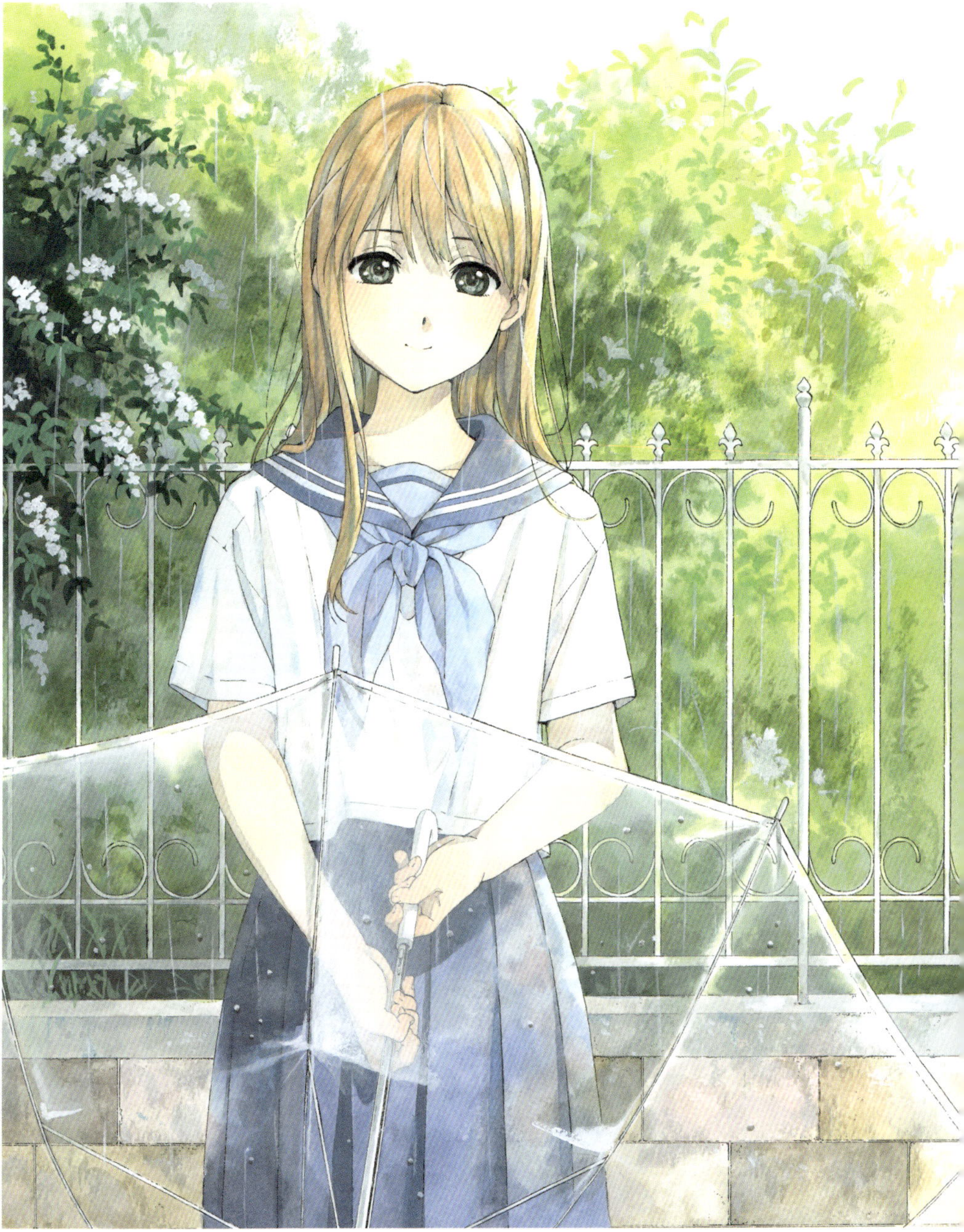

『七月のテロメアが尽きるまで』 夏限定スペシャルカバー

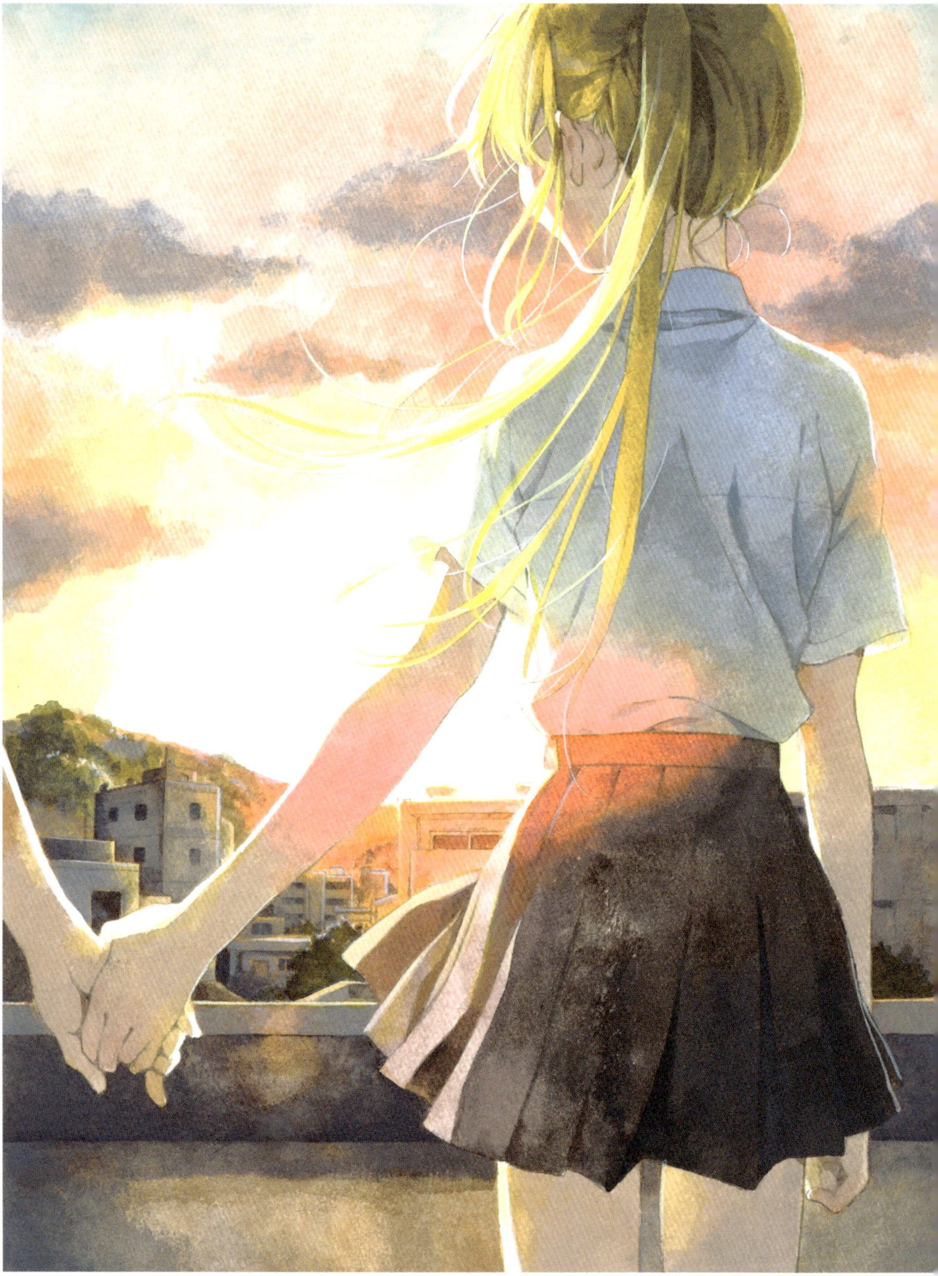

『イマジナリ・フレンド』カバー

『生きてさえいれば』カバー

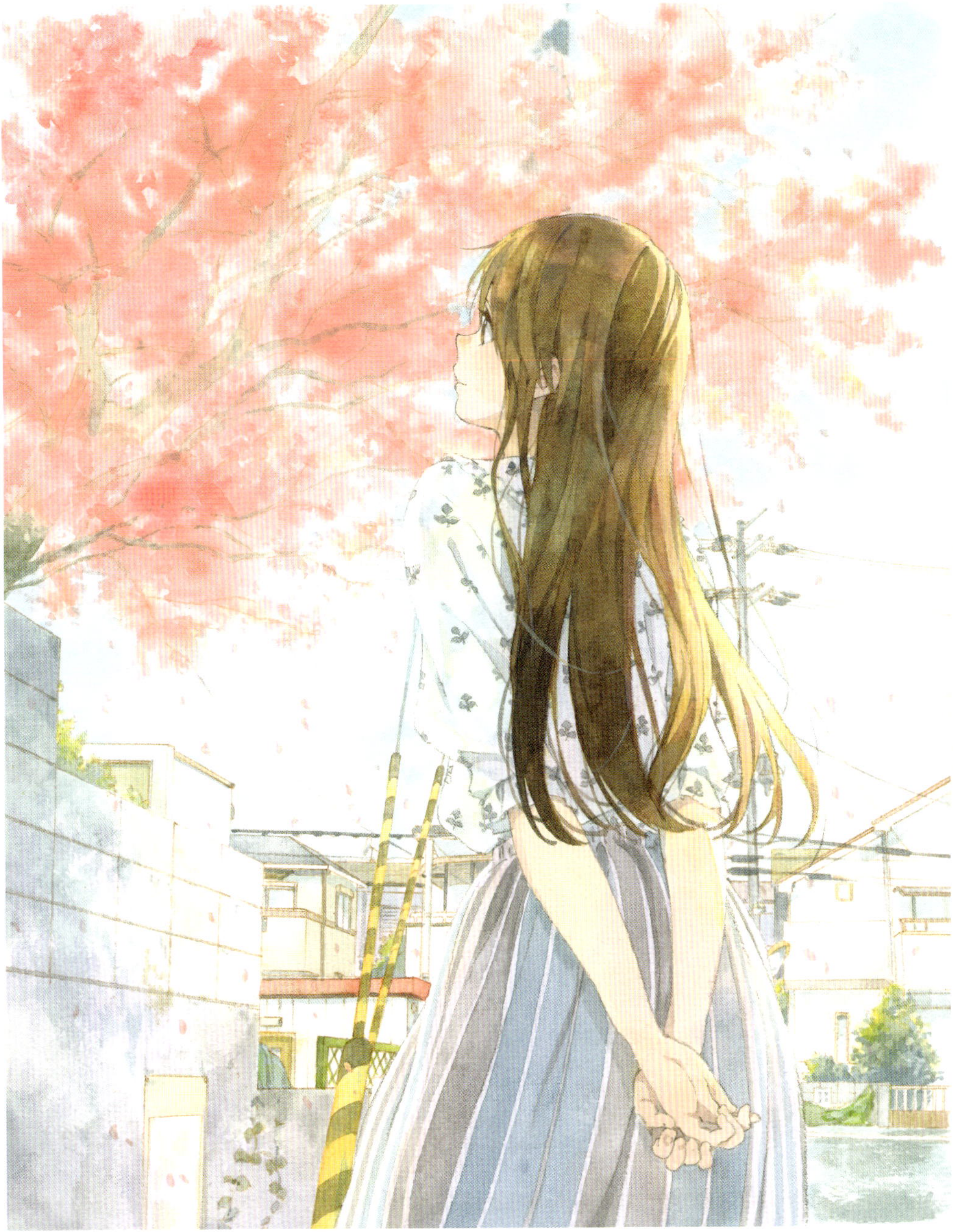

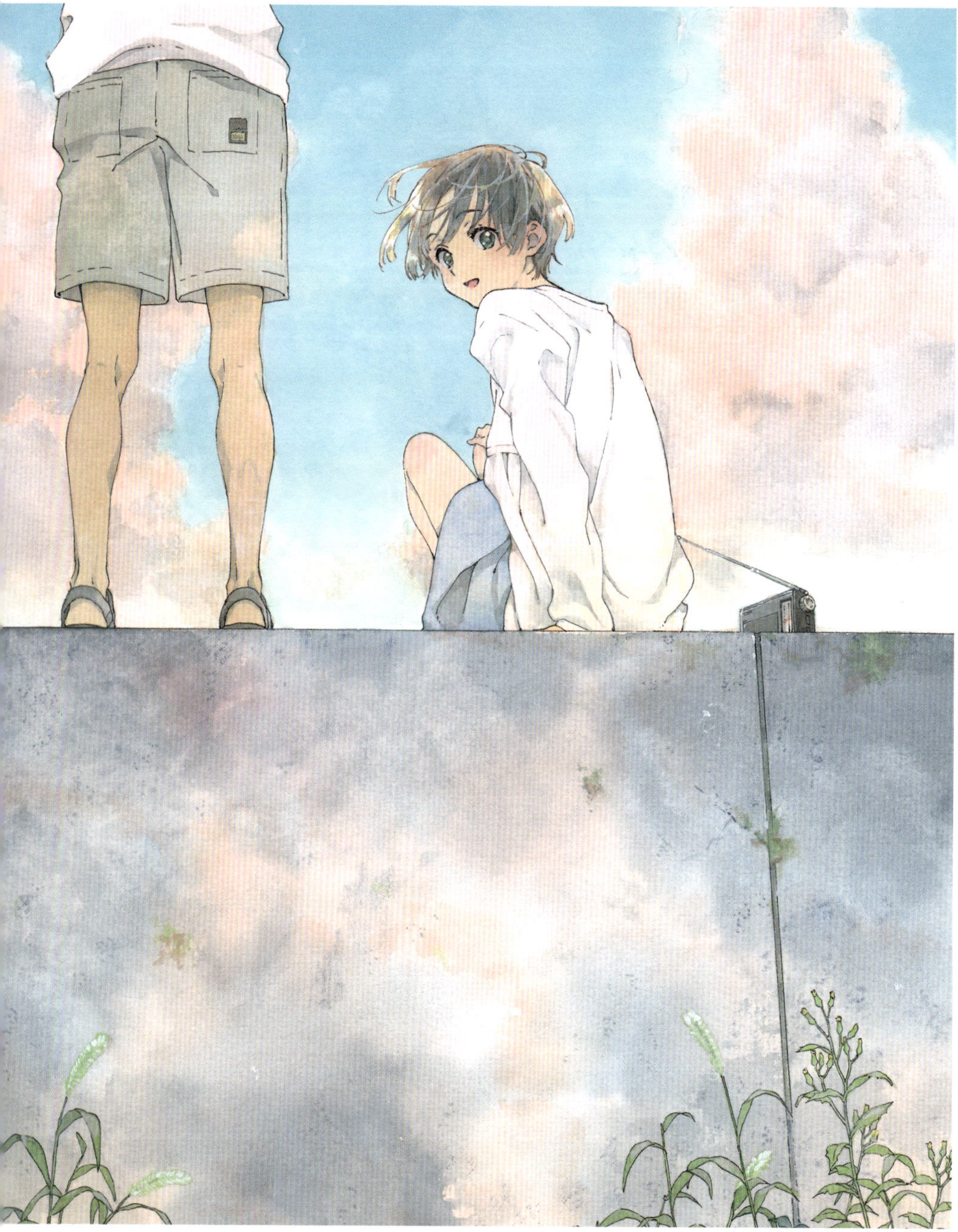

『ラジオガール』カバーイラスト

『生きてさえいれば』50万部記念特別帯イラスト

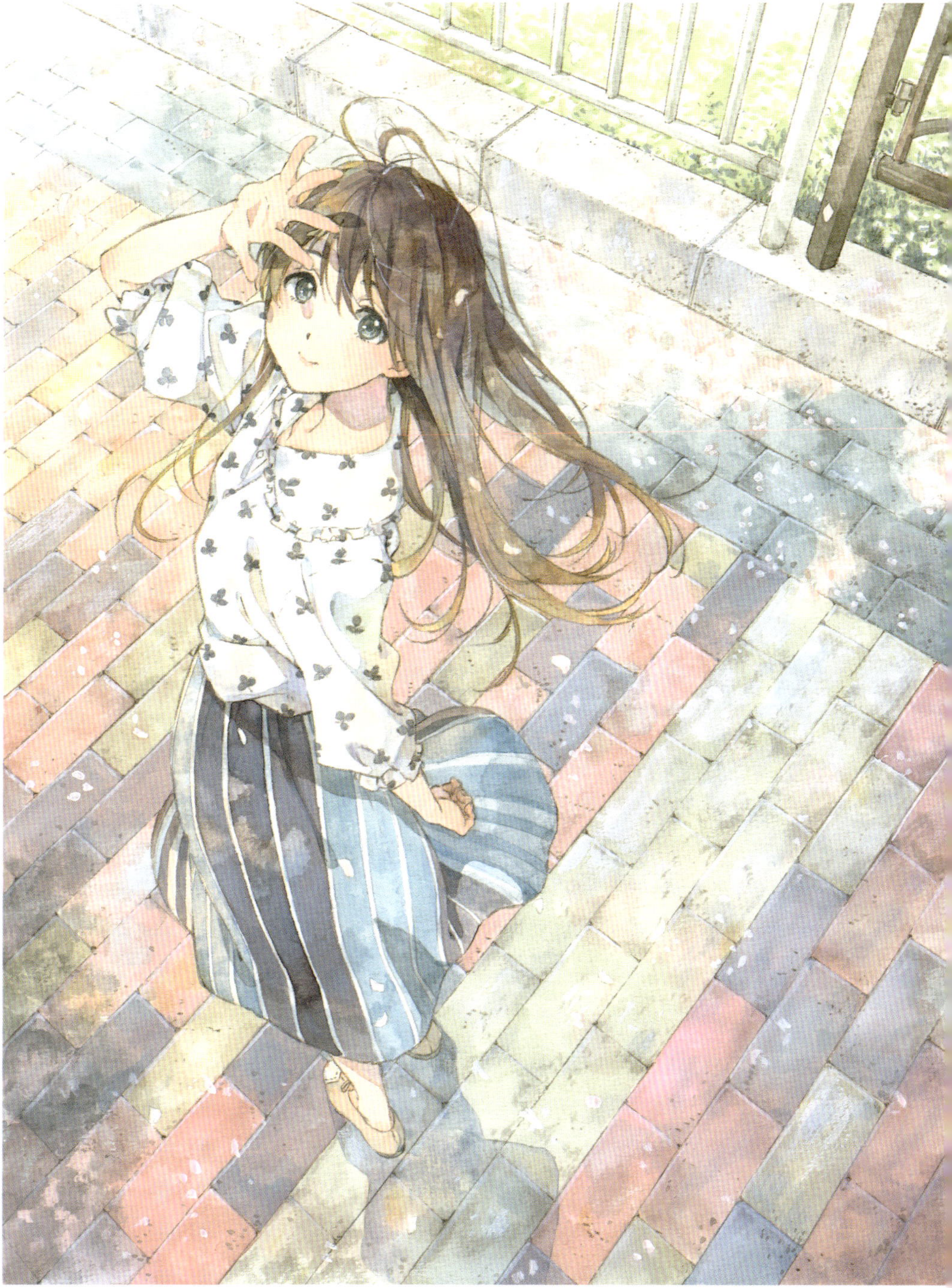

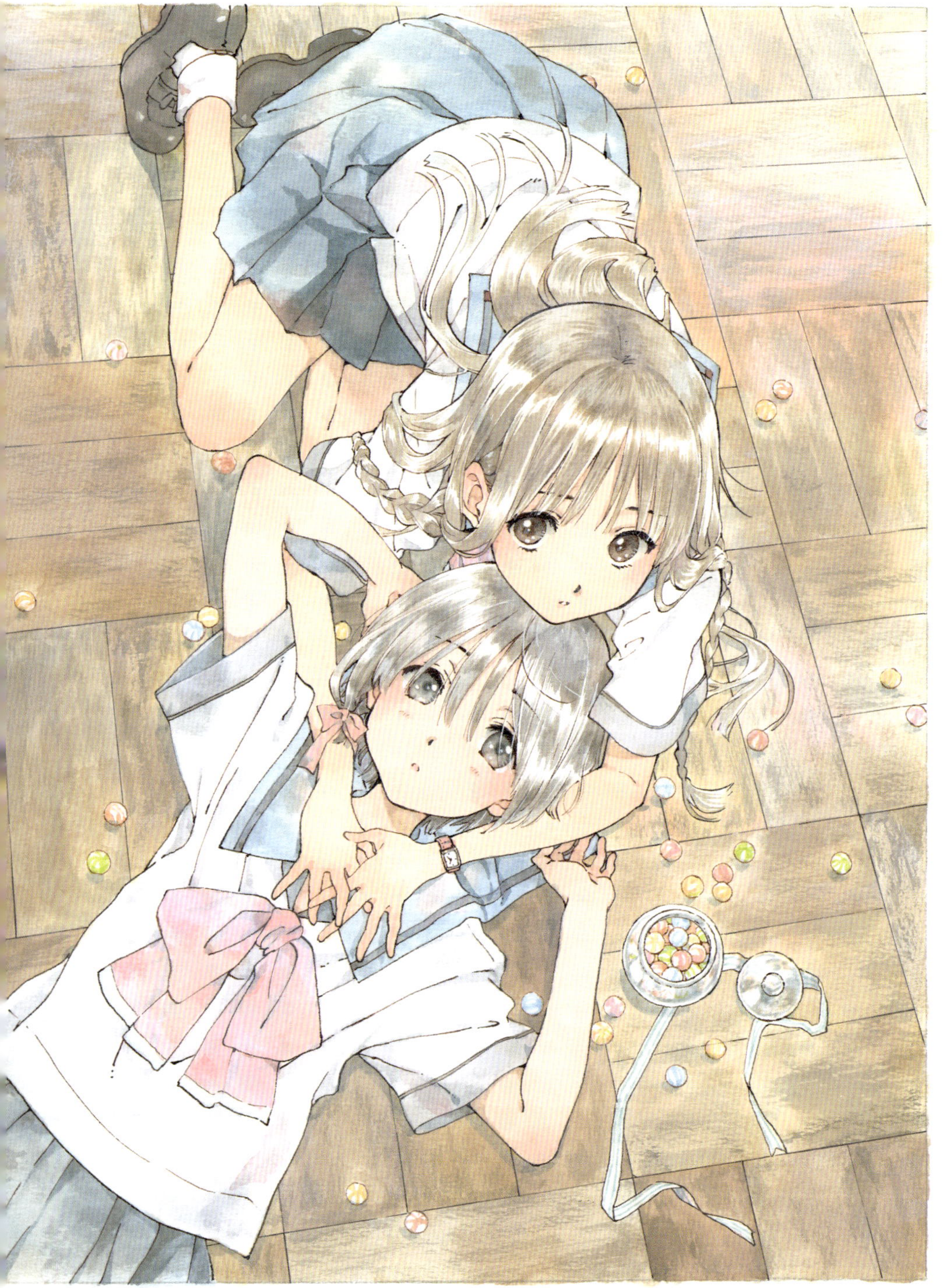

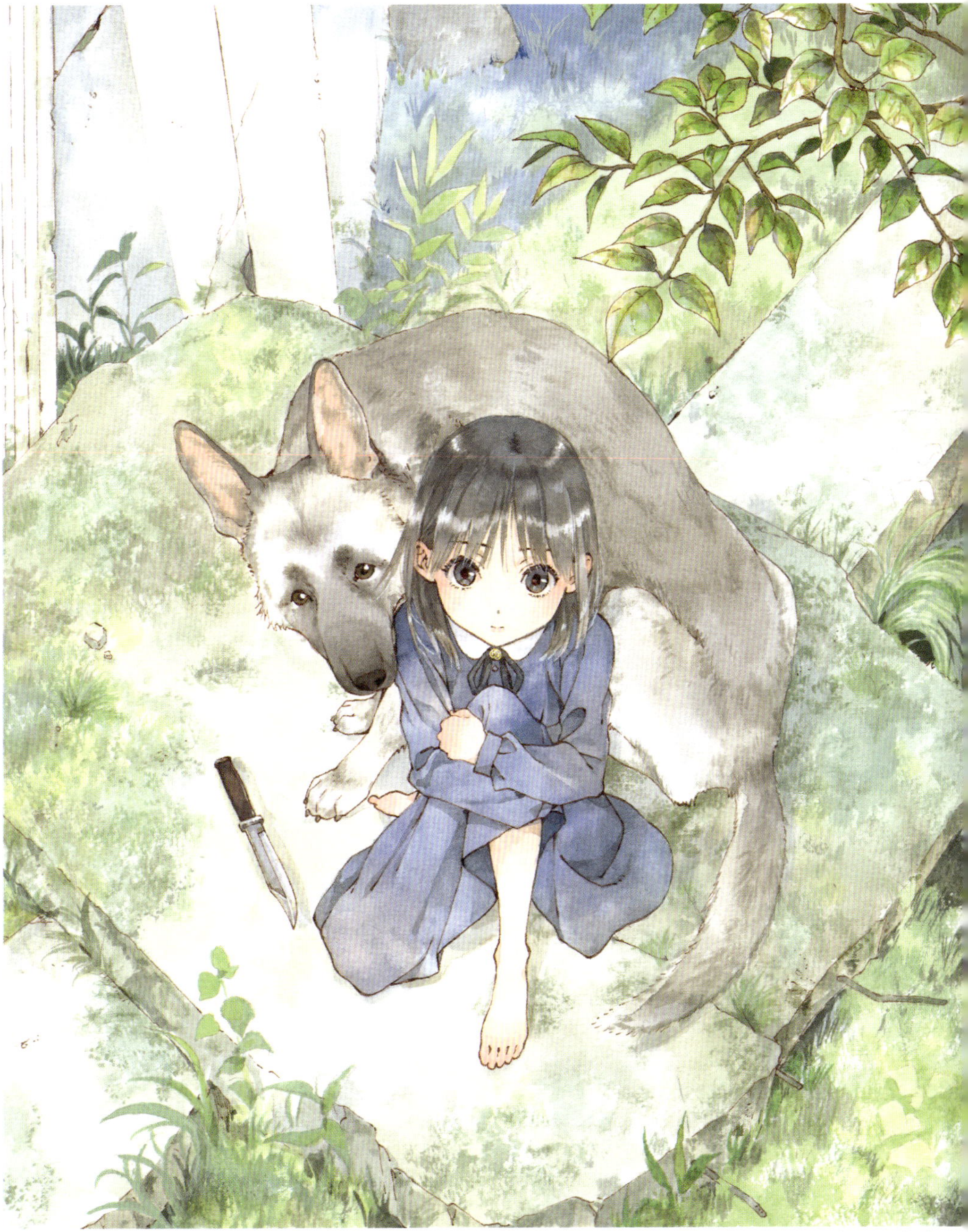

『劫尽童女』TSUTAYA限定カバーイラスト(↑)
『砂糖菓子の弾丸は撃ちぬけない A Lollypop or A Bullet』
TSUTAYA限定カバーイラスト(→)

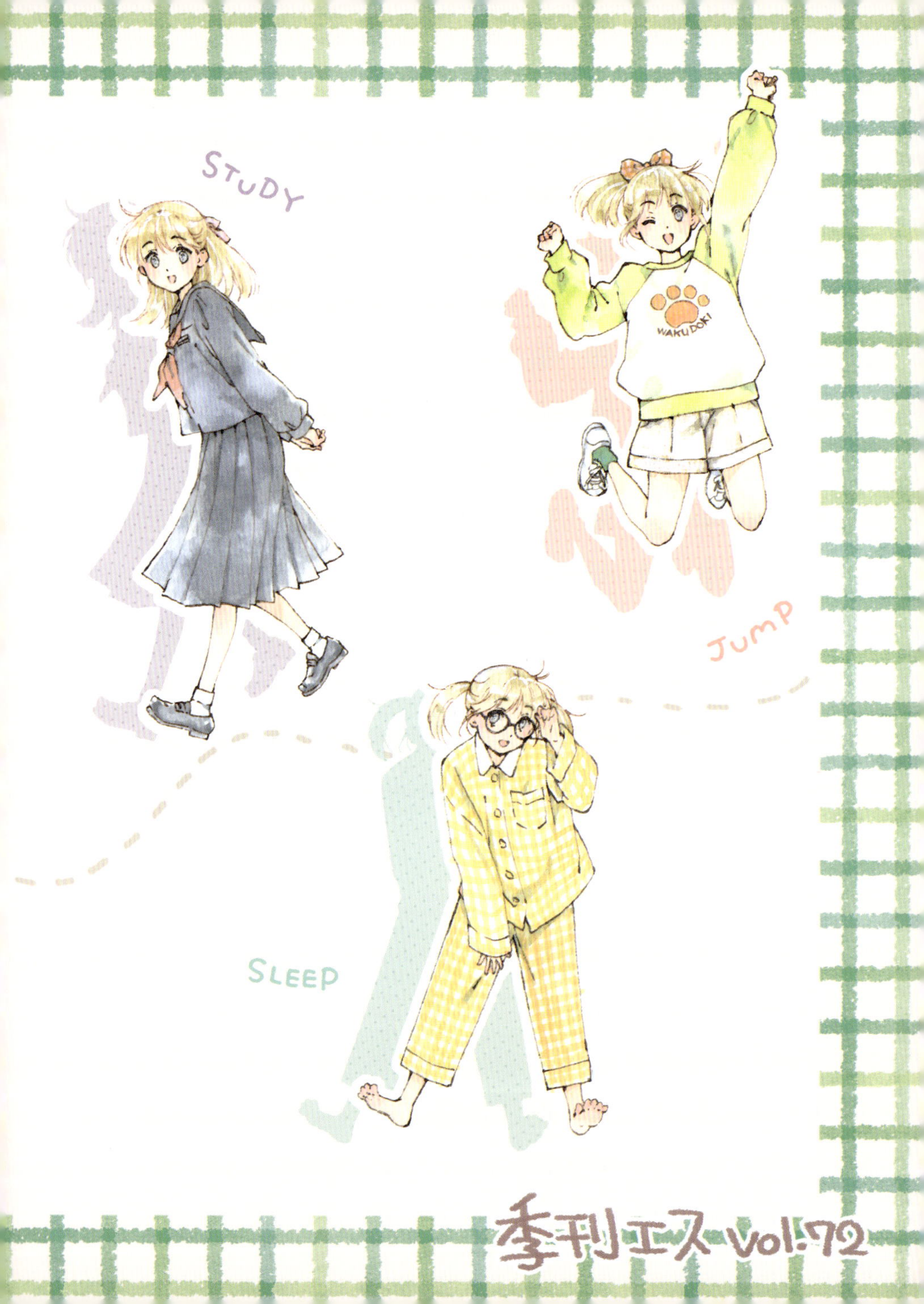
STUDY
WAKUDOKI
JUMP
SLEEP
季刊エス Vol.72

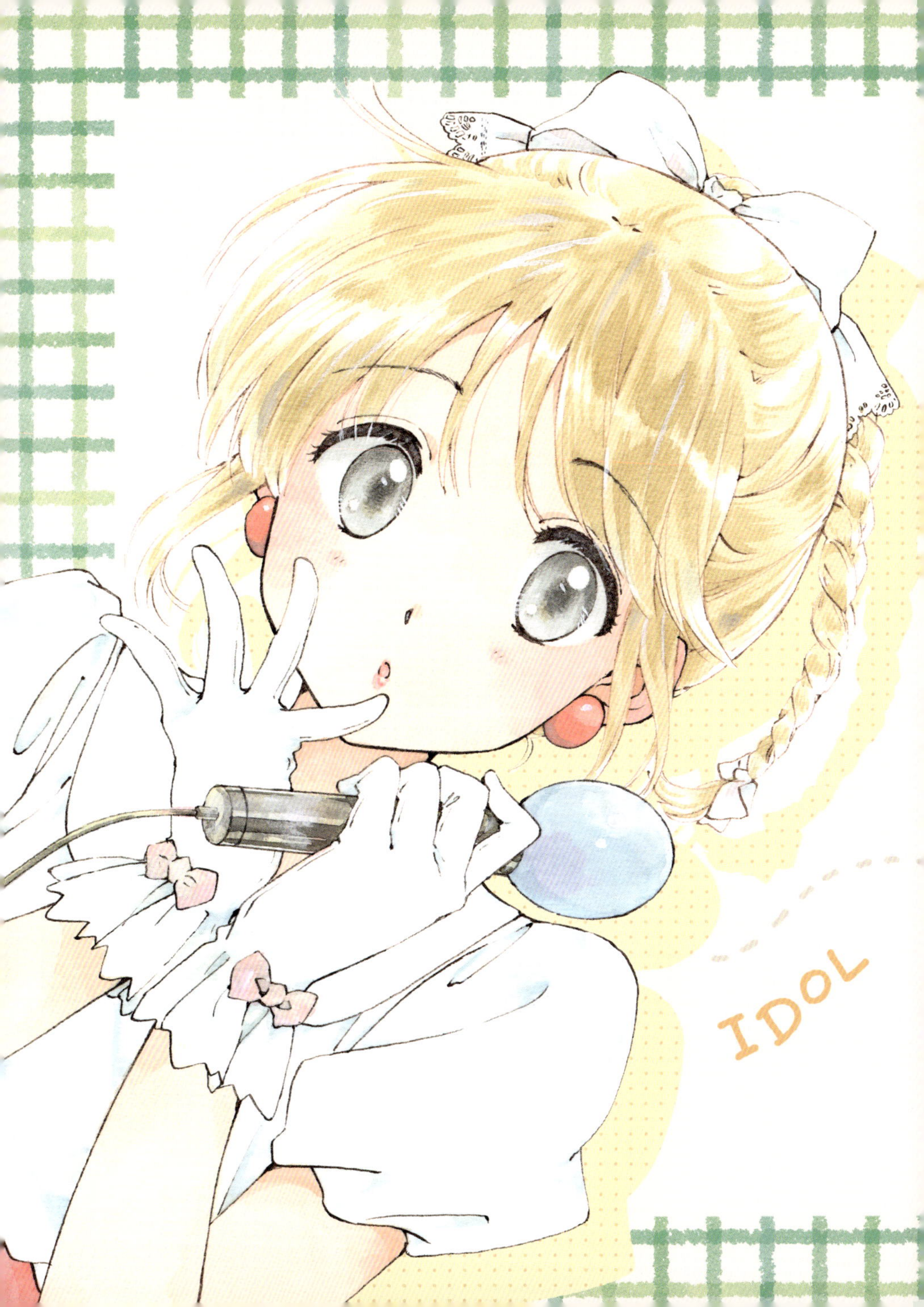
IDOL

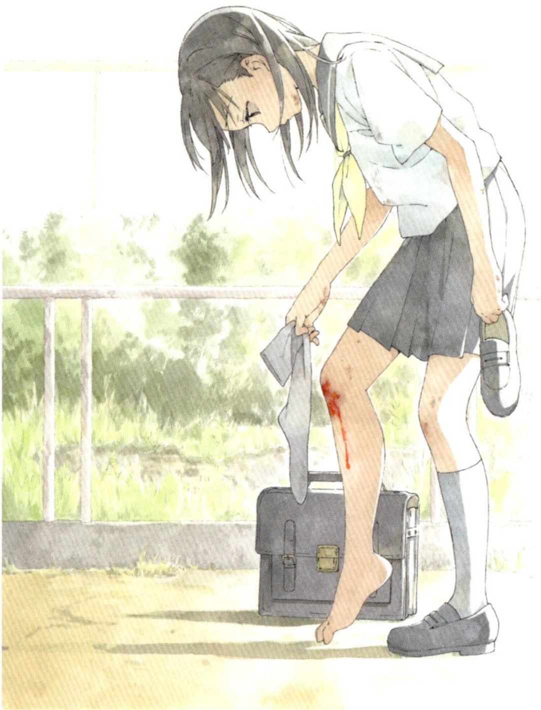

「季刊エス」vol.54

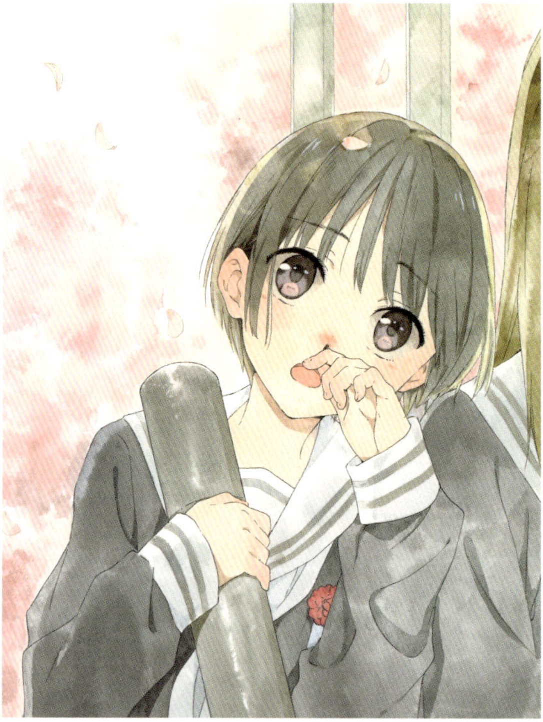

「季刊エス」vol.53

実は収録予定のなかった3枚ですが、
手く見開きに収める事ができたので
無事入りました。

「季刊エス」vol.52

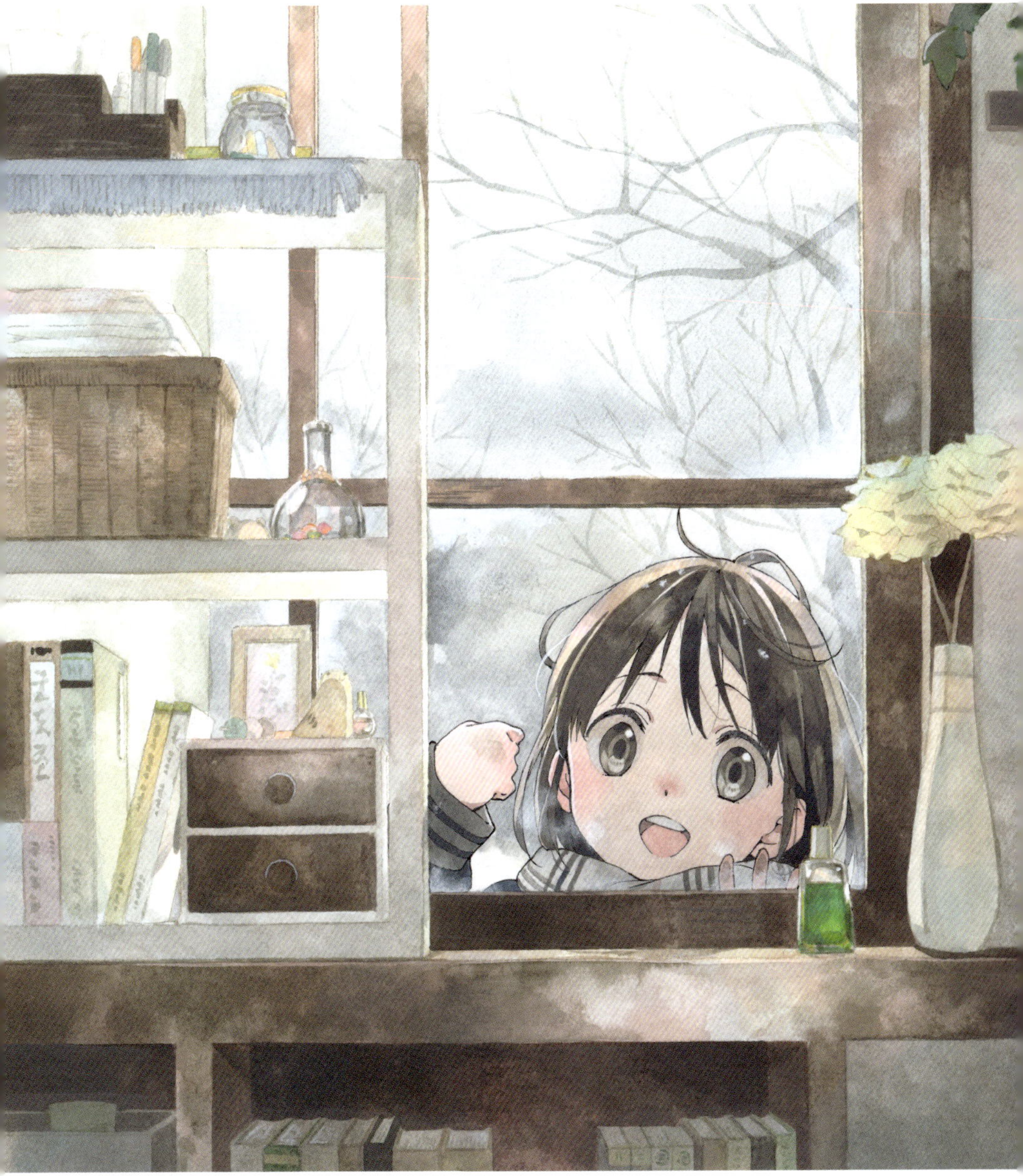

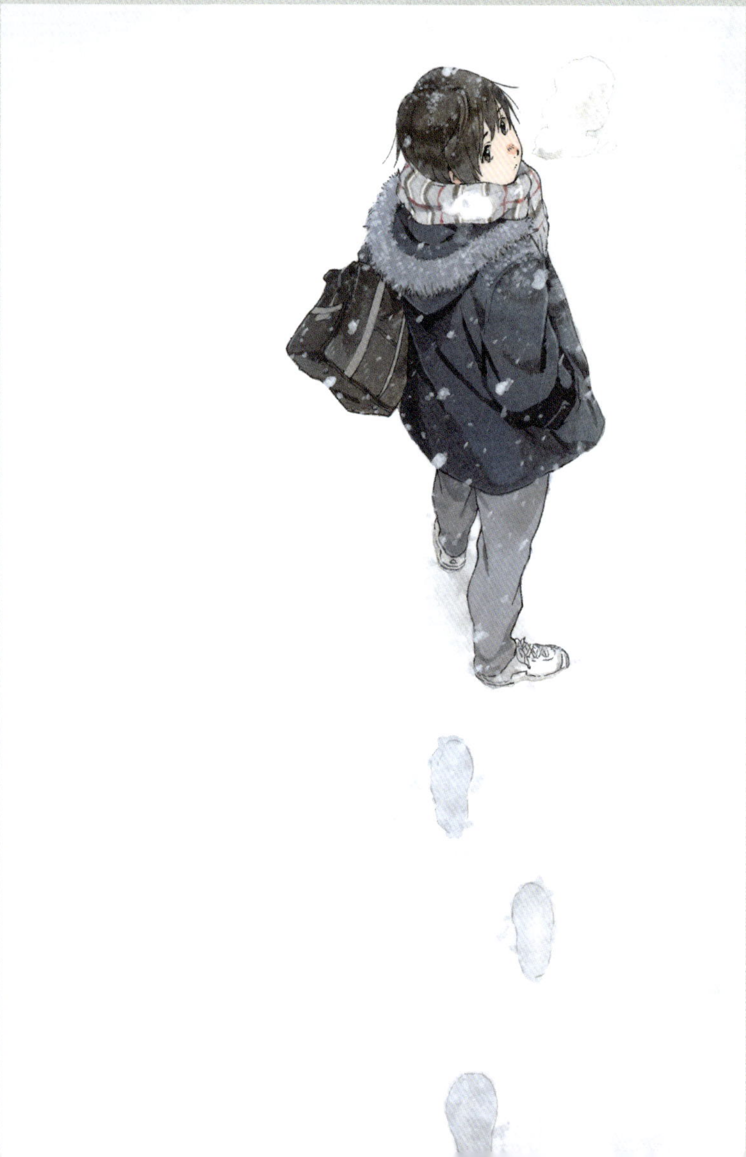

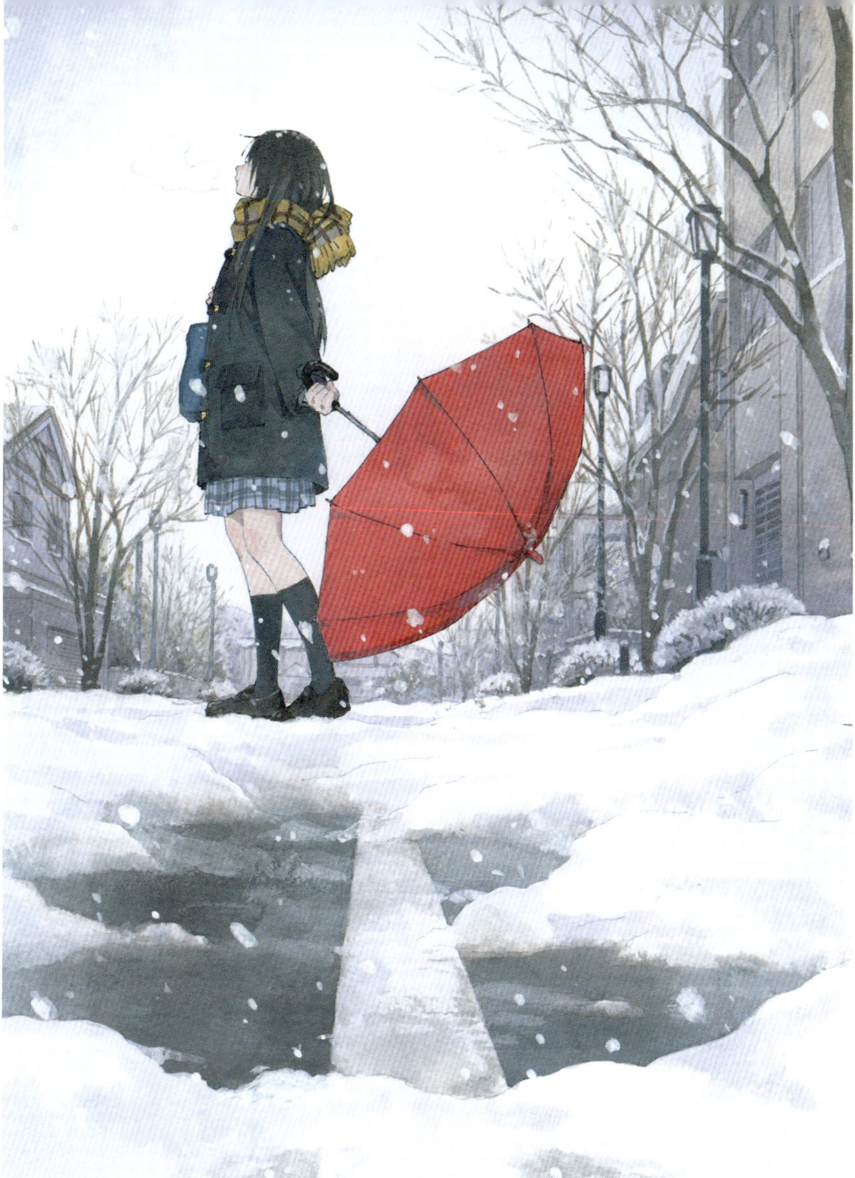

『妹さえいればいい。』(可児那由多による作中作、『鈍色景色』『銀色景色』)
TVアニメに登場した装丁用イラスト

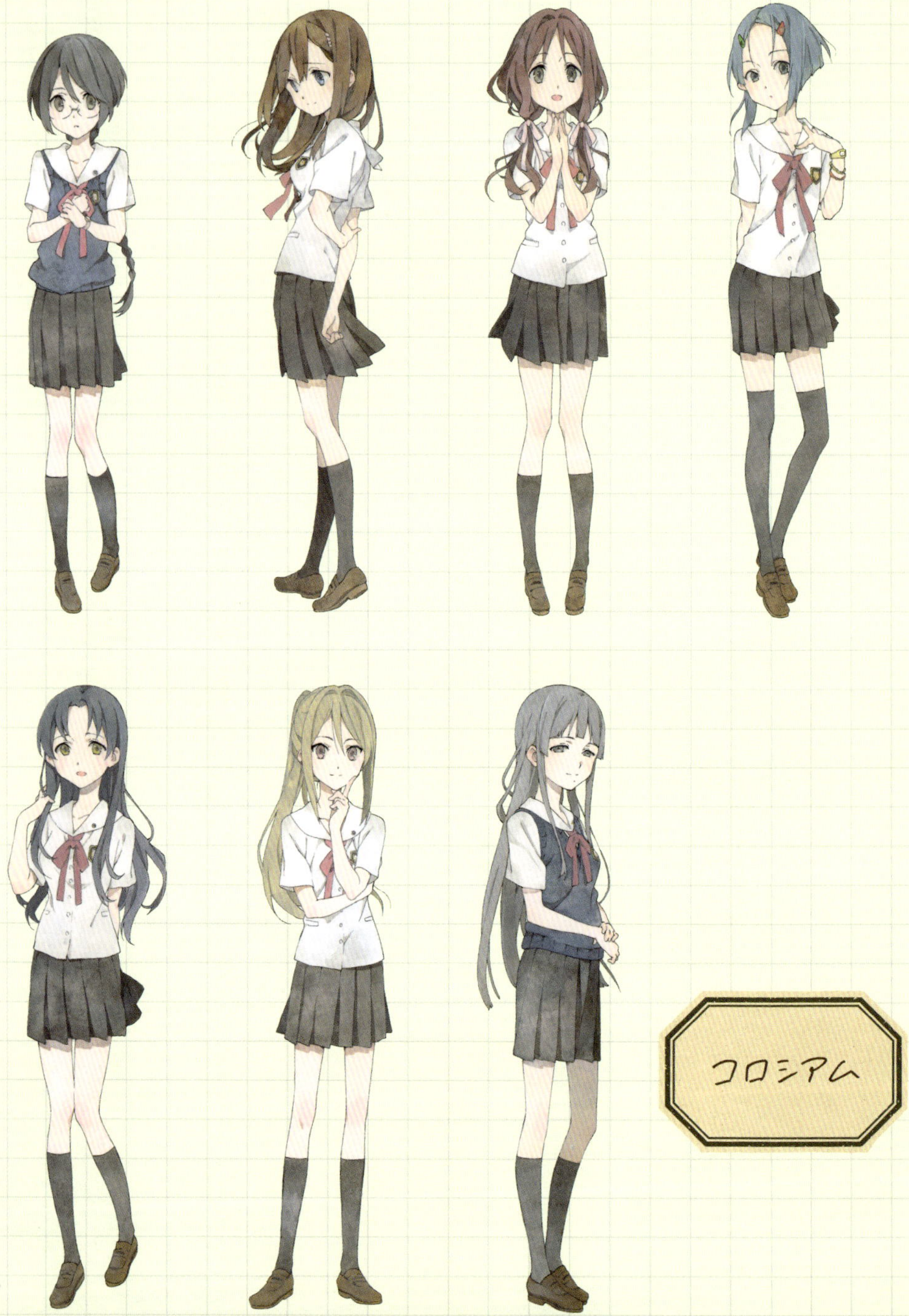
コロシアム

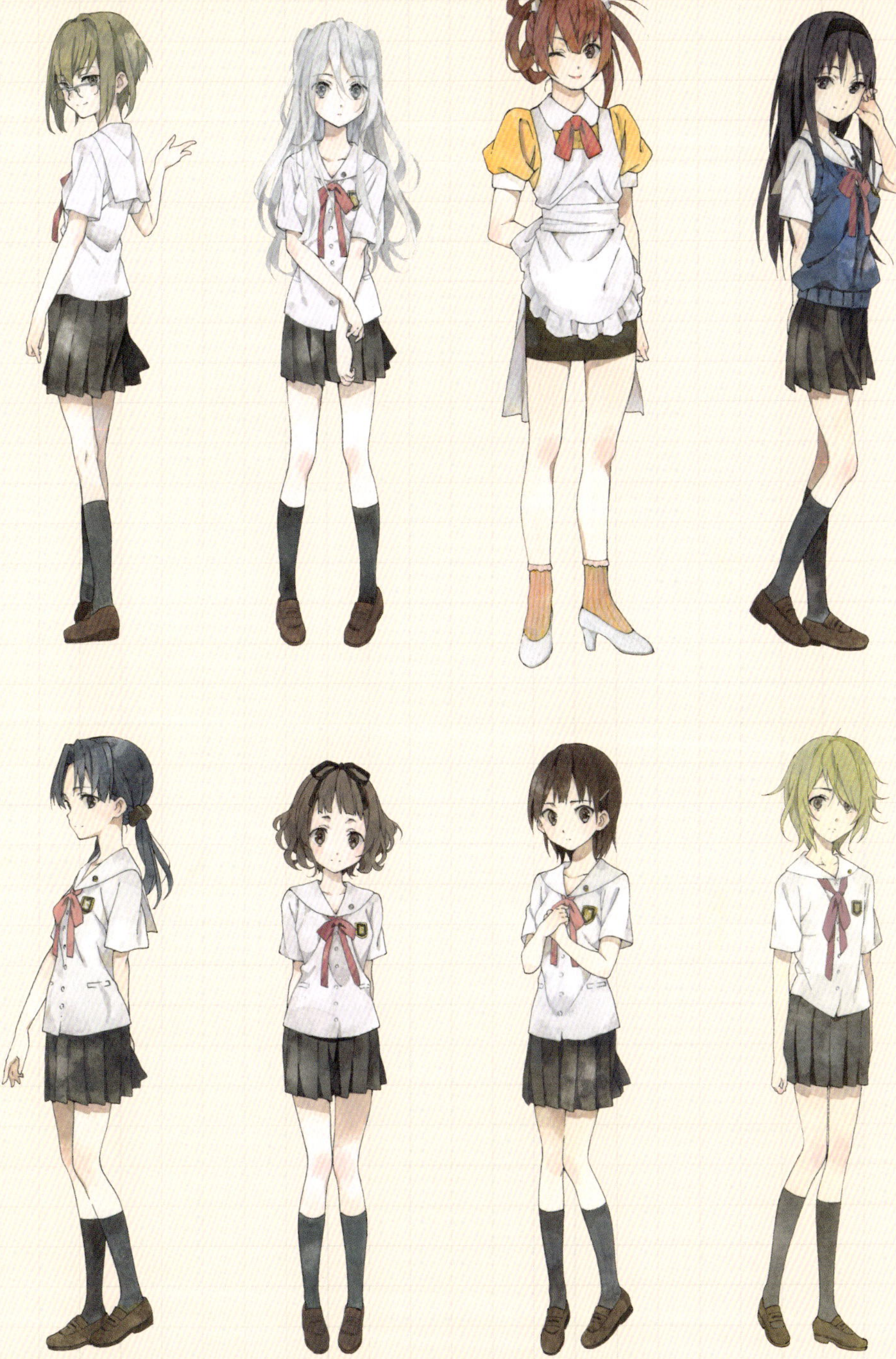

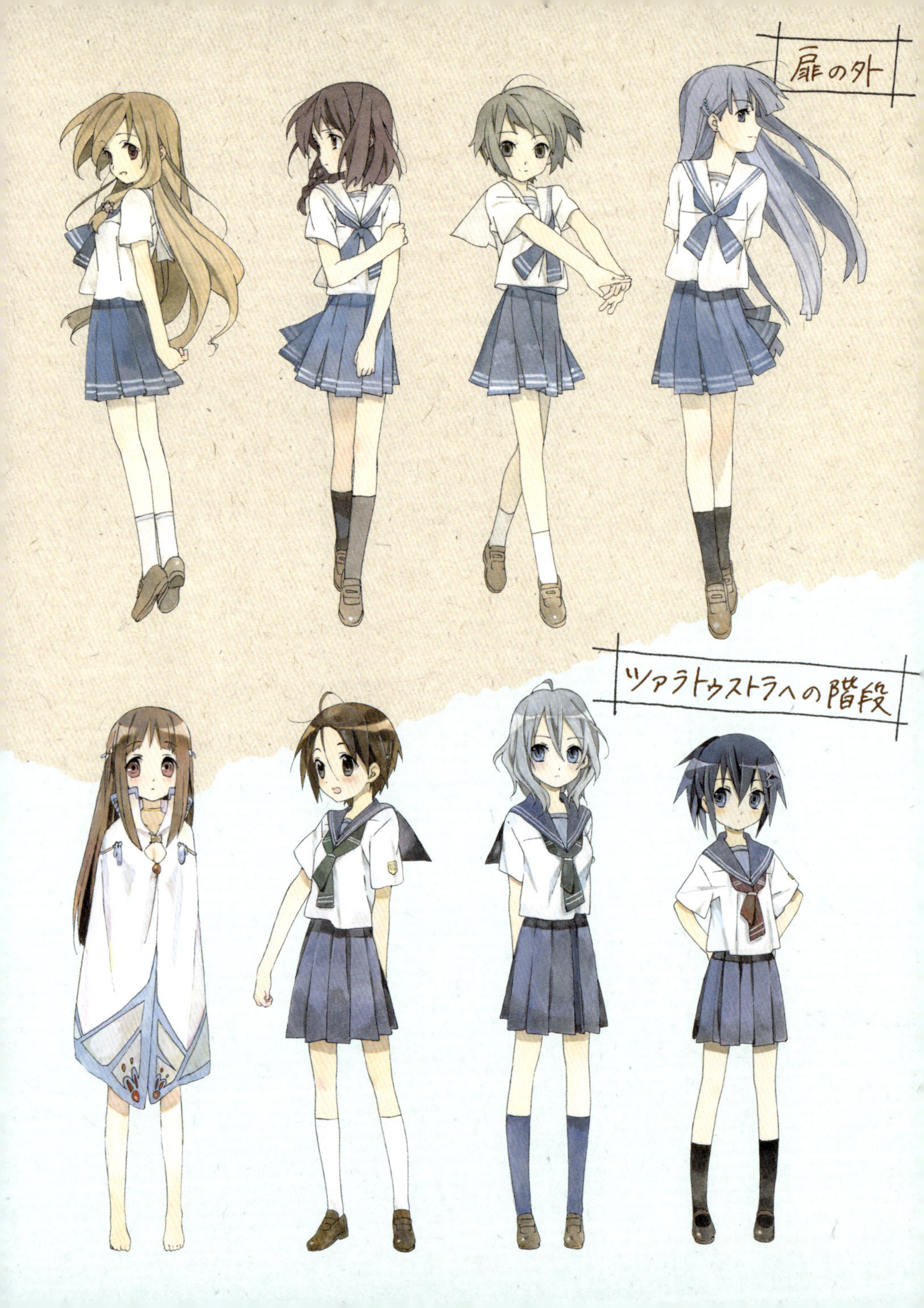
扉の外
ツァラトゥストラへの階段

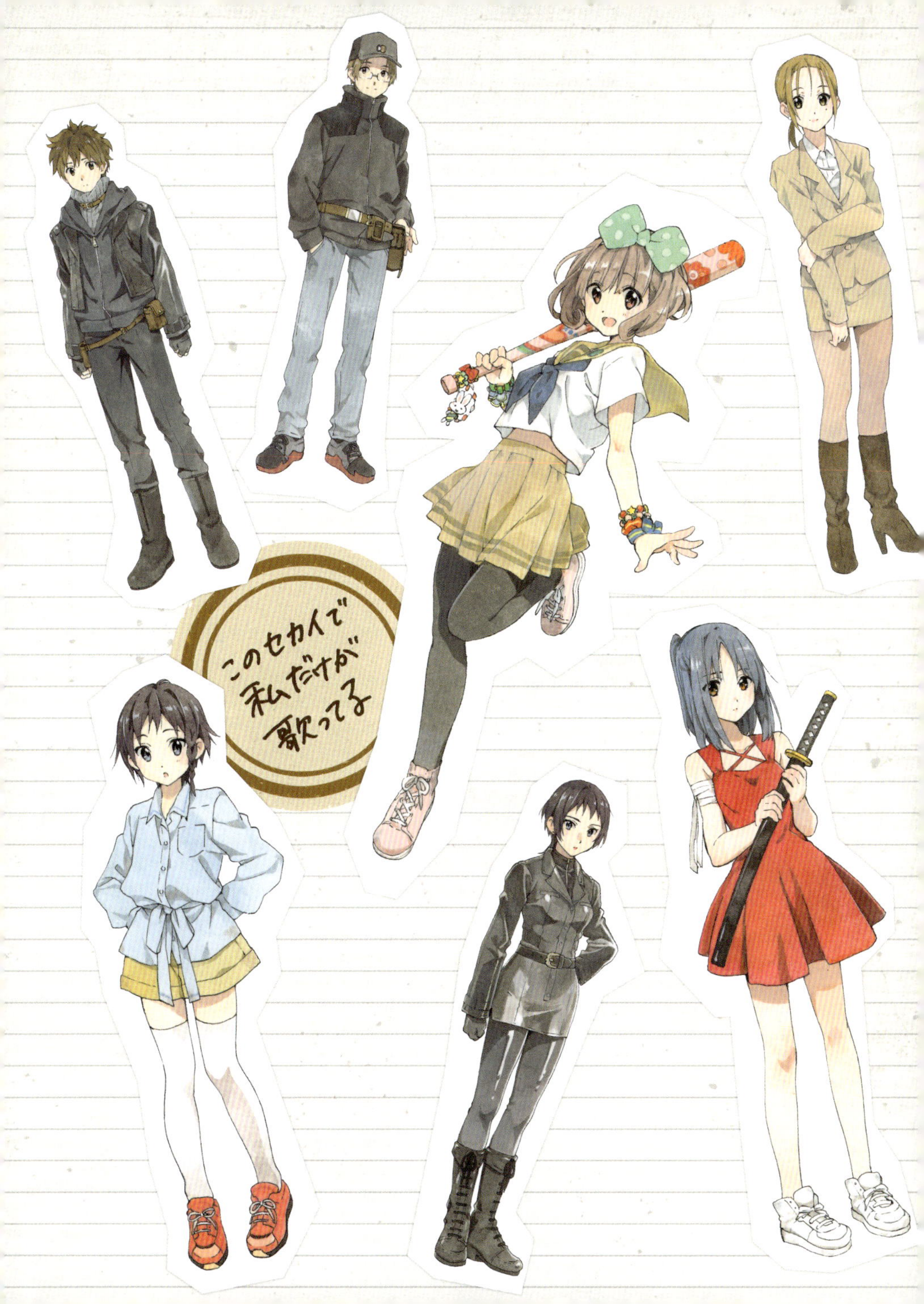
このセカイで
私だけが
歌ってる

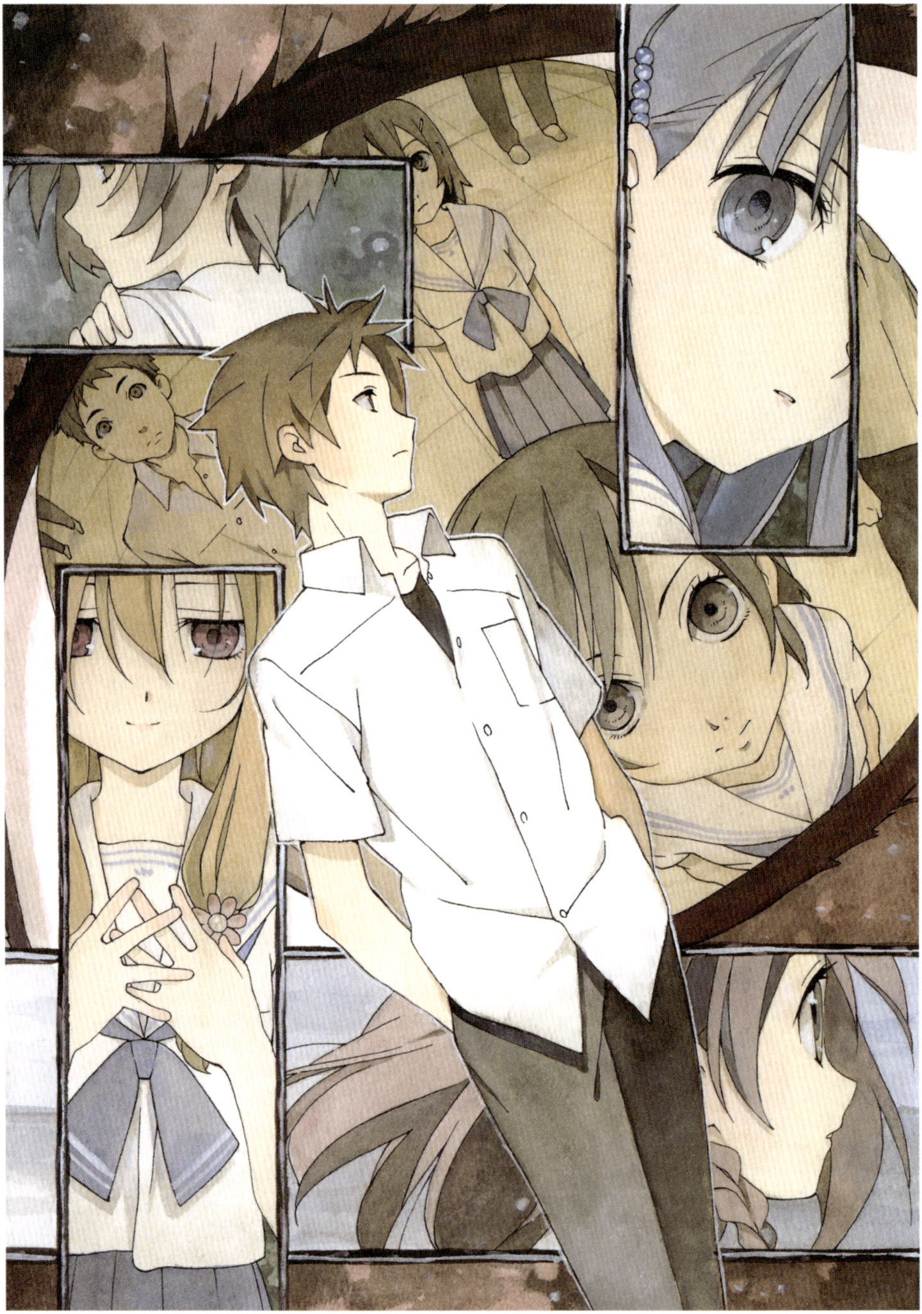

できるだけ原画そのものの色でいくつもりでしたが、
文庫本と差がありすぎるのもな…と赤味足しました。

『扉の外』カバー

『扉の外Ⅱ』三つ折りピンナップ

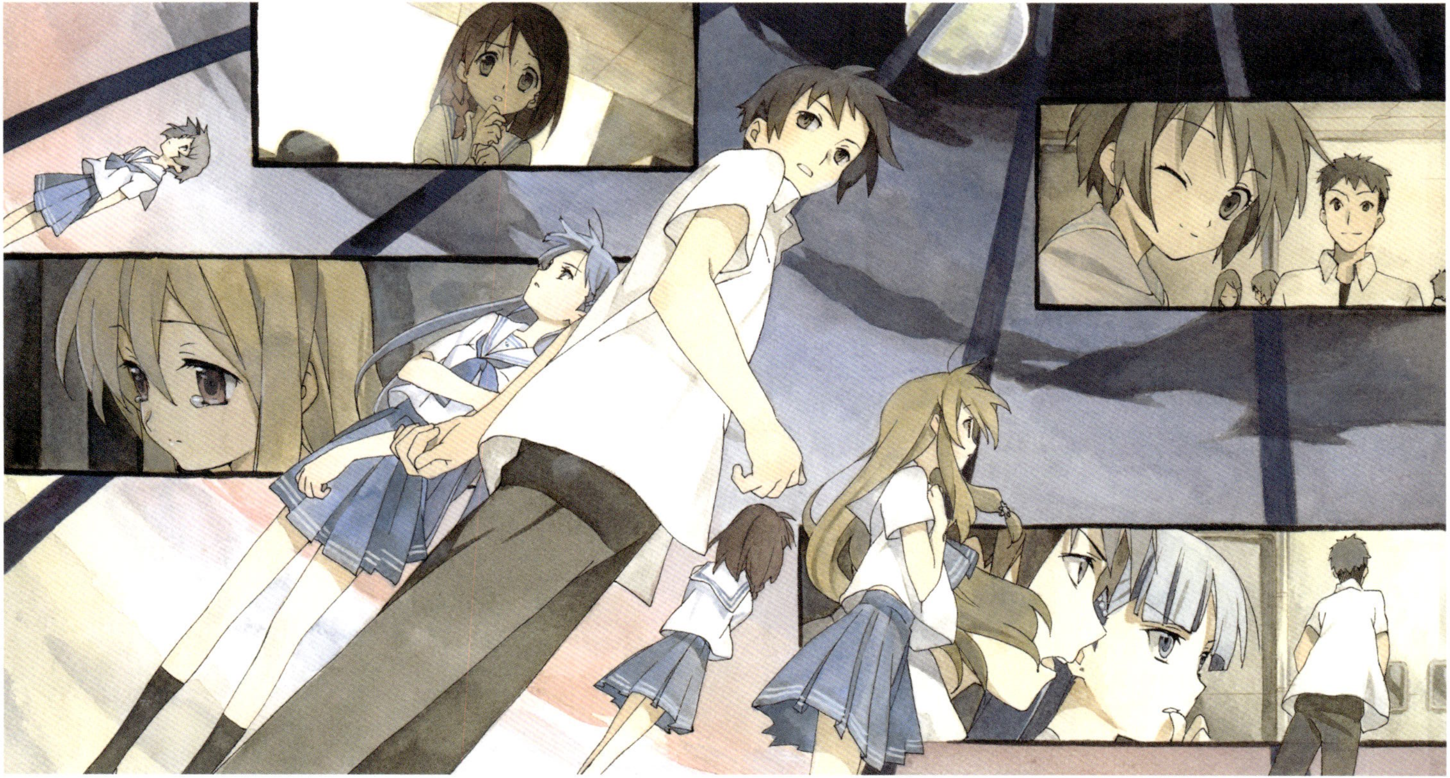

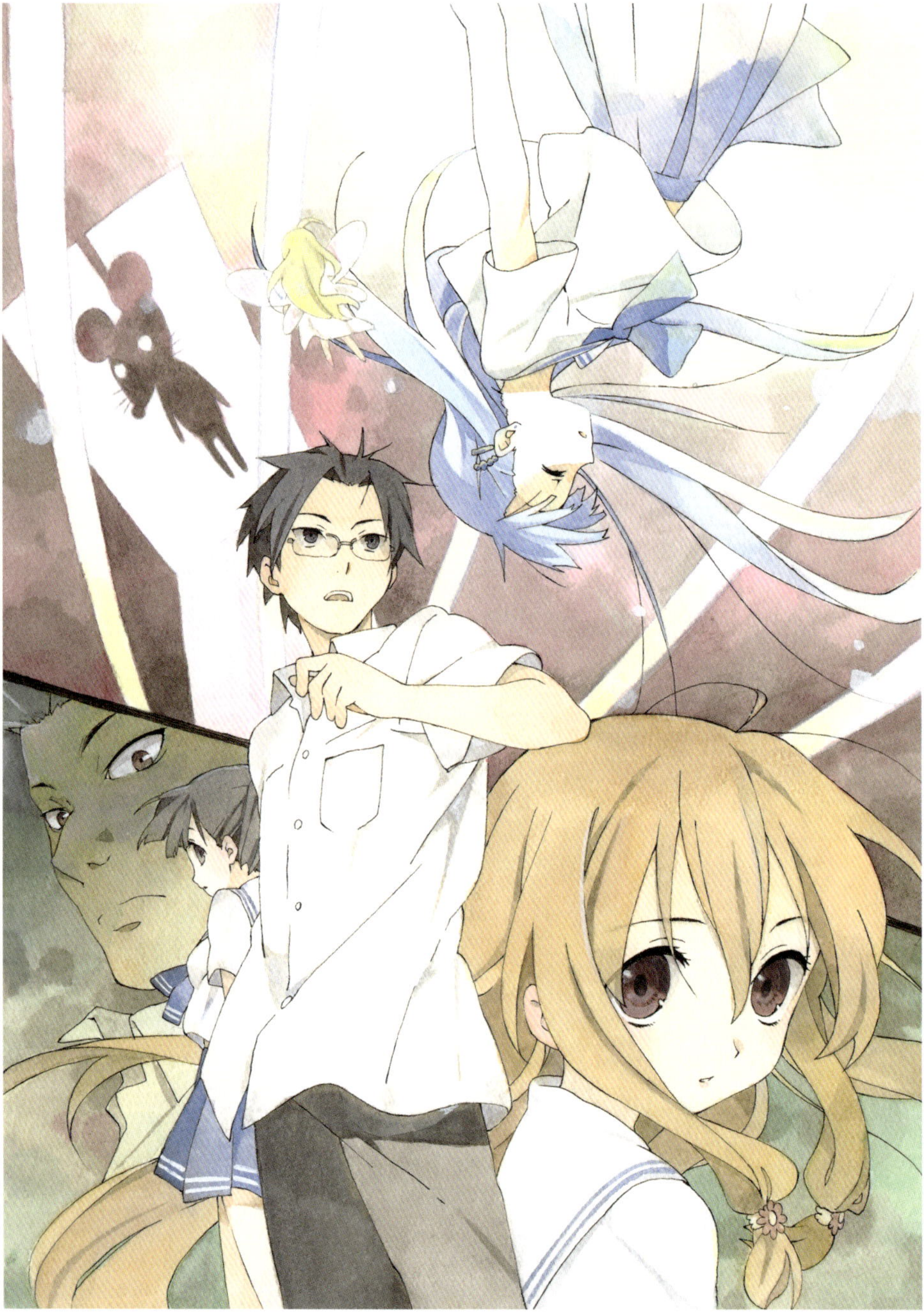

『扉の外Ⅱ』カバー

『扉の外II』三つ折りピンナップ

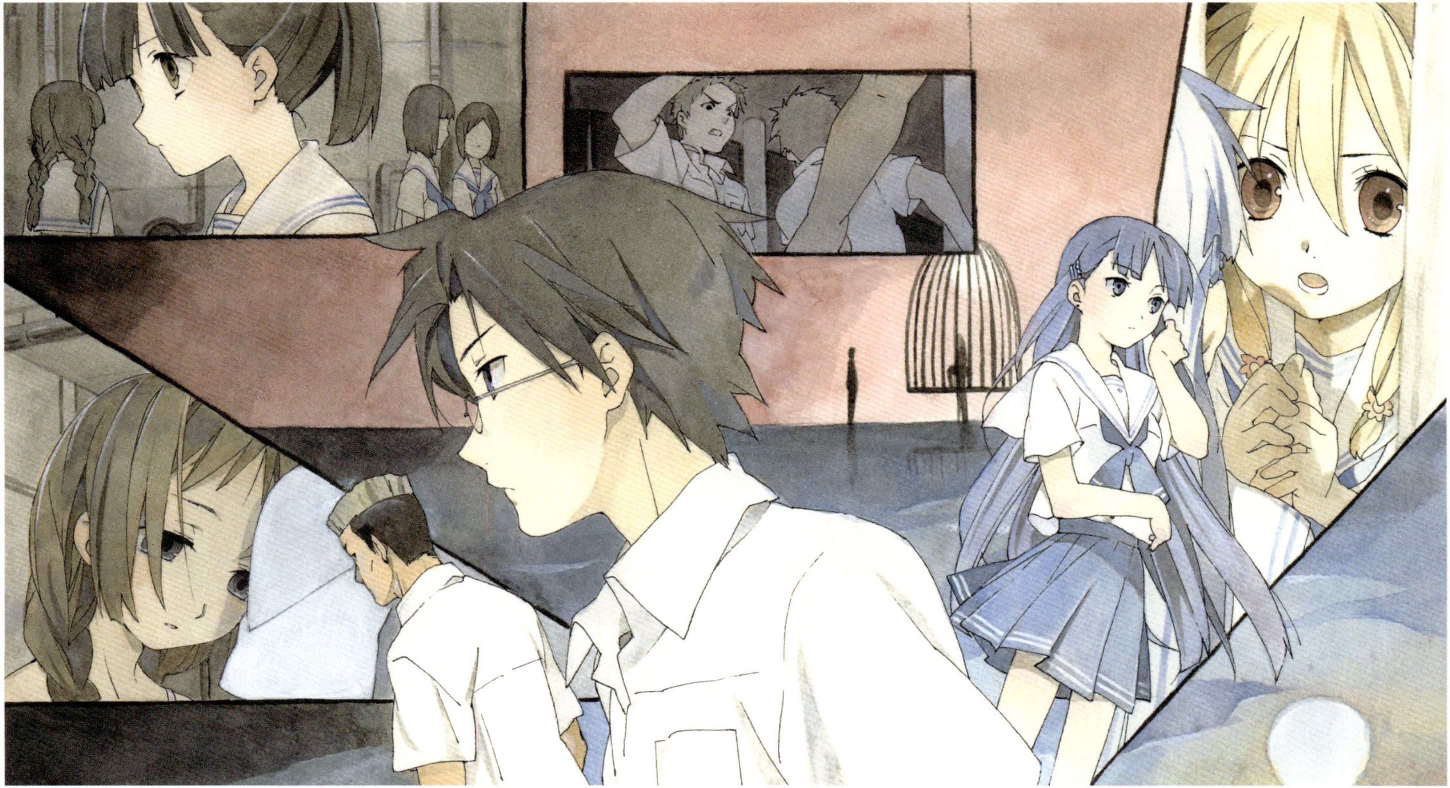

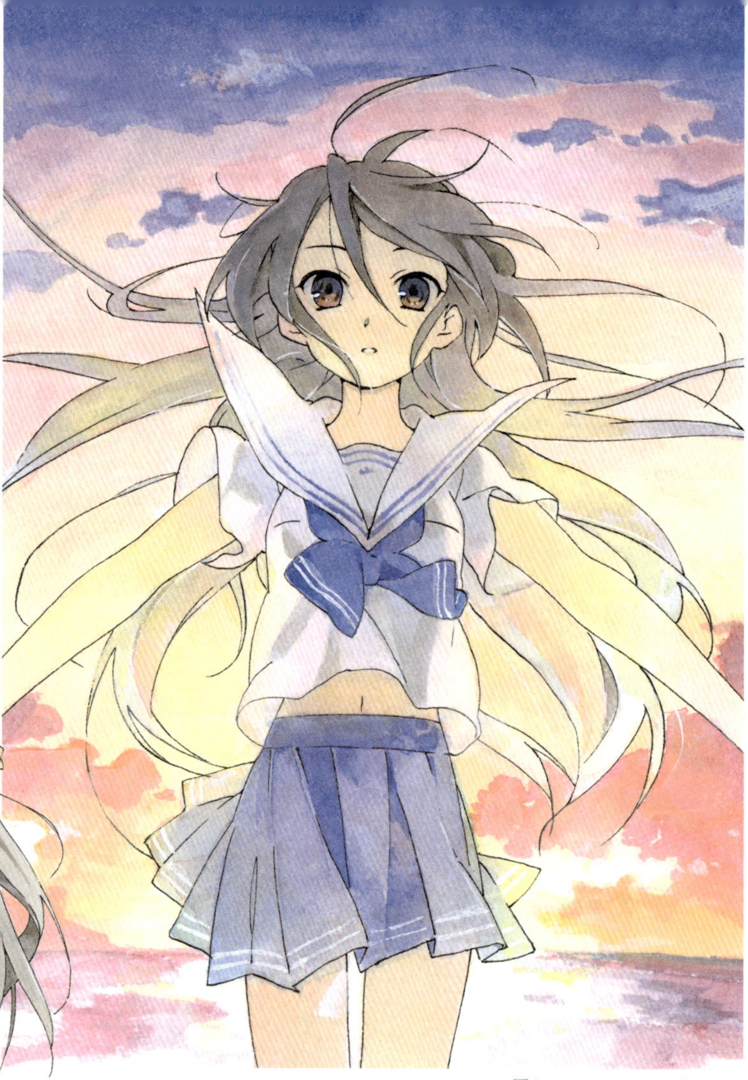

『扉の外III』カバー

10代・20代前半までくらいのイラストの
独特な色味と雰囲気が好きで、
たまに戻ろうと挑戦しては失敗してます。

にしても3巻の絵は別の絵柄に
ひっぱられてます。手とか…

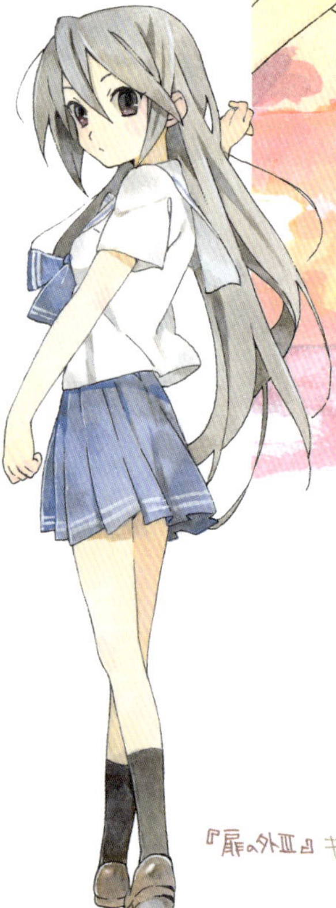

『扉の外III』キャラクター紹介イラスト

3巻は
百合でした。笑。

『扉の外III』三つ折りピンナップ

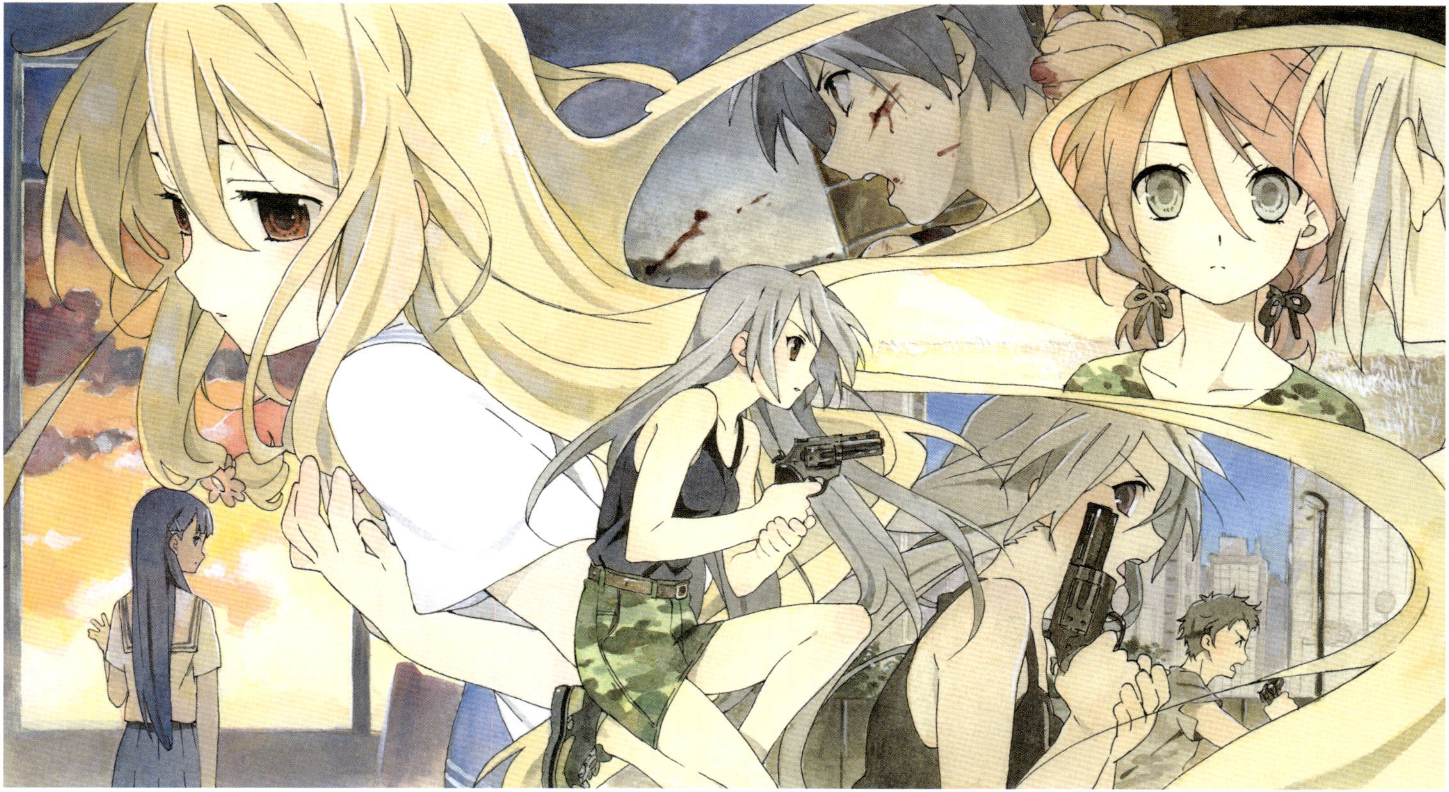

『ツァラトゥストラへの階段2』口絵扉

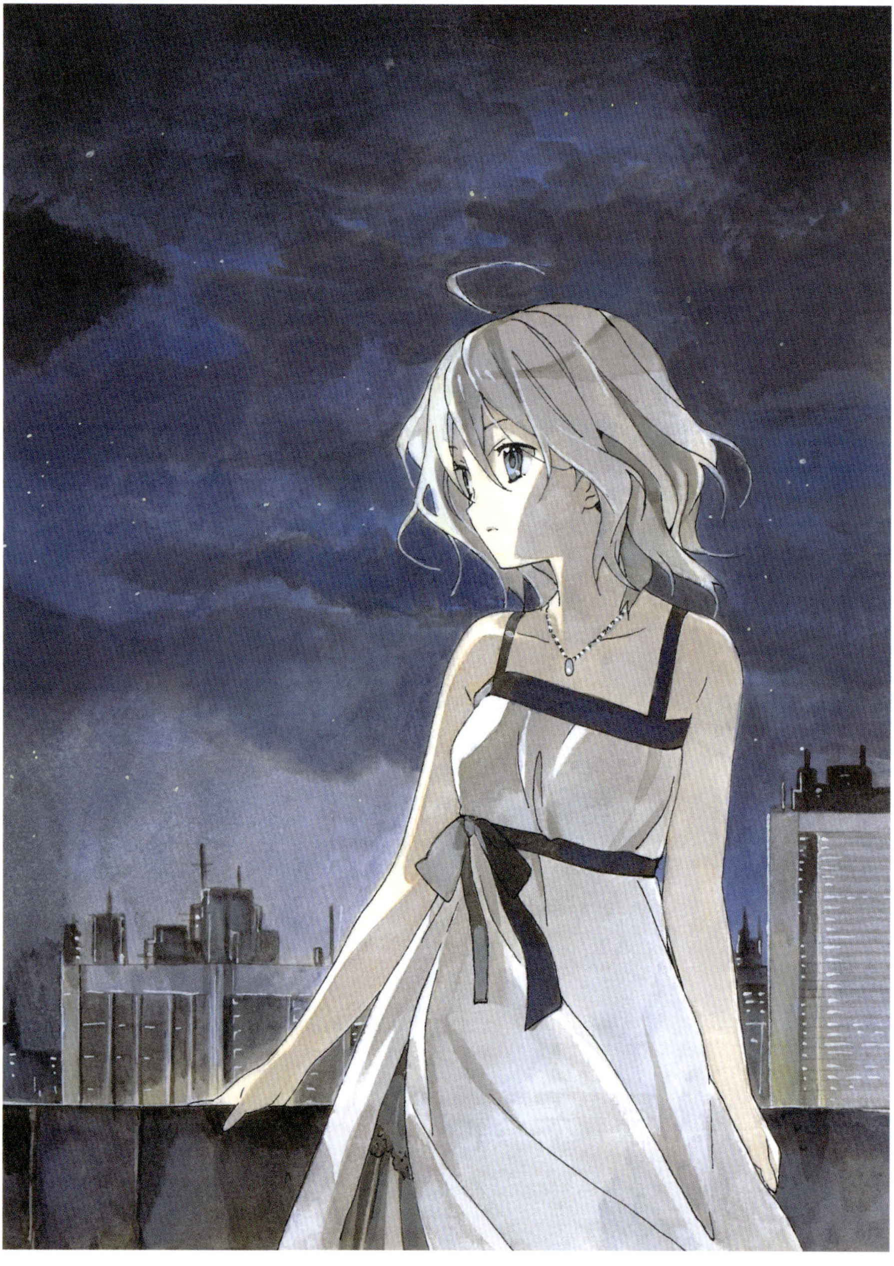

お気に入りです。

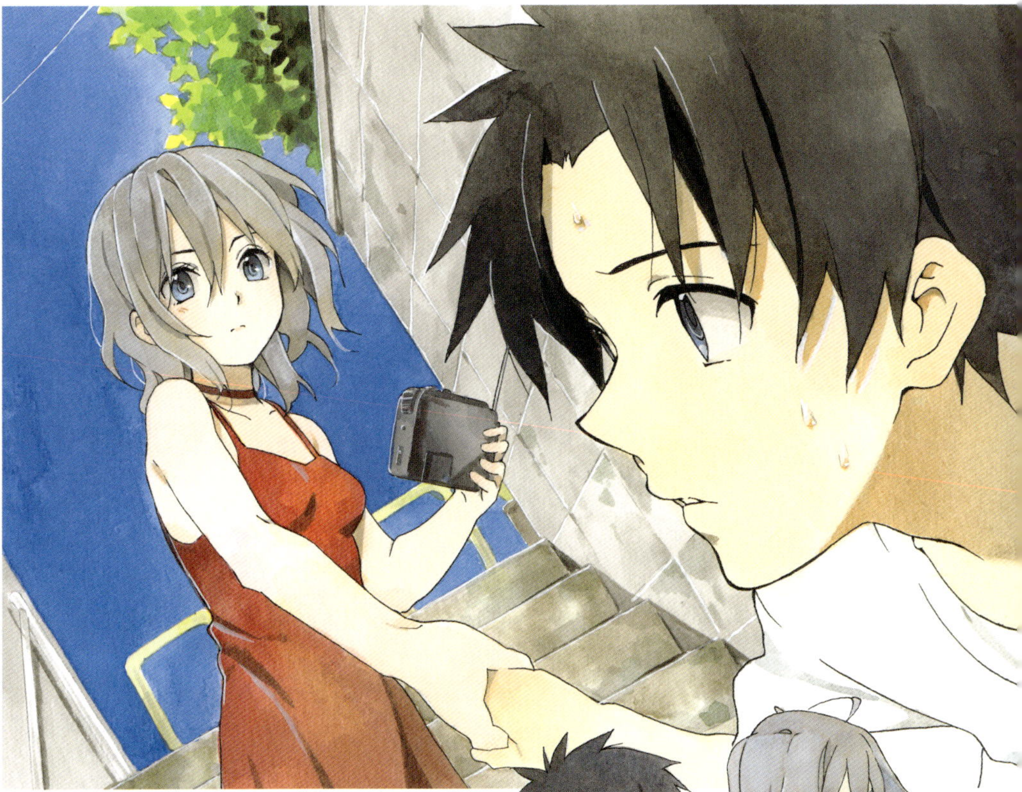

『ツァラトゥストラへの階段3』口絵

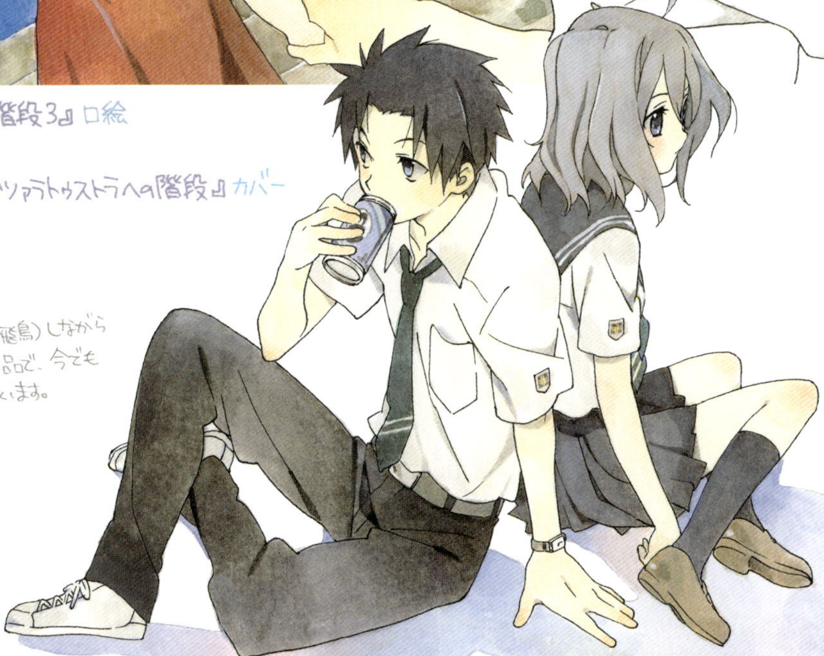

『ツァラトゥストラへの階段』カバー

ツァラはかなり
キャラ萌え（舞と飛鳥）しながら
描いていた作品で、今でも
ときめいてしまいます。

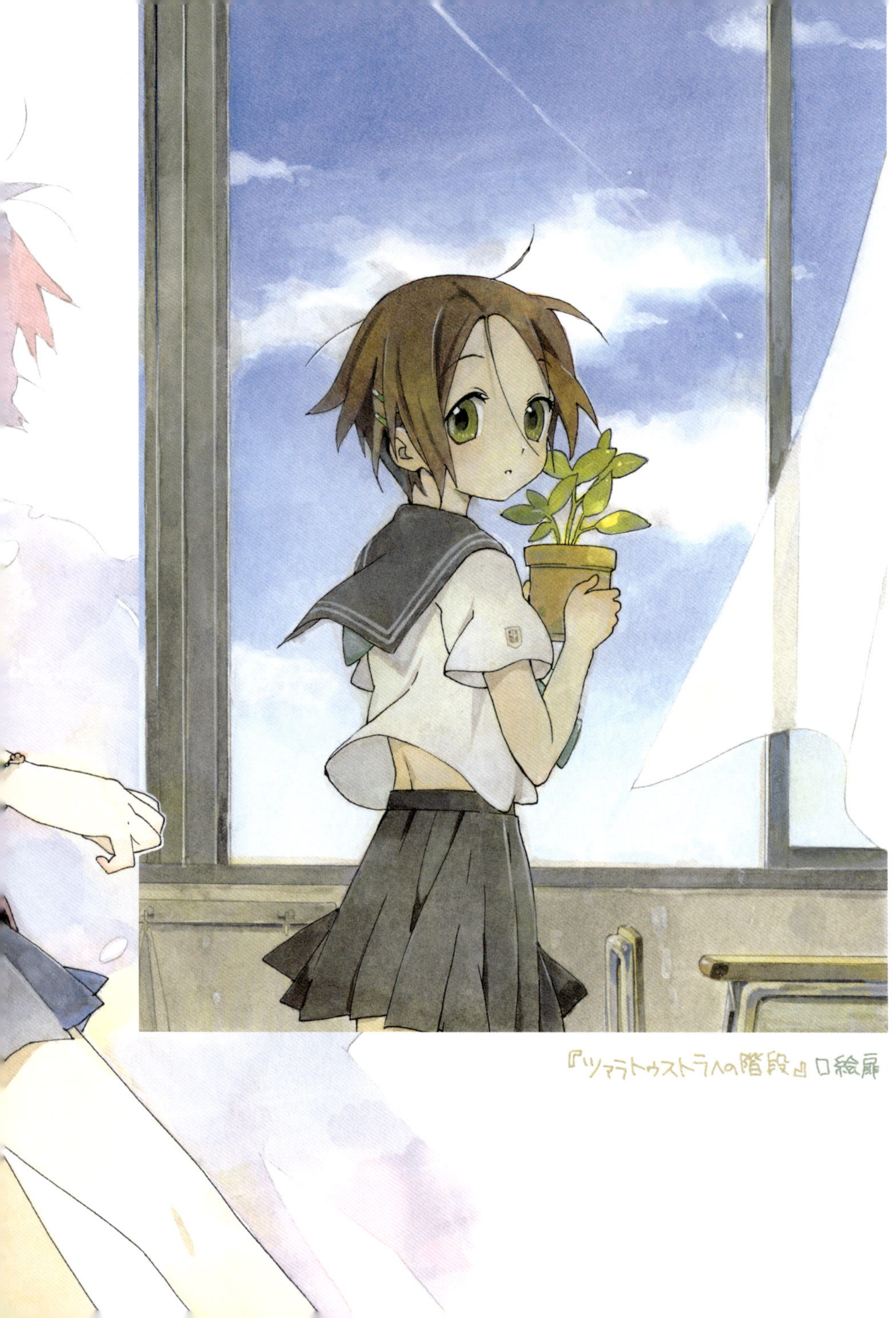

『ツァラトゥストラへの階段』口絵扉

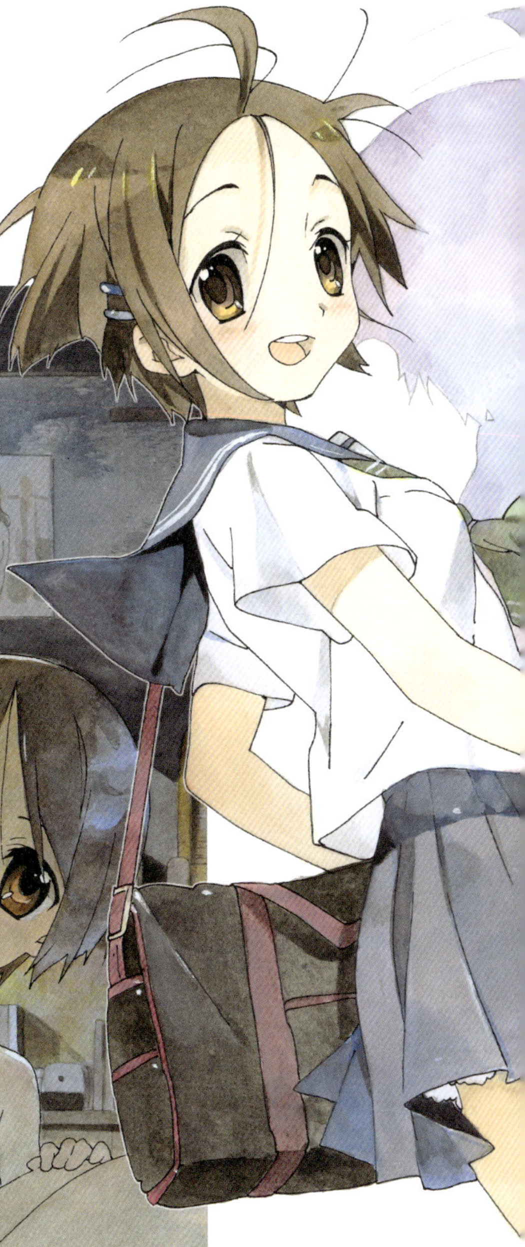

『ツァラトゥストラへの階段2』カバー

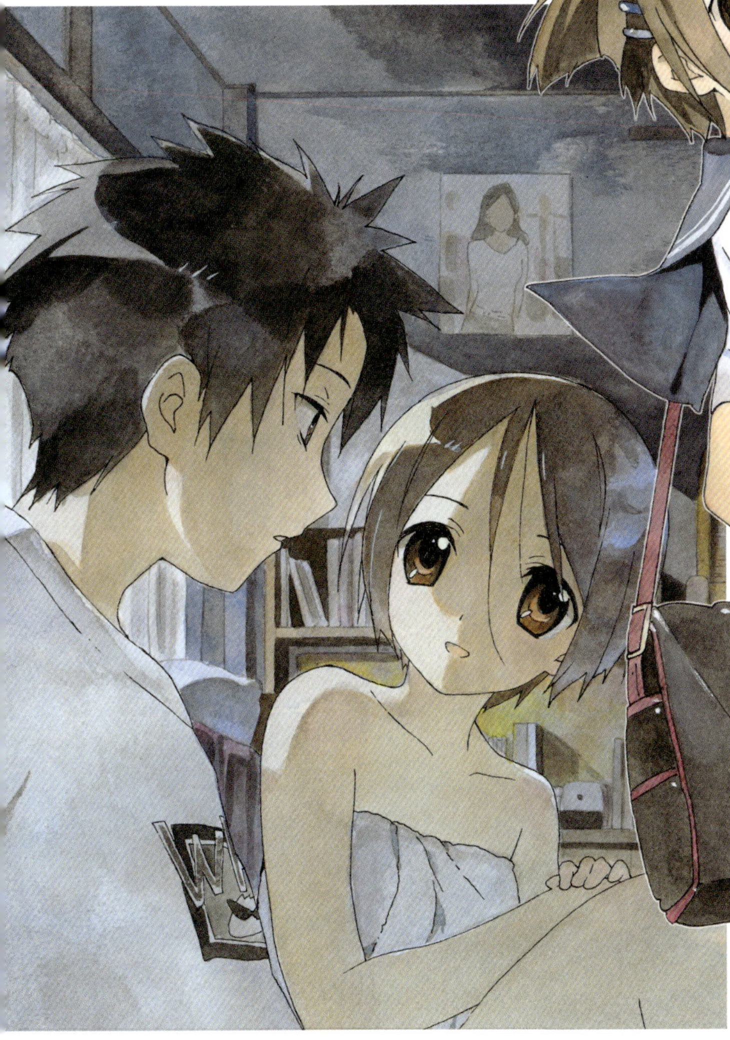

『ツァラトゥストラへの階段2』口絵

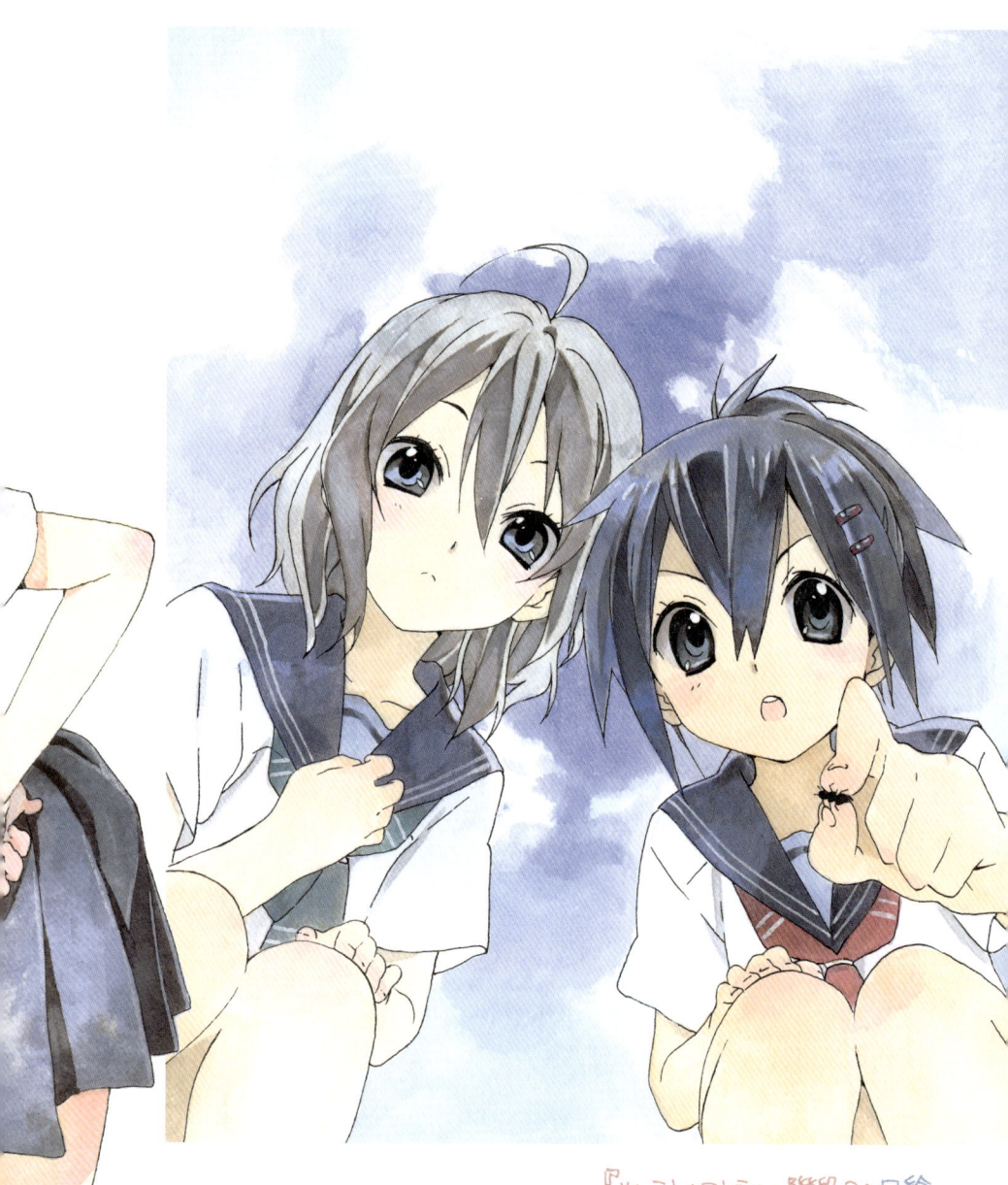

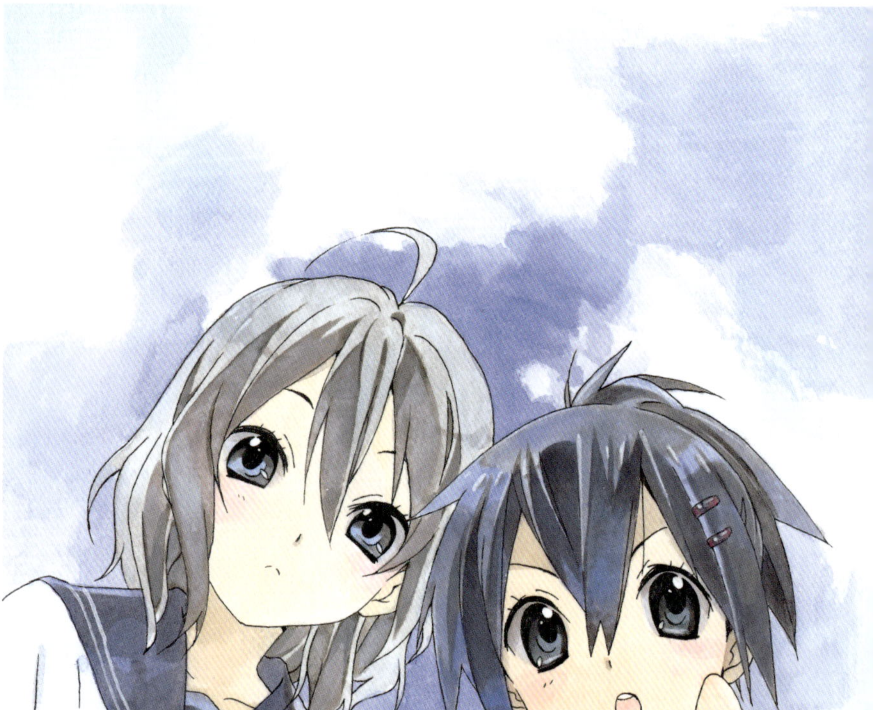

『ツァラトゥストラへの階段2』口絵

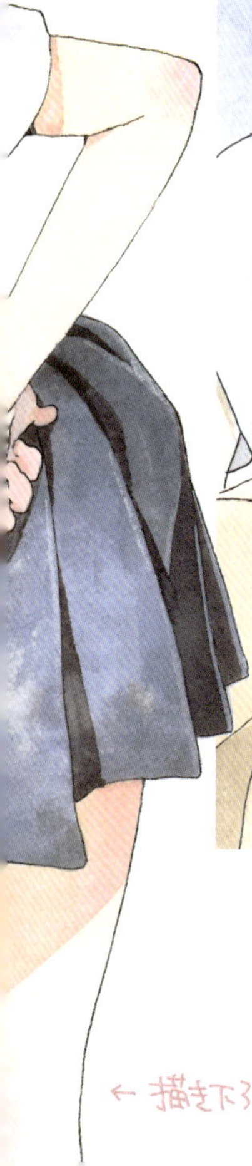

← 描き下ろしイラスト舞

舞めちゃ
好きです。

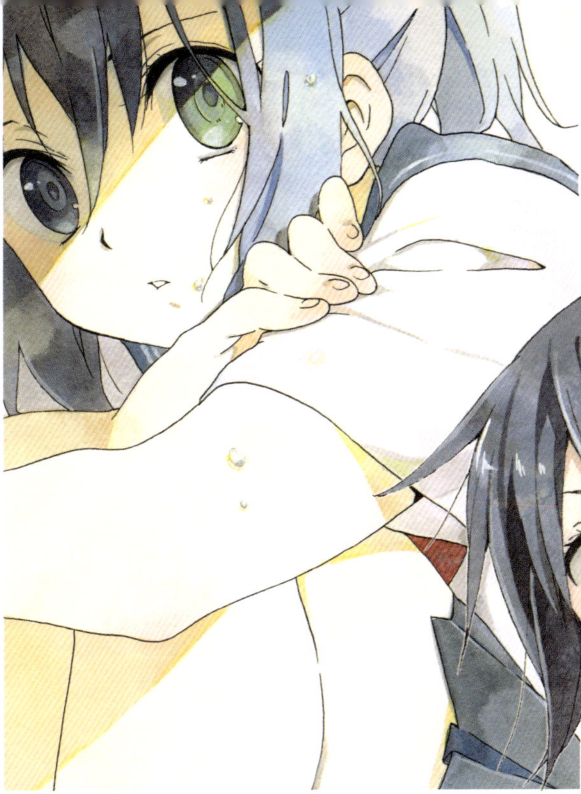

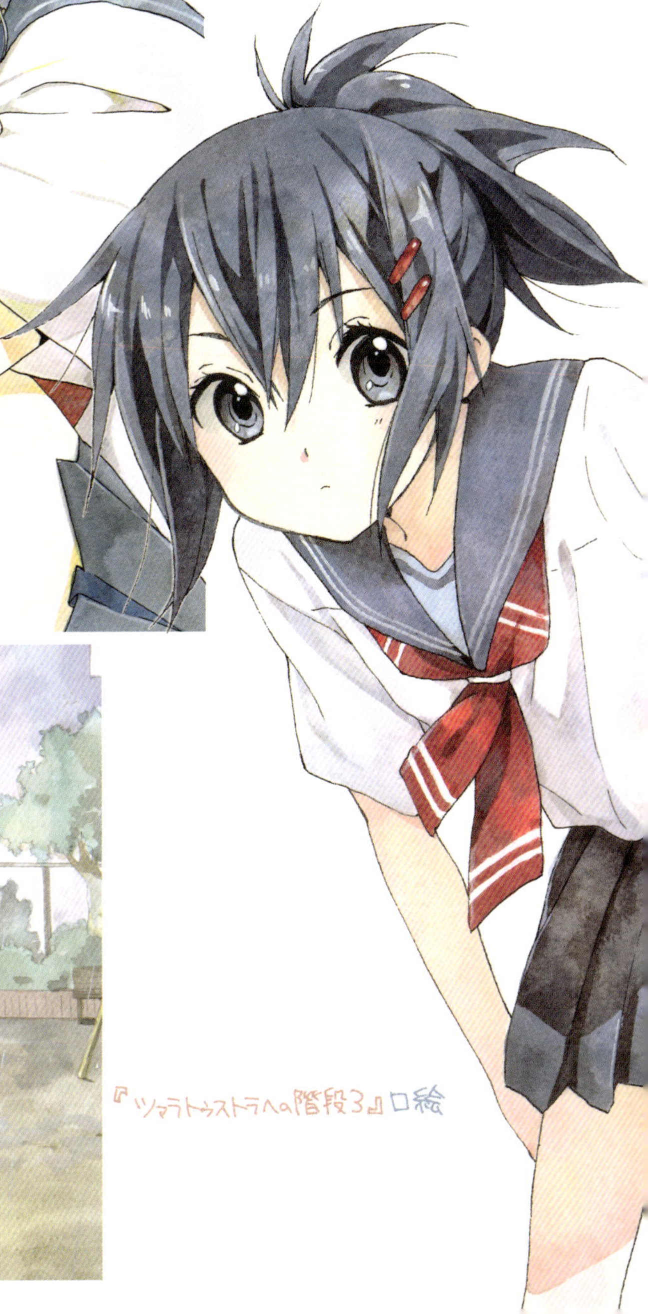

『ツァラトゥストラへの階段3』カバー

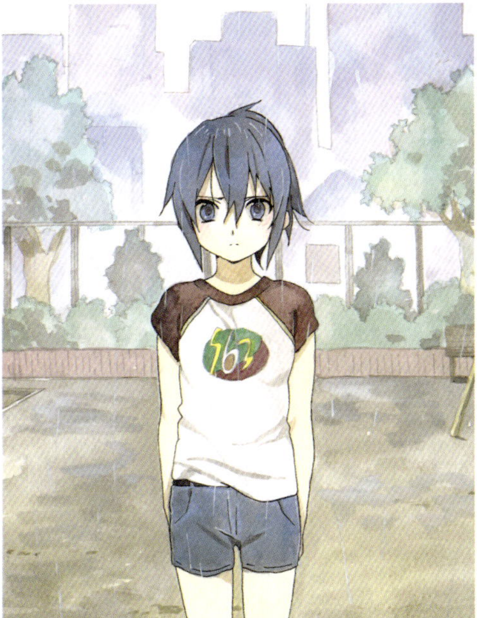

『ツァラトゥストラへの階段3』口絵

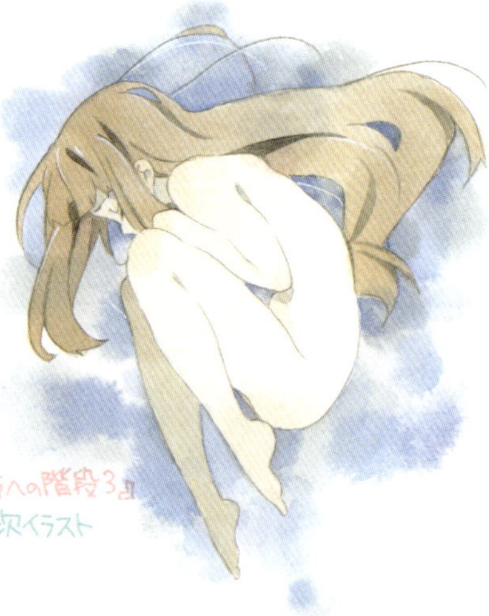

『ツァラトゥストラへの階段3』
目次イラスト

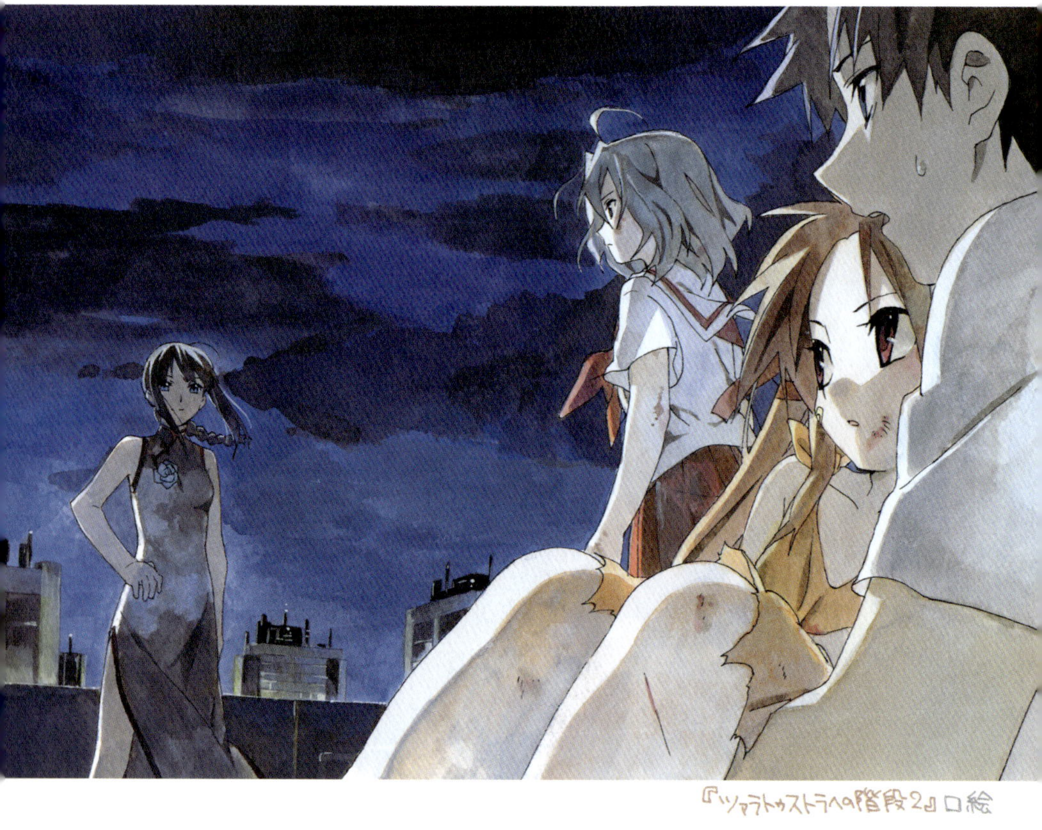

『ツァラトゥストラへの階段2』口絵

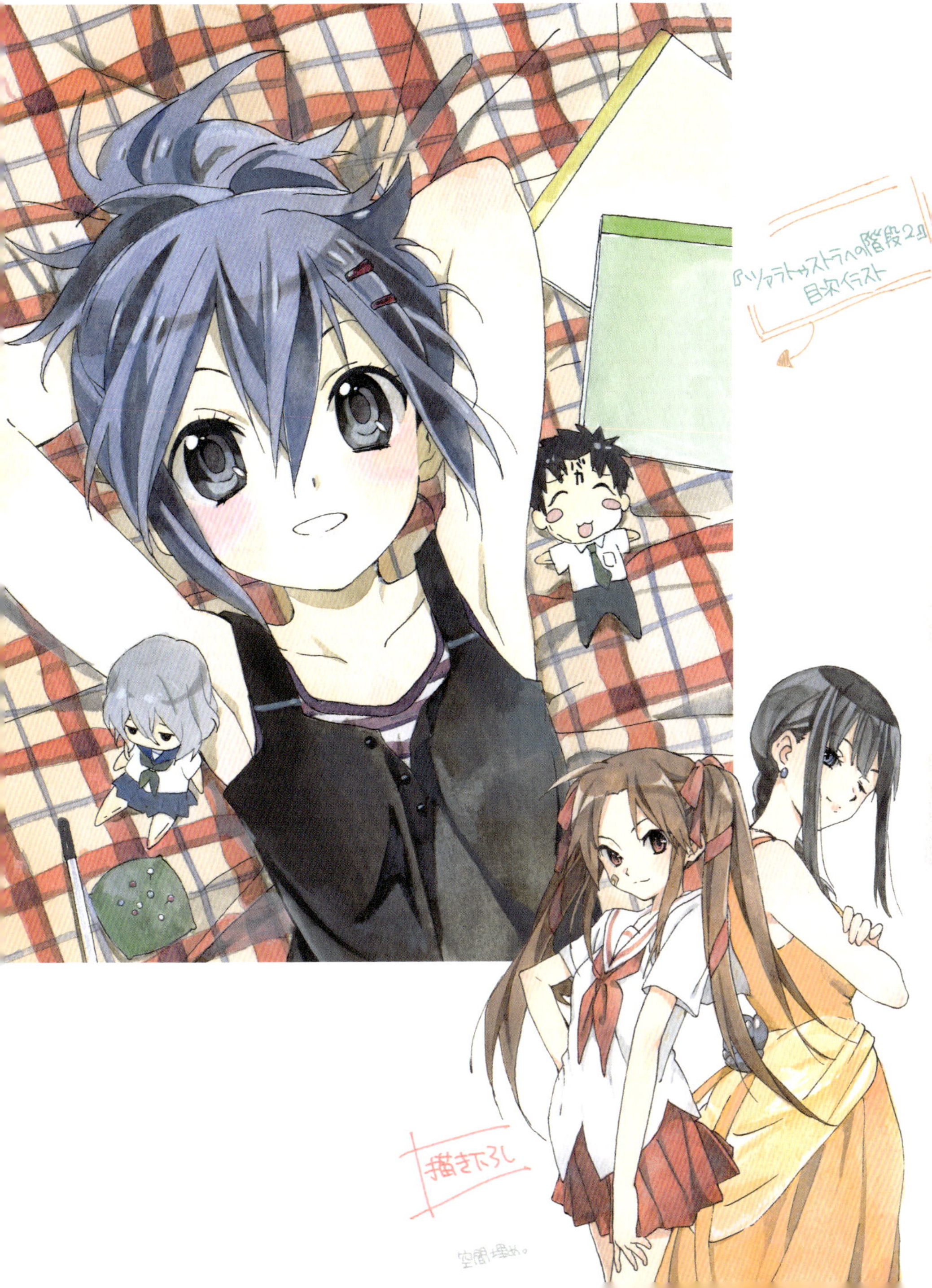
『ツァラトゥストラへの階段2』
目次イラスト
描き下ろし
空間埋め。

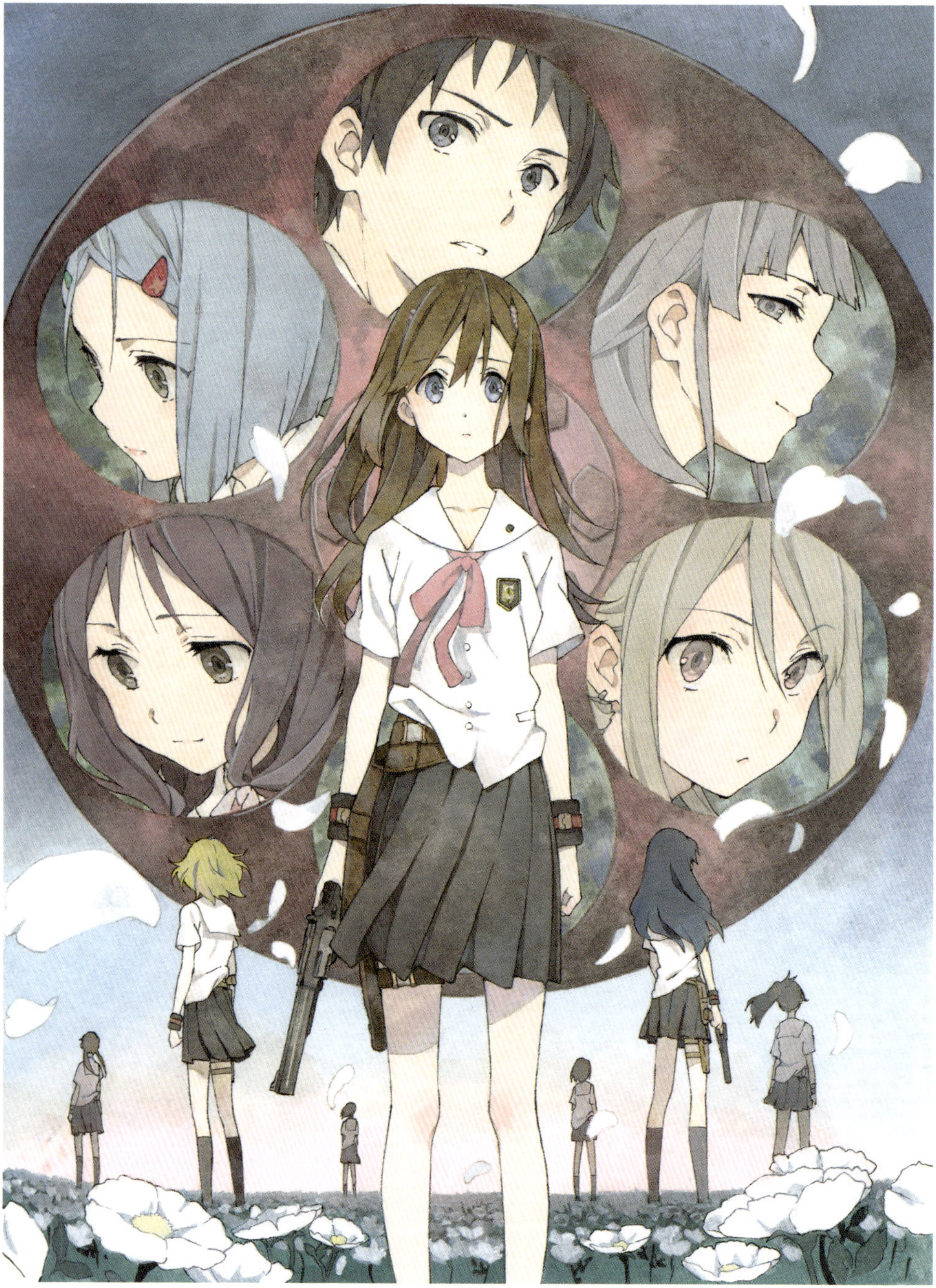

7年ぶりの土橋さん作品という事で、
色とか「扉の外」を見ながら塗りました。

『コロシアム』カバー

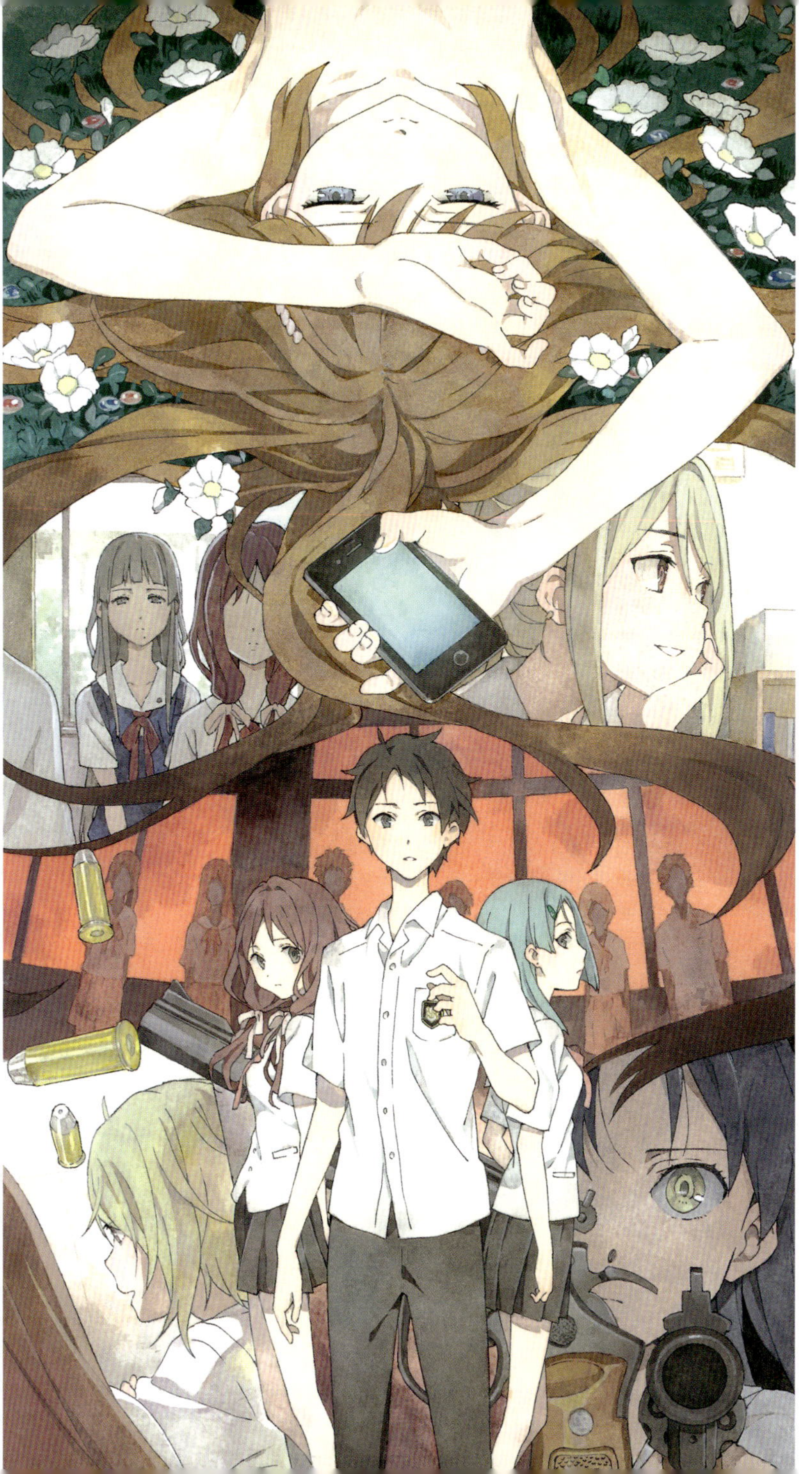

『コロシアム』
三つ折りピンナッ

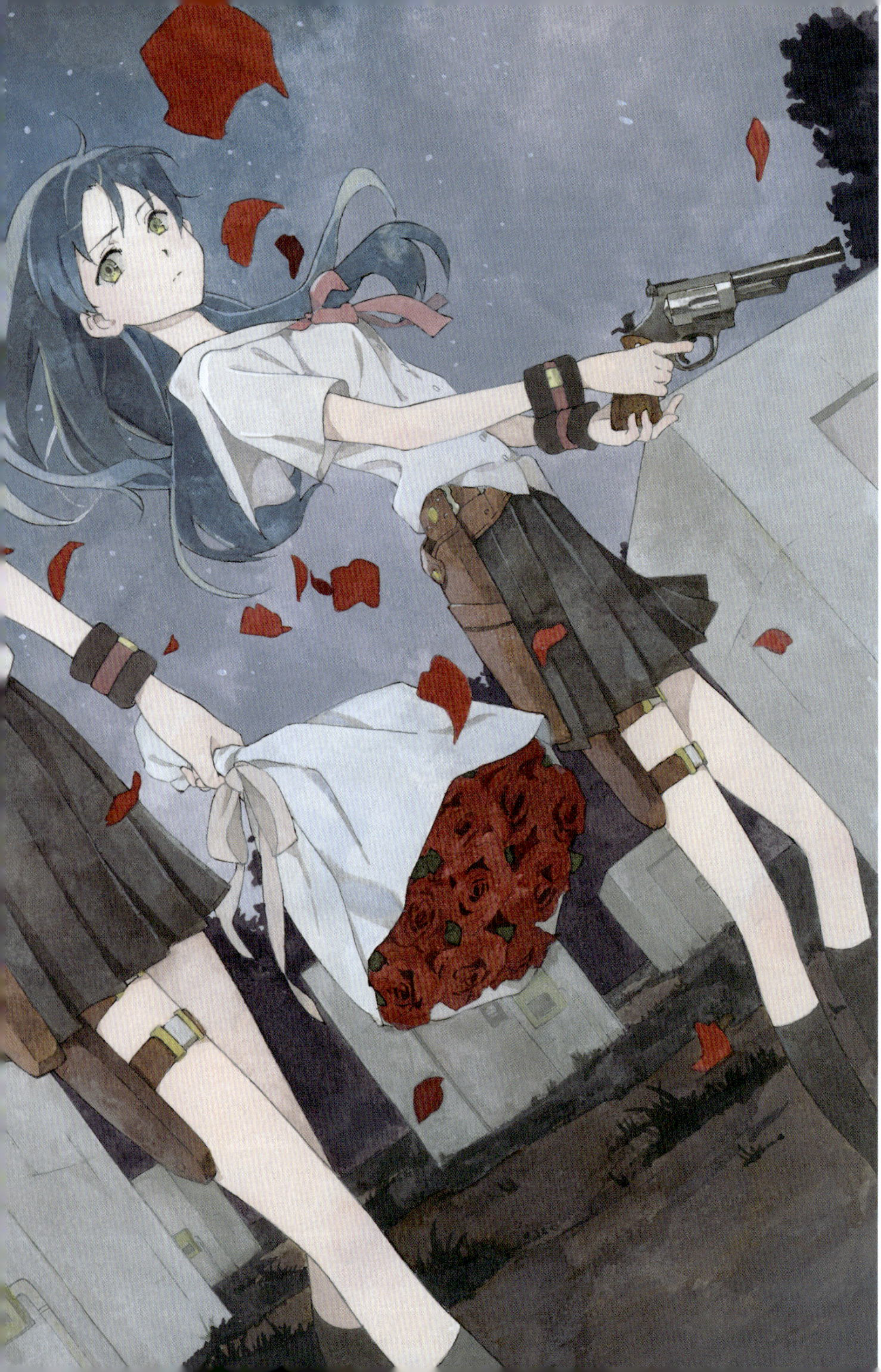

「電撃文庫MAGAZINE」vol.43（2015年5月号）

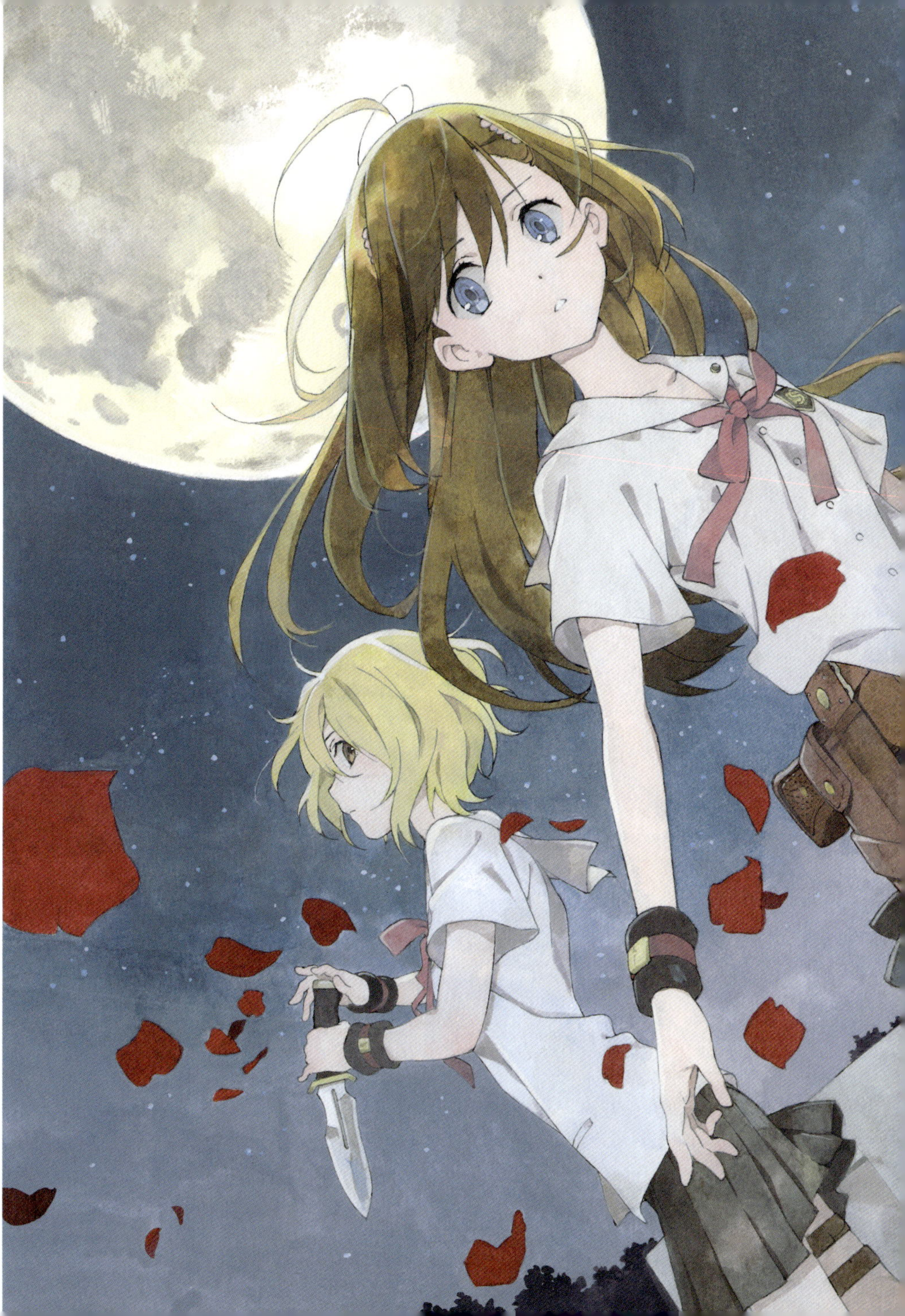

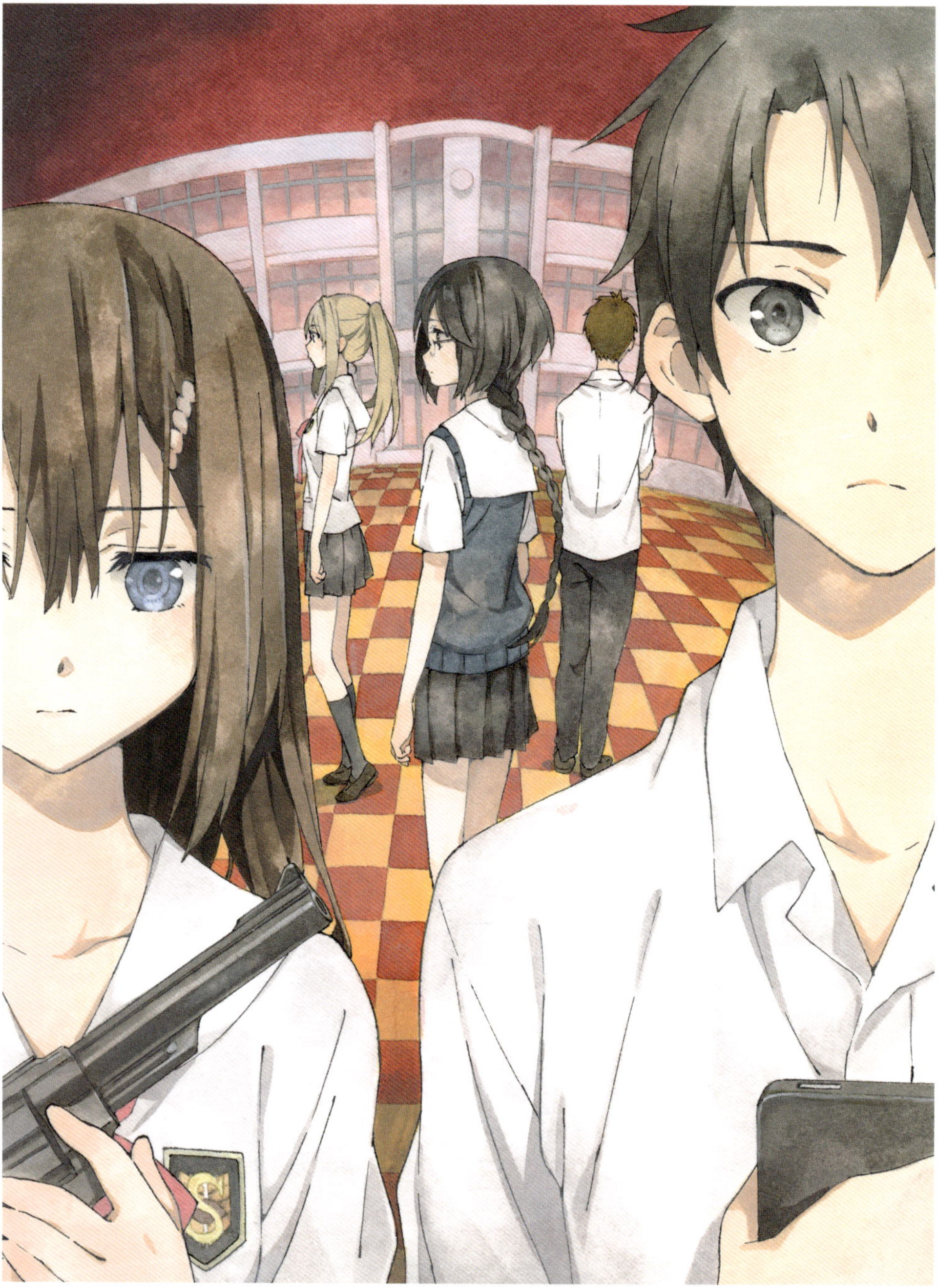

『コロシアムⅡ』カバー

『コロシアムⅢ』カバー

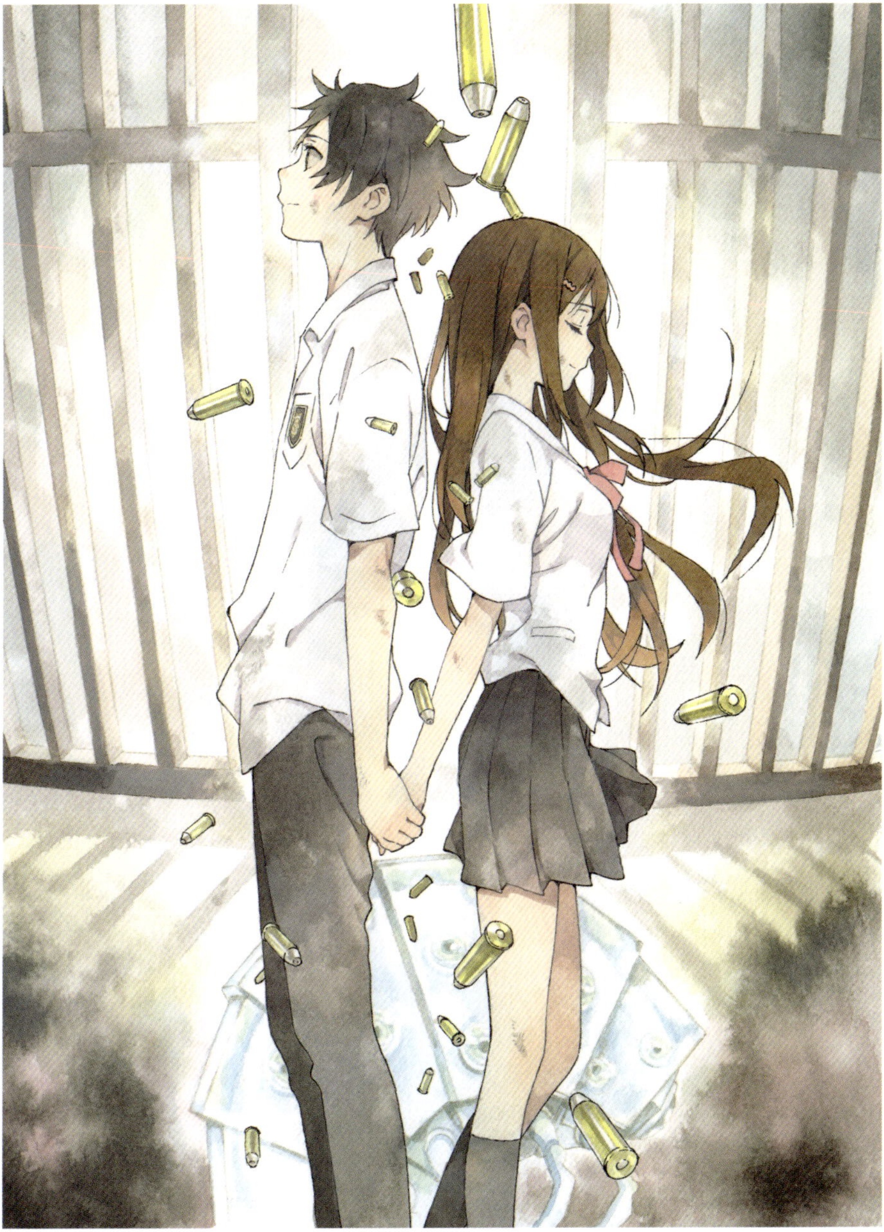

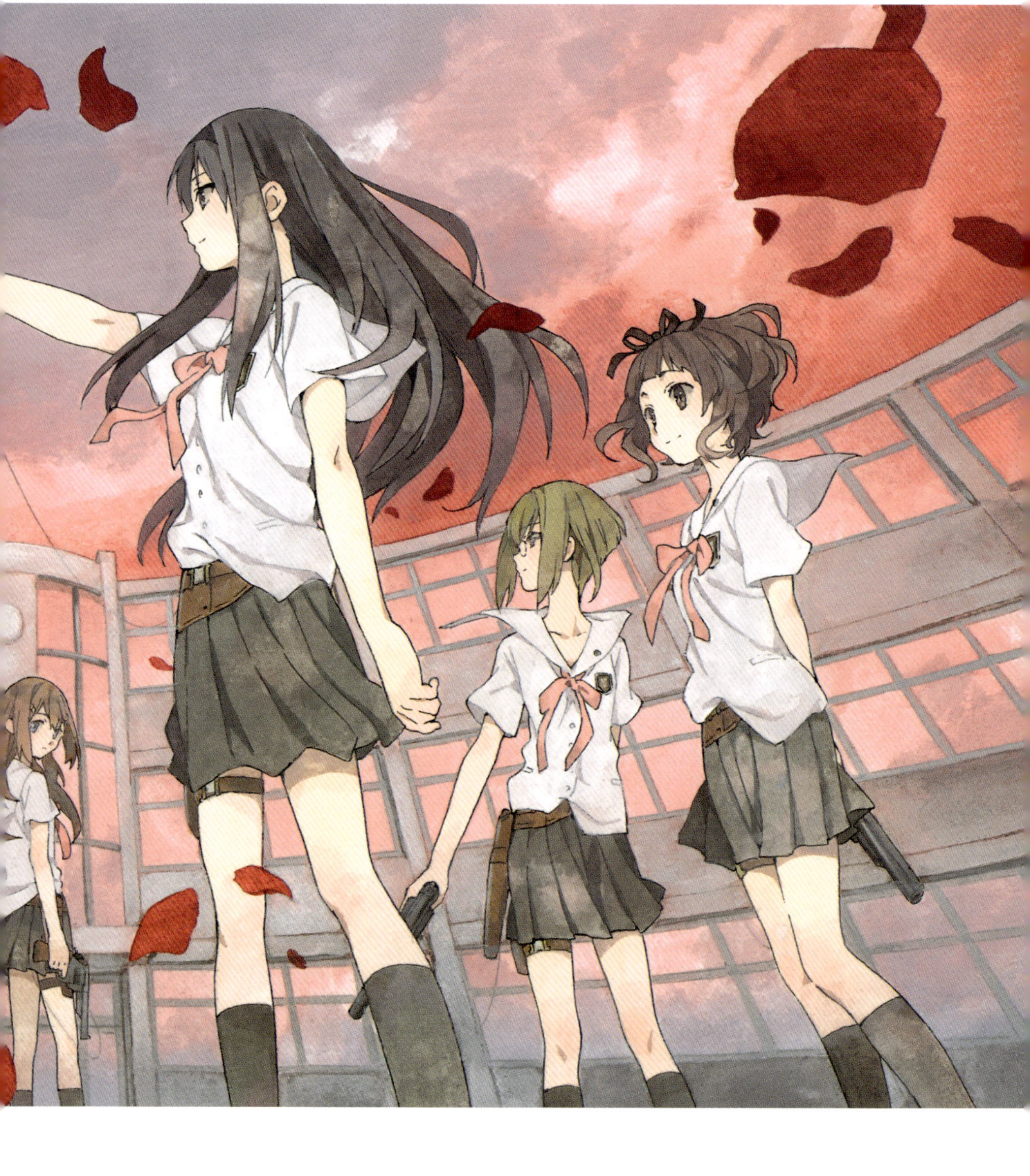

かっちょ良く描けたかなと
気に入ってます。

『コロシアムⅡ』三つ折りピンナップ

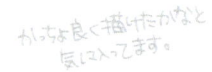

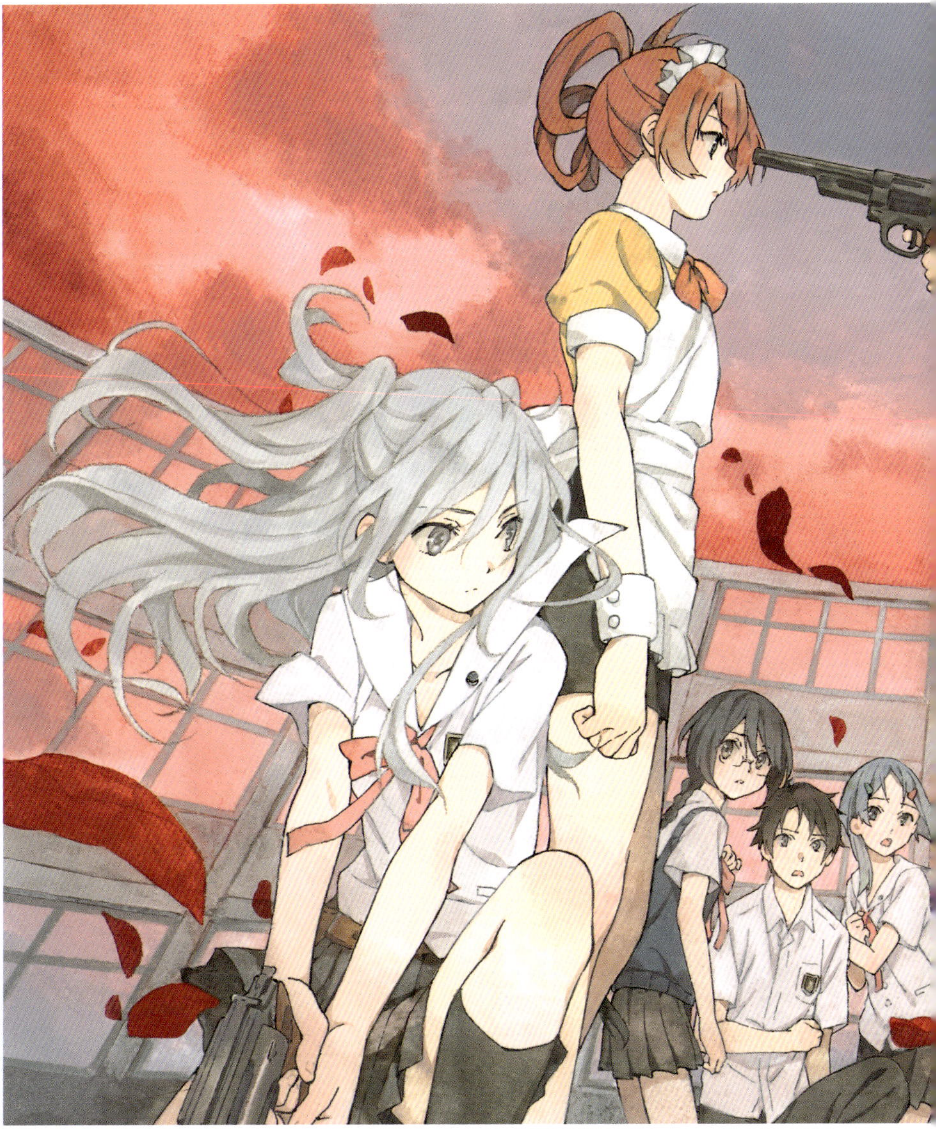

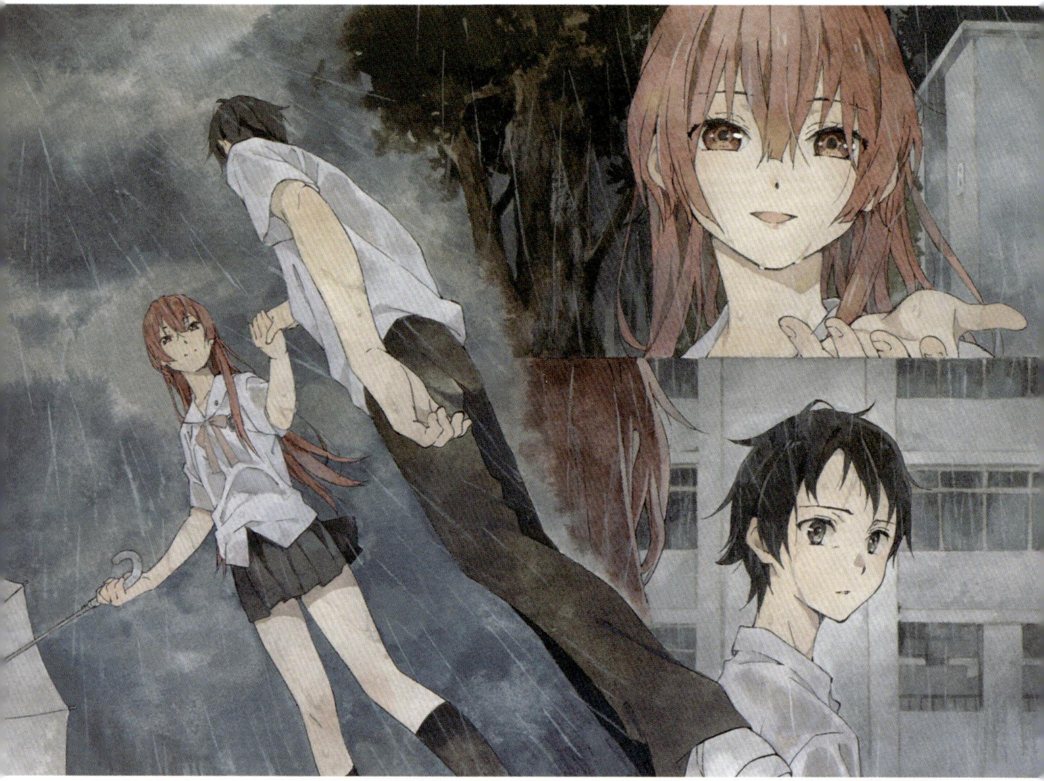

コロシアムⅢ』
口絵

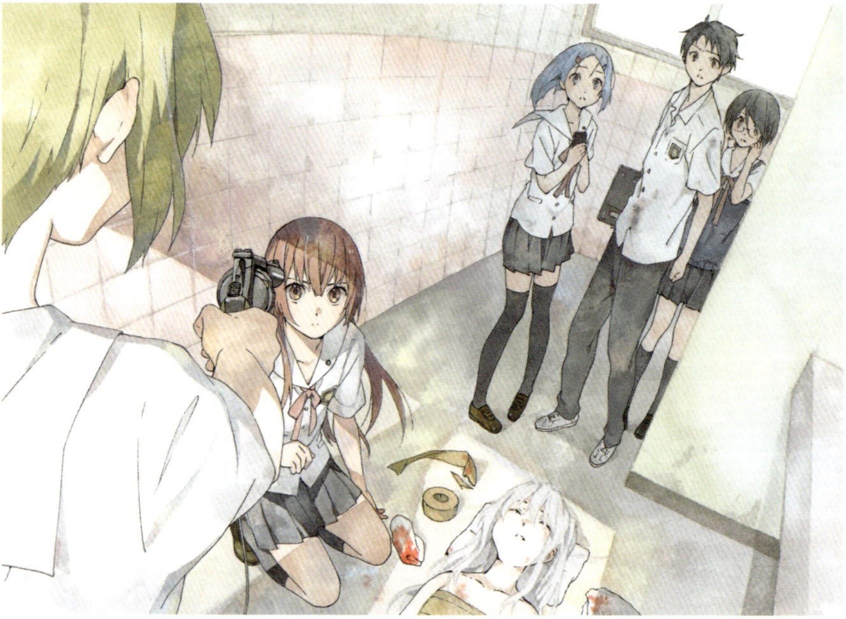

『コロシアムⅢ』
口絵

『コロシアムⅢ』口絵

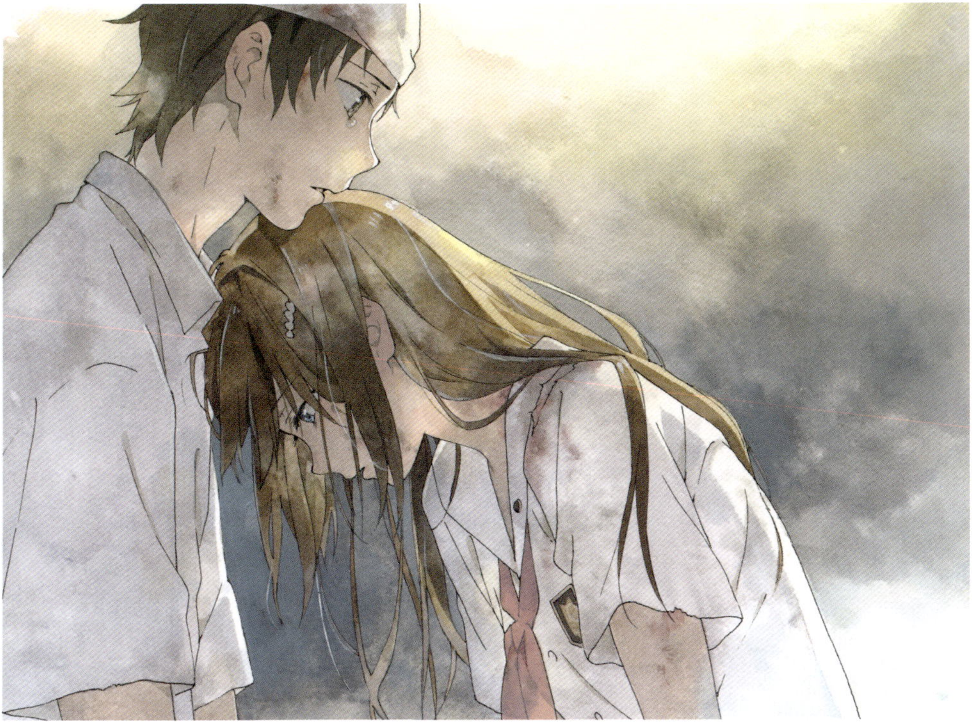

『コロシアムⅢ』目次イラスト

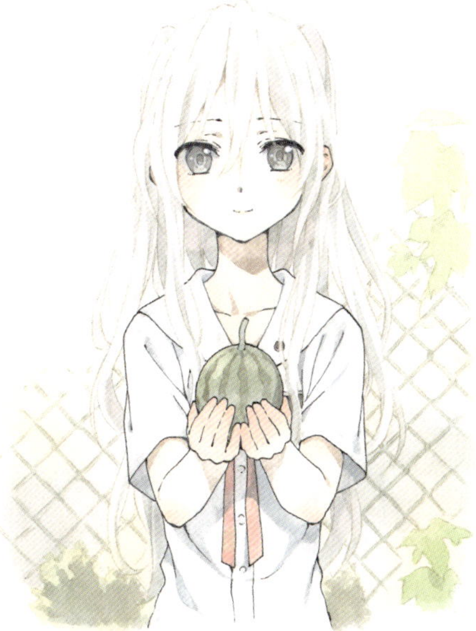

の子が完全なる恋愛にときめかない3つの理由』
撃文庫公式海賊本 電撃すぷらっしゅ!」挿画

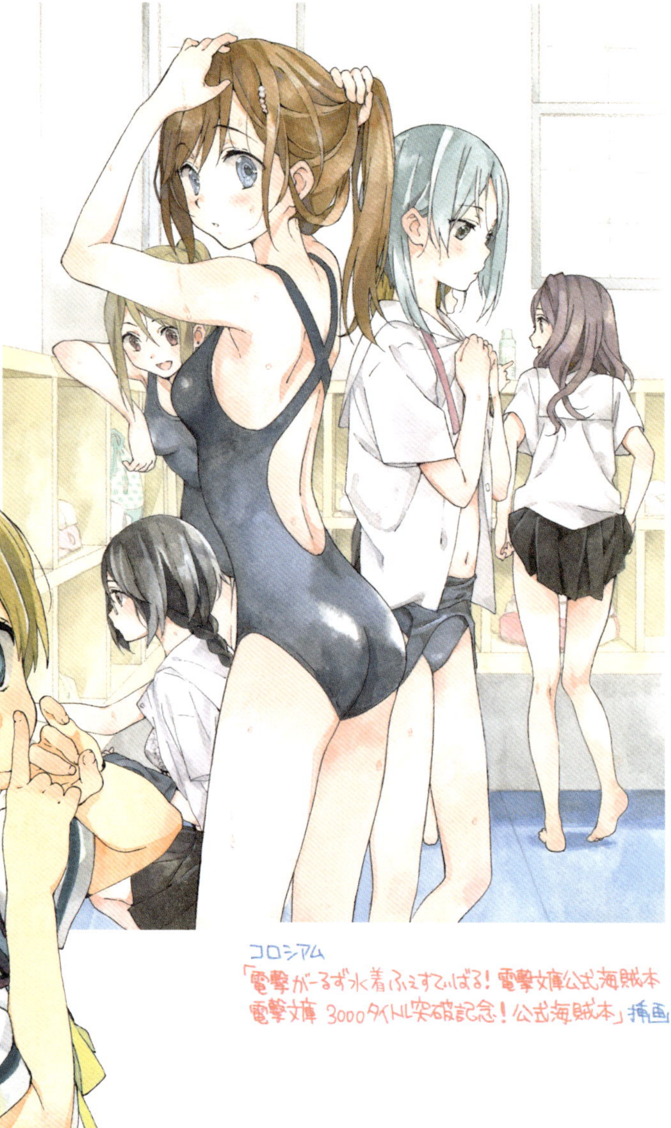

コロシアム
「電撃がーるず水着ふぇすてぃばる! 電撃文庫公式海賊本
電撃文庫 3000タイトル突破記念！公式海賊本」挿画

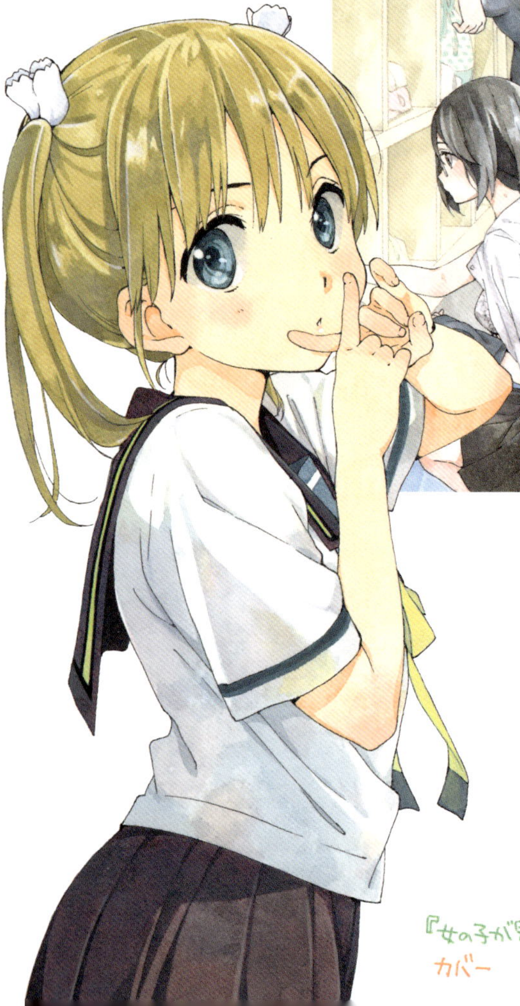

『女の子が完全なる恋愛にときめかない3つの理由』
カバー

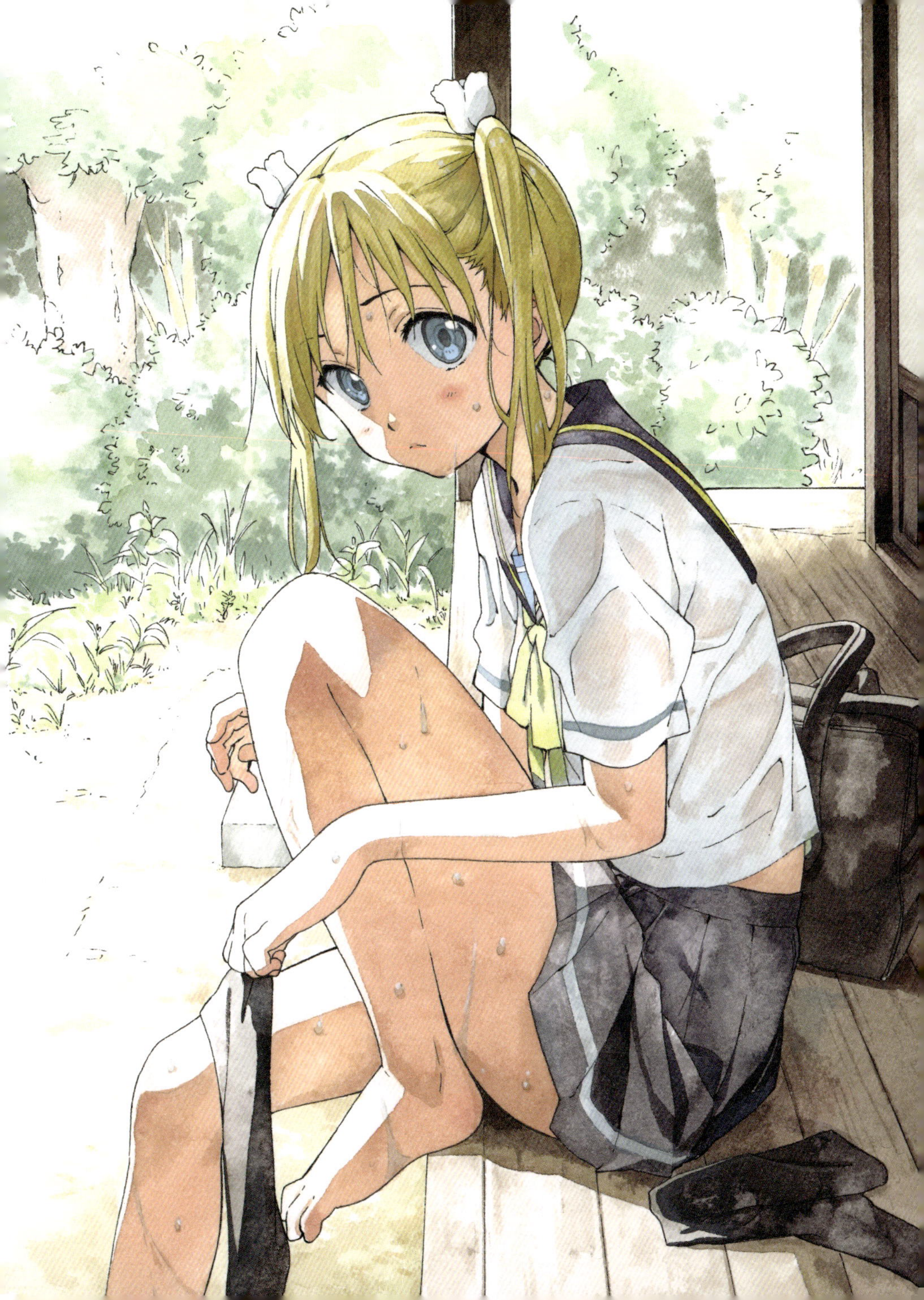

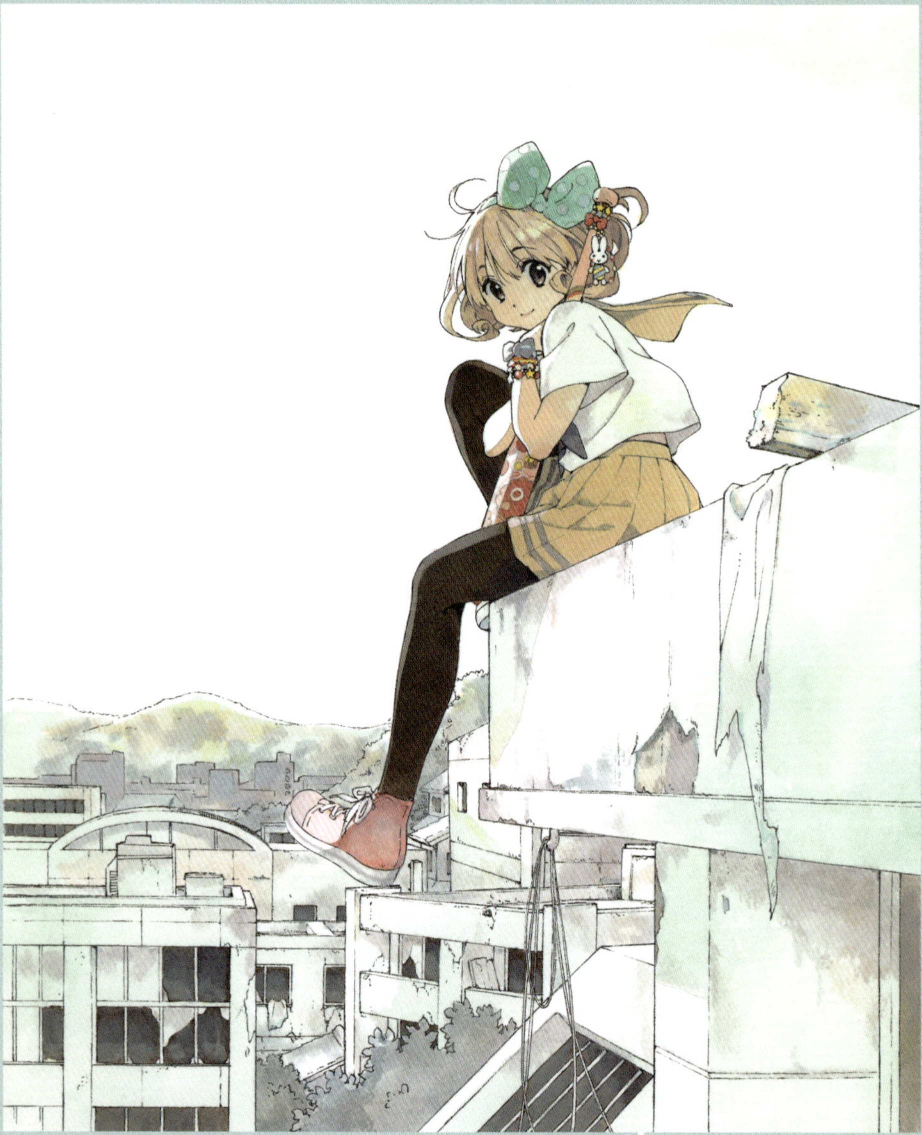

『このセカイで私だけが歌ってる』カバー

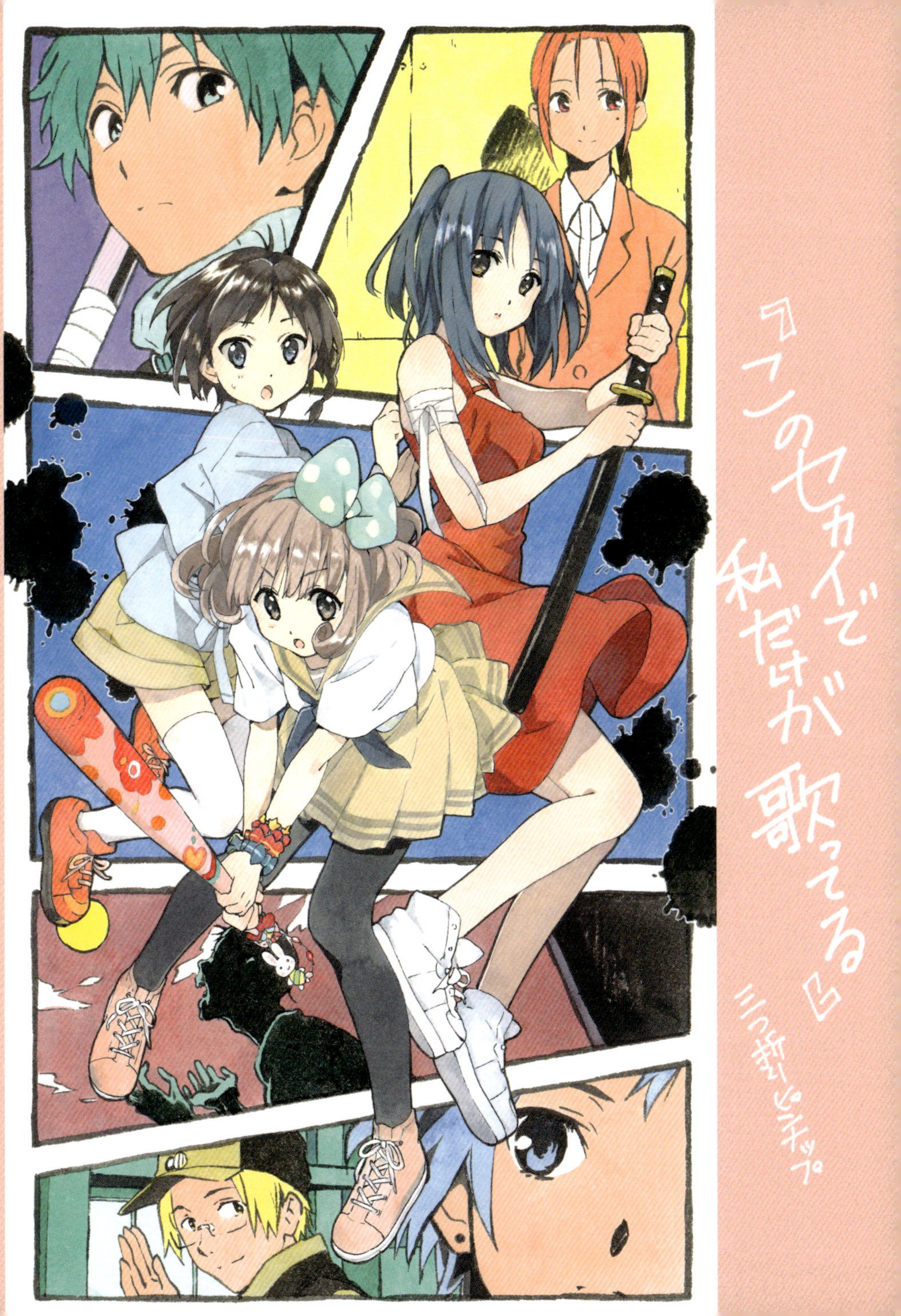
『このセカイで私だけが歌ってる』

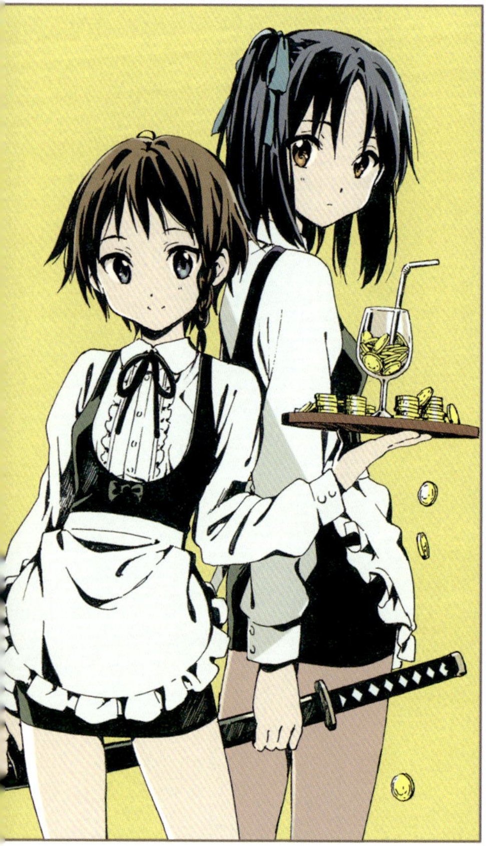

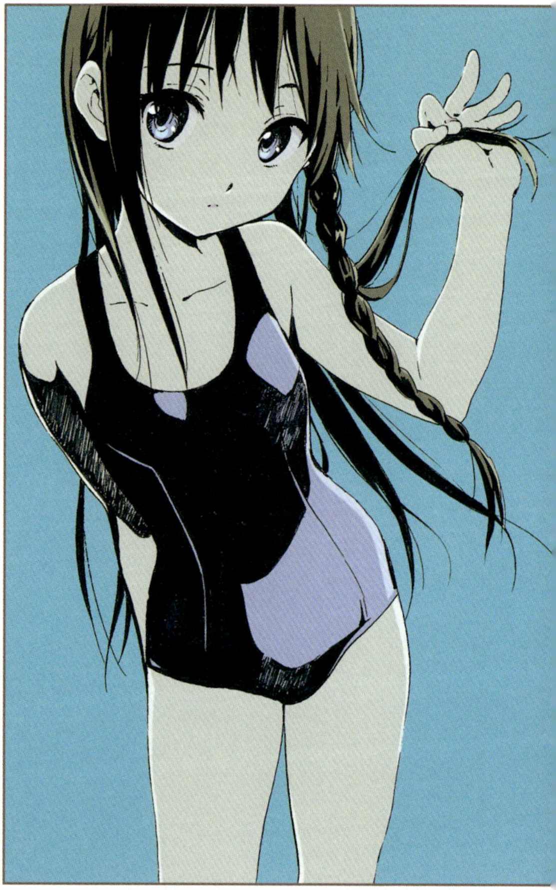

水彩じゃないですが…
ちゃんとペン入れした絵だったので

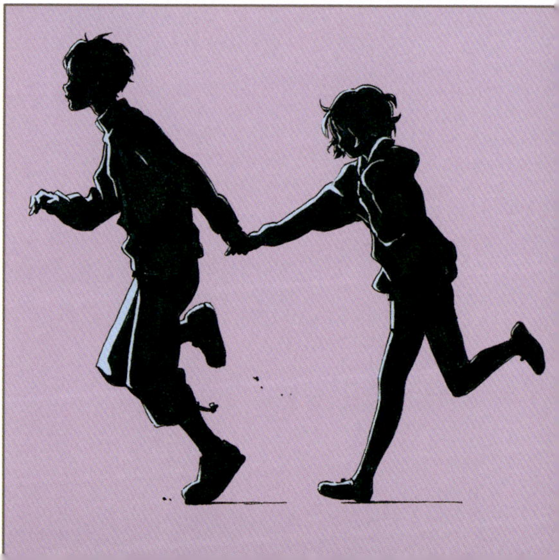

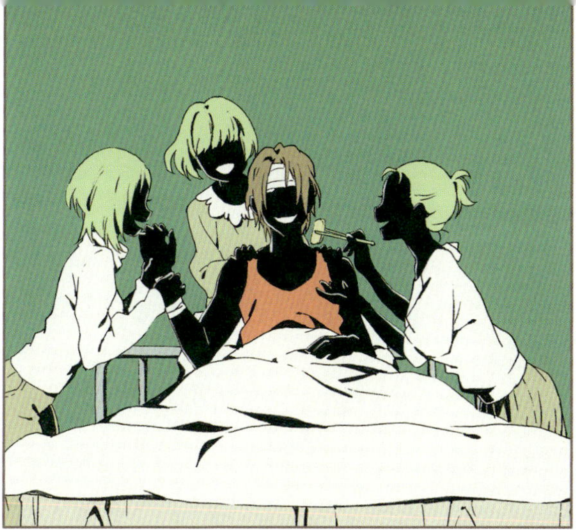

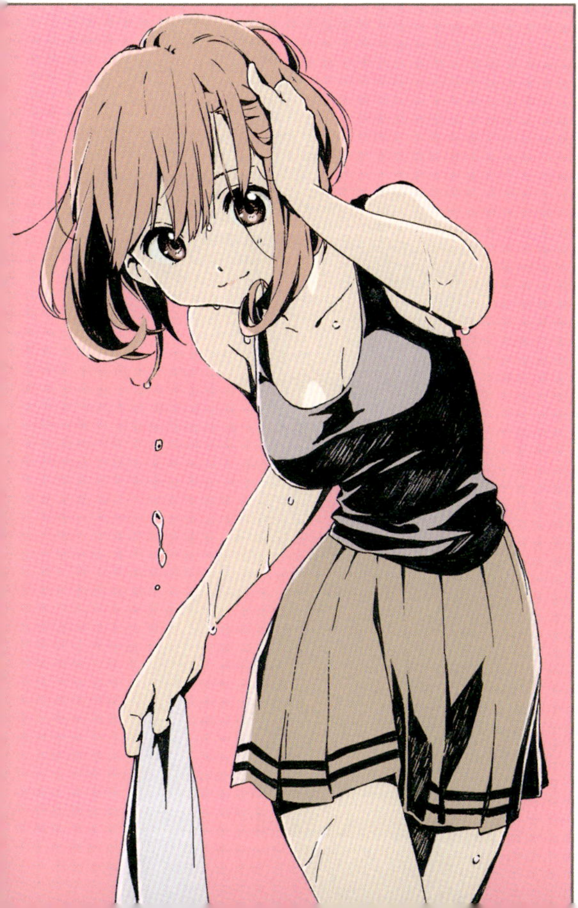

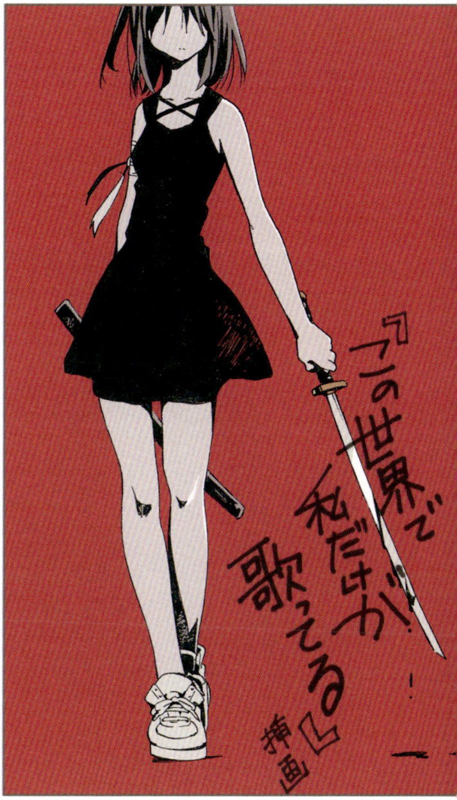

『この世界で私だけが歌ってる』
挿画

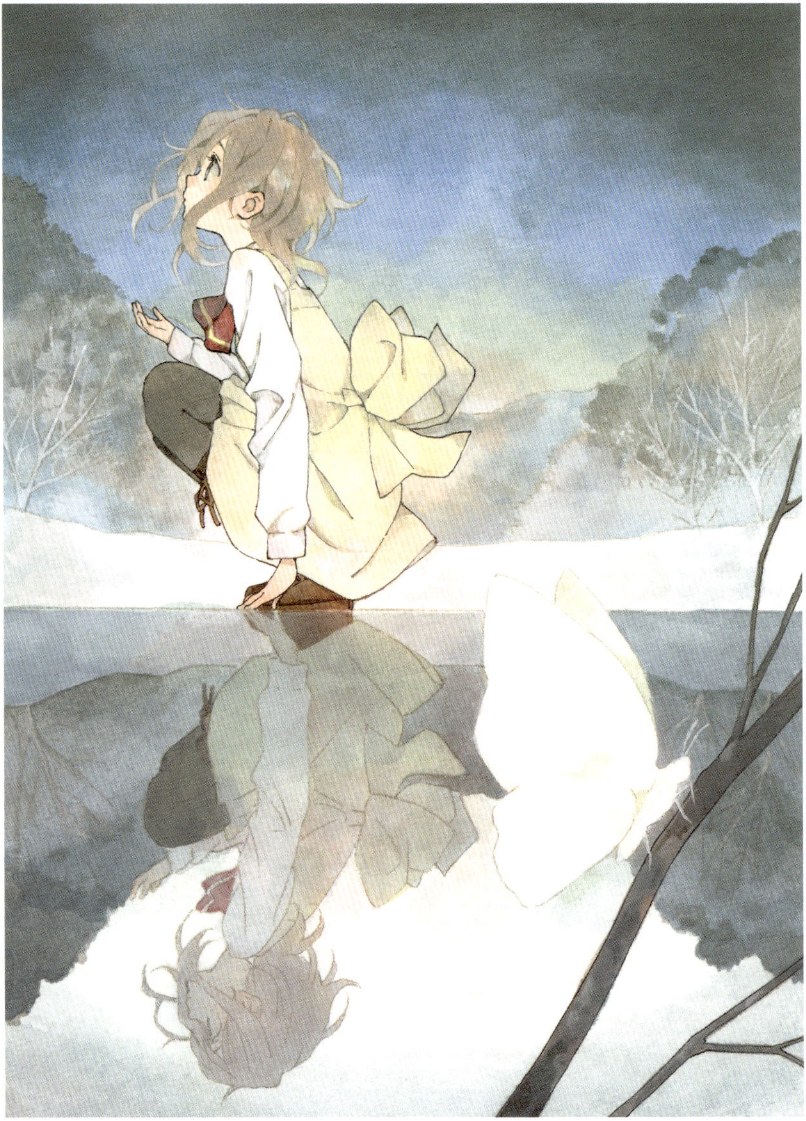

『白蝶記』口絵扉

この絵は個人的に
とても気に入ってます。

『白蝶記』カバー

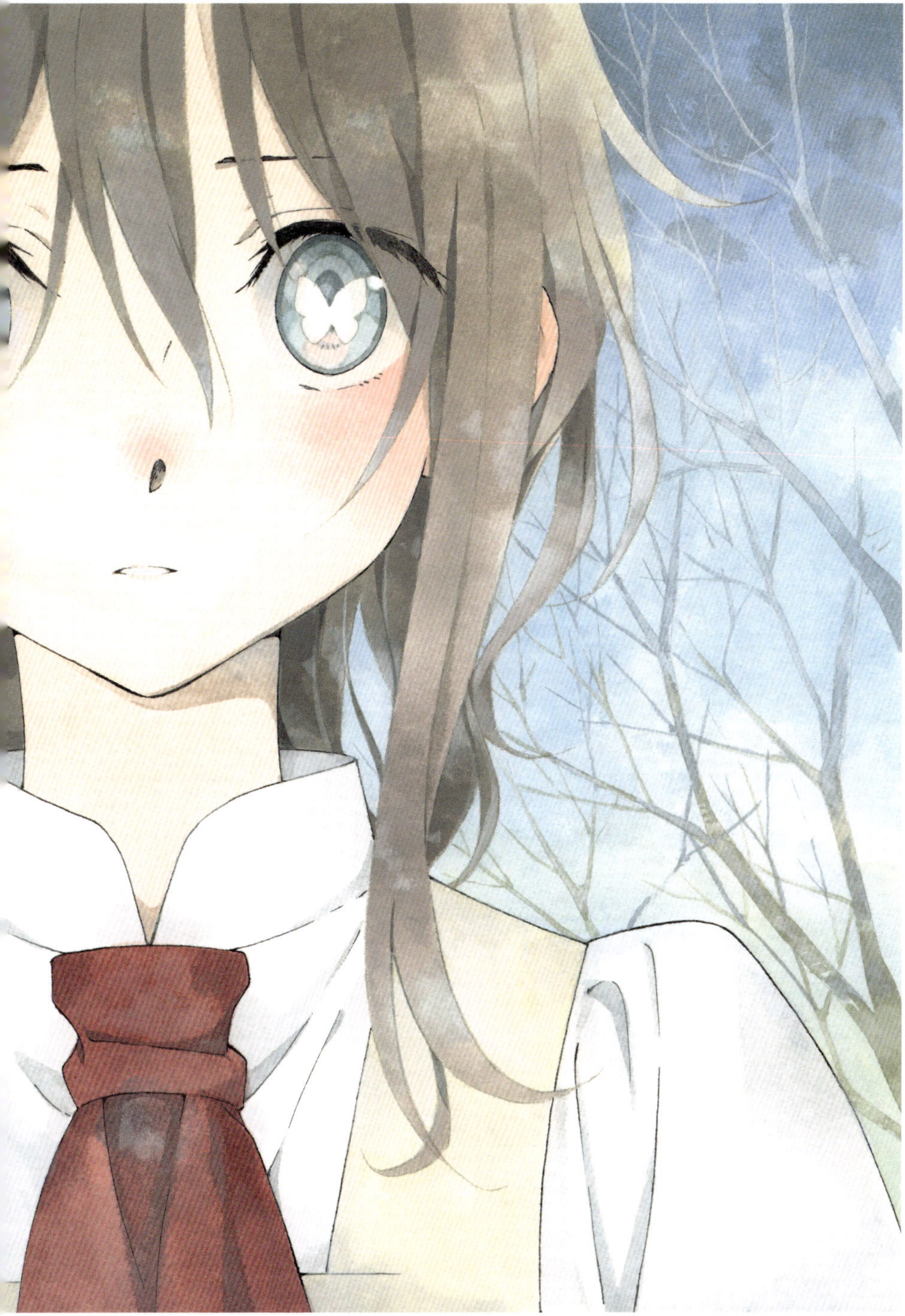

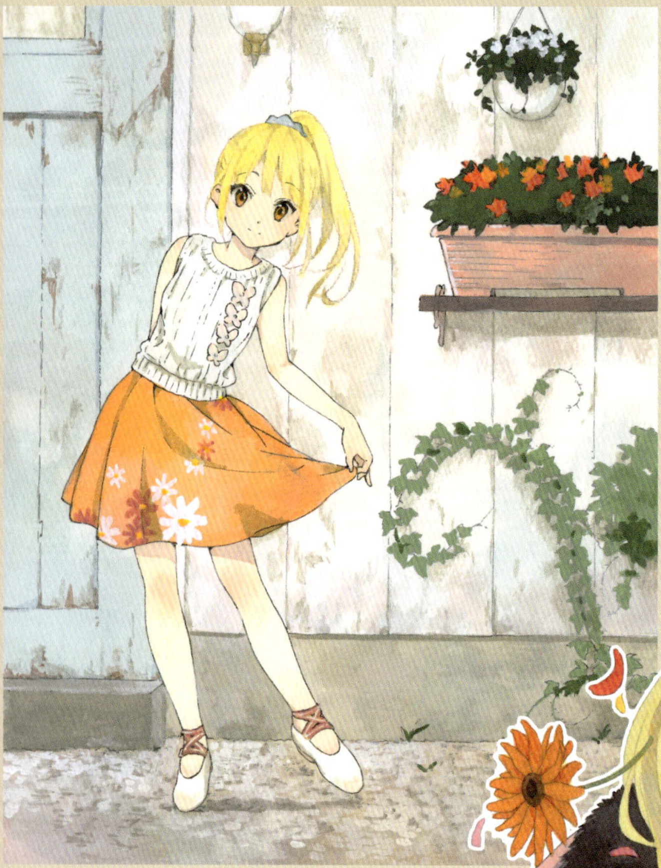

『白蝶記』2
K-Books 購入特典

『白蝶記2』口絵扉

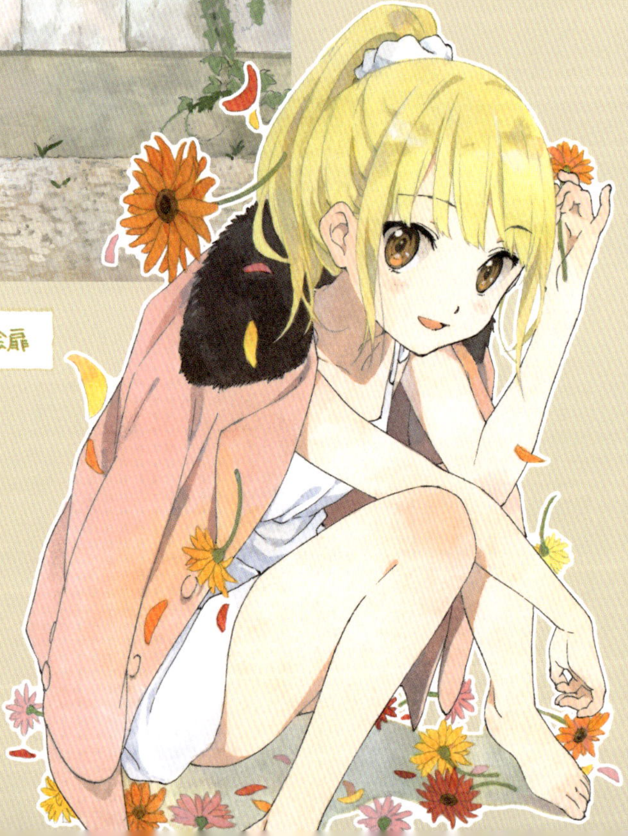

『白蝶記2』カバー

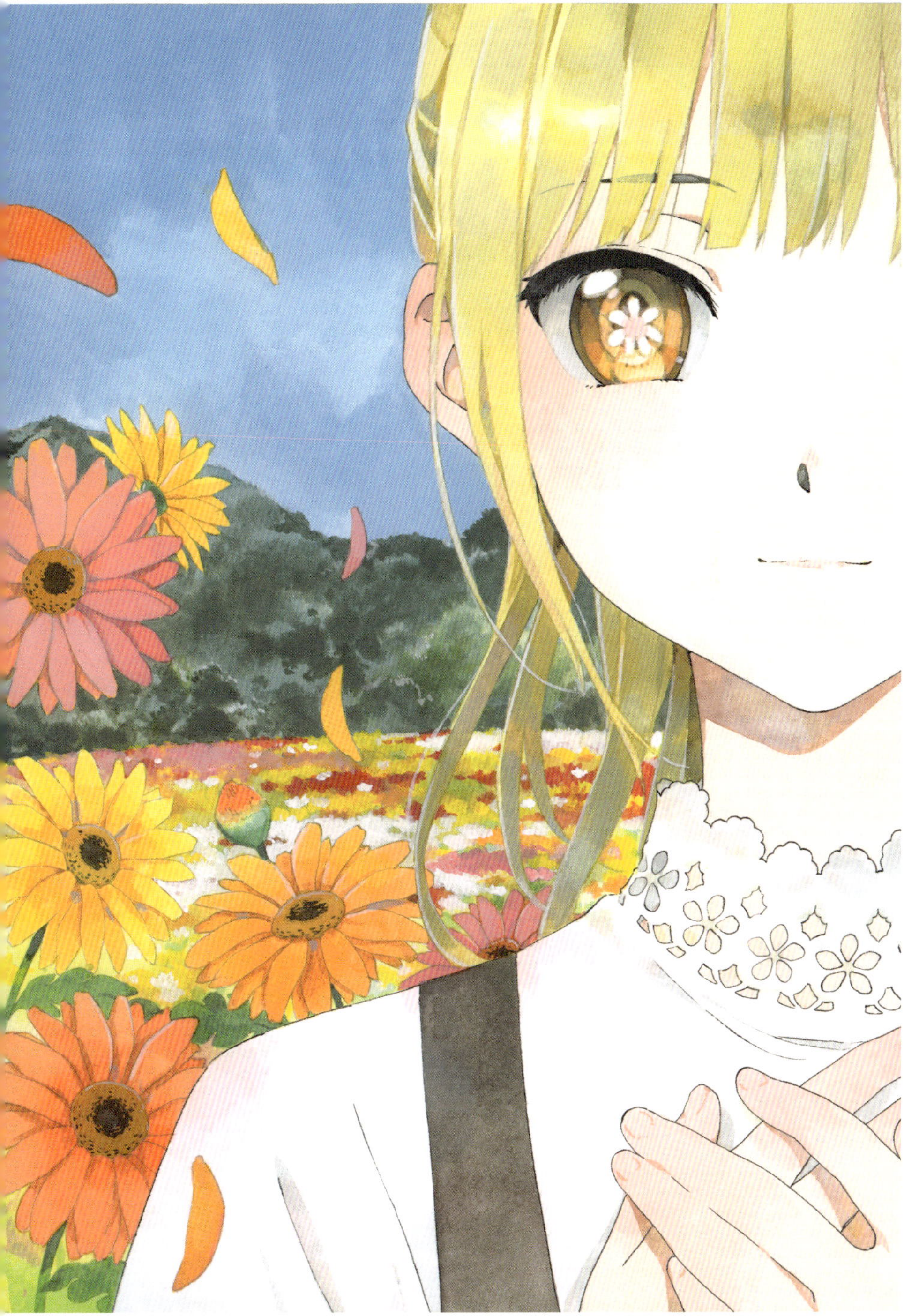

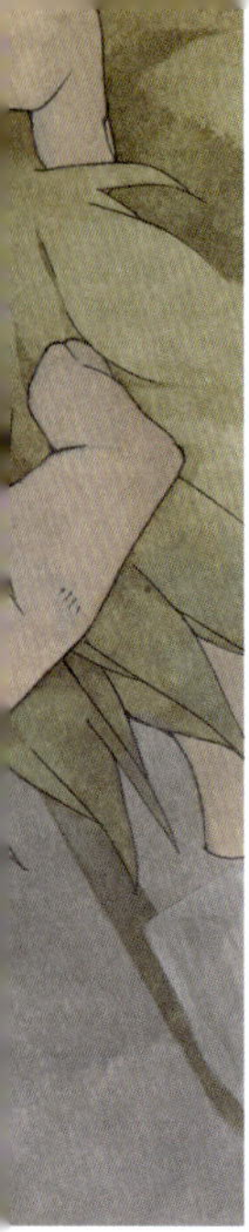

『白蝶記3』
カバー

『白蝶記』は女の子と
同じくらい主人公も
描いていて楽しかった
です。少年良いです。

見ると横顔ばかり
ですが…

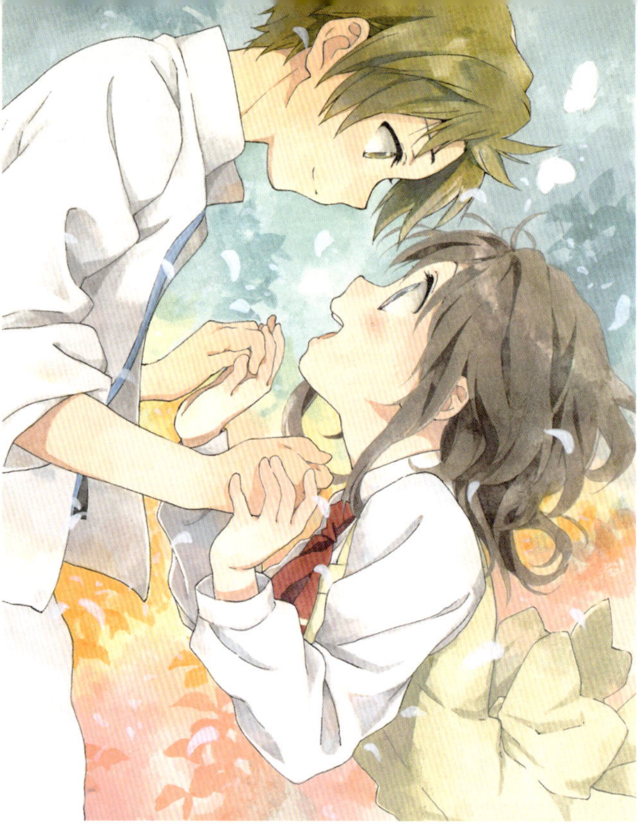

『白蝶記』三つ折りピンナップ

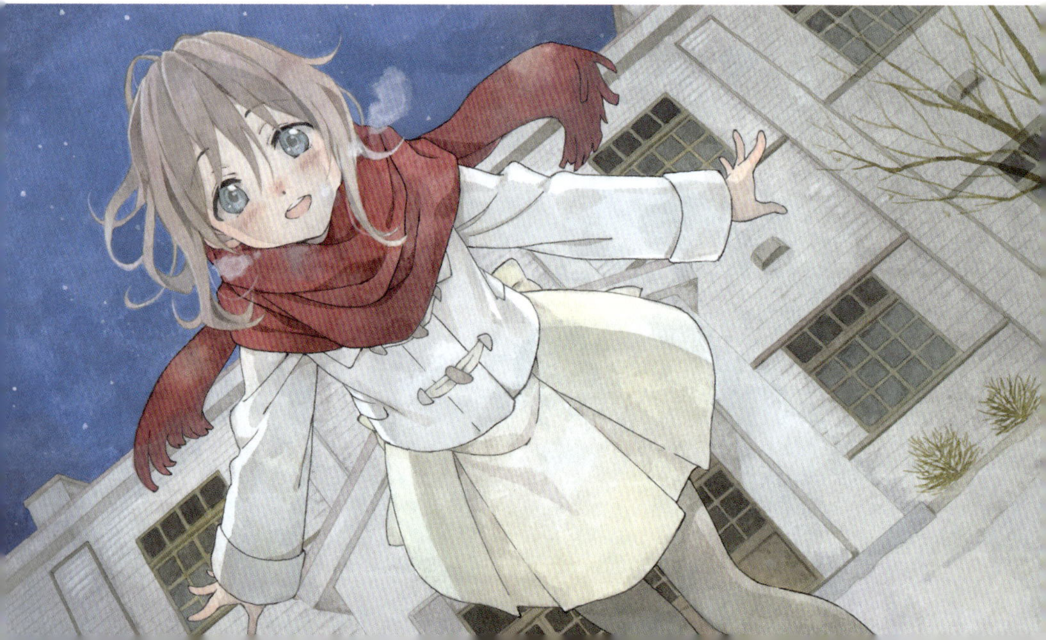

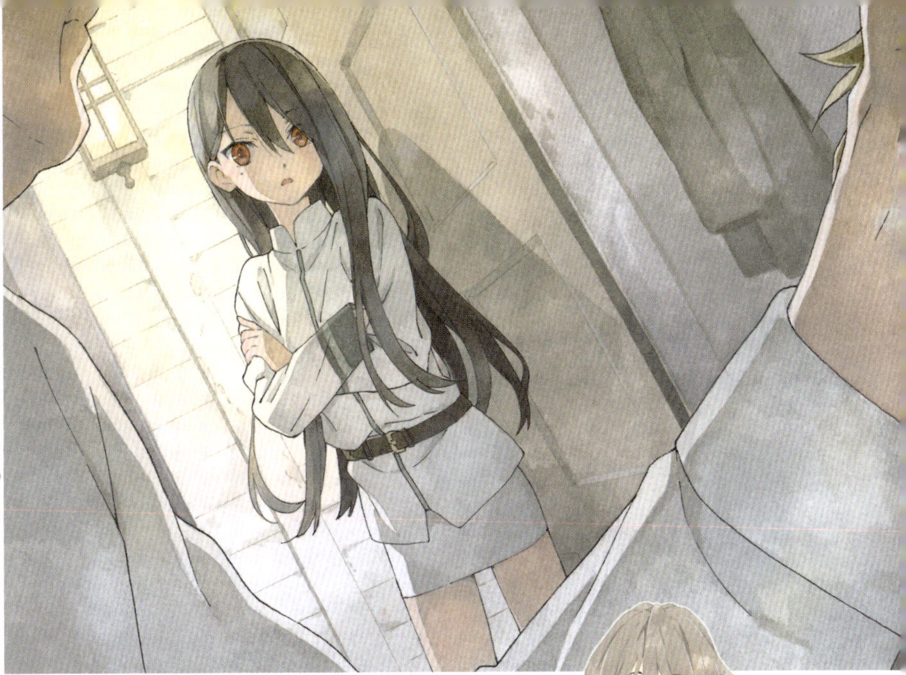

『白蝶記』
三つ折りピンナップ

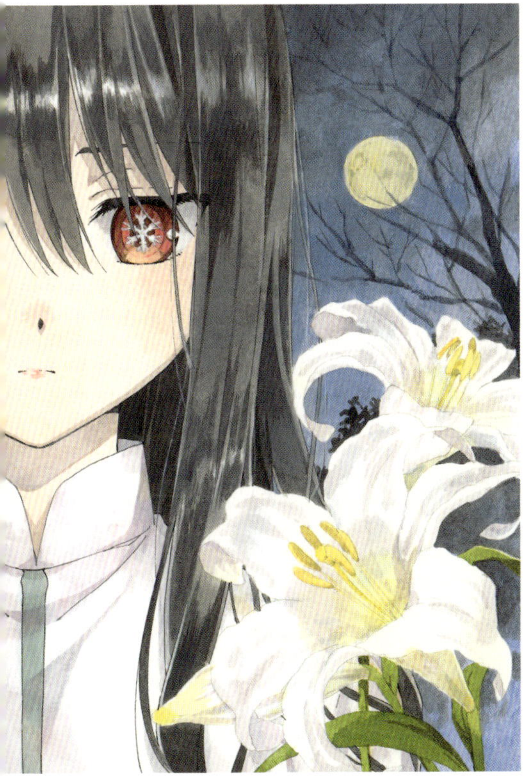

『白蝶記3』口絵扉

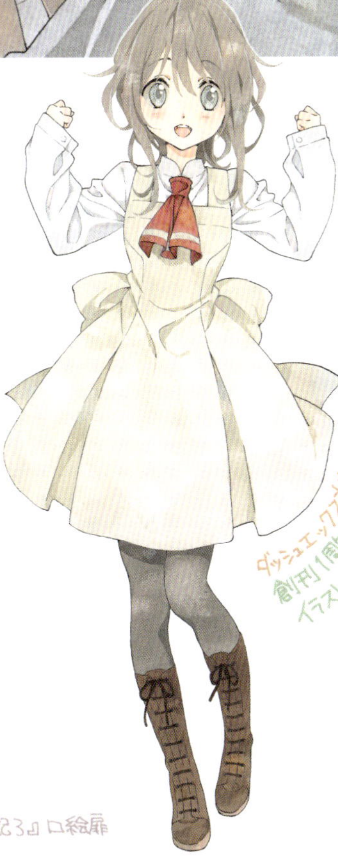

ダッシュエックス文庫
創刊1周年パネル用
イラスト

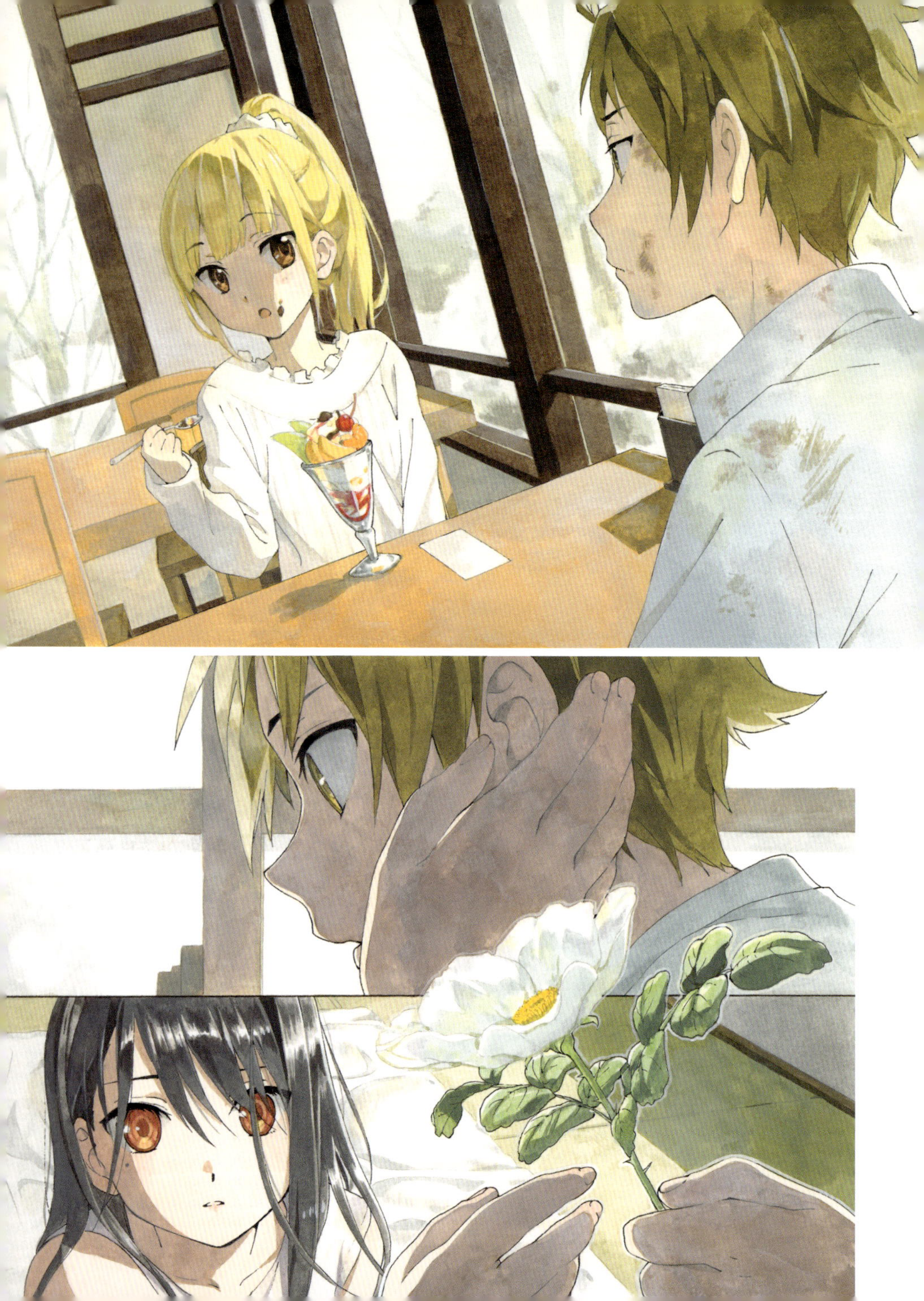

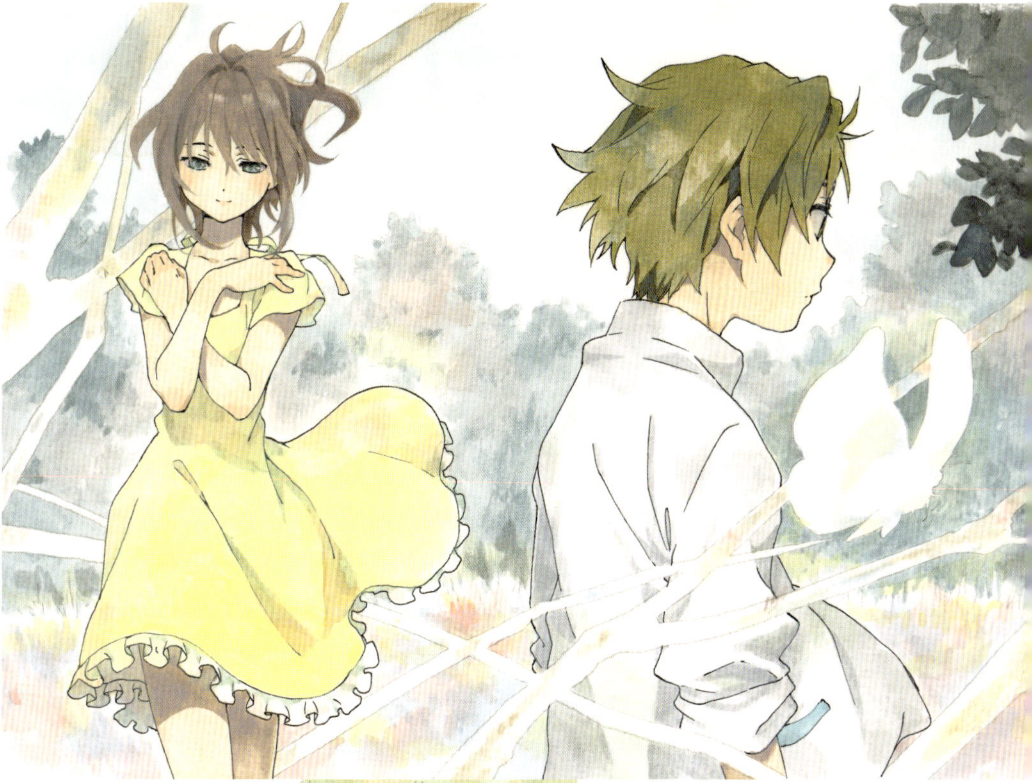

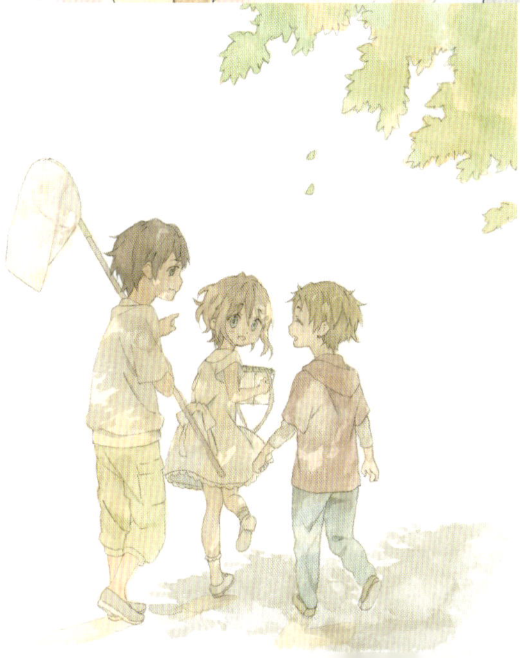

『白蝶記 2』口絵（右ページ上）

『白蝶記 3』口絵（右ページ下）

↑初めて買ってみた紙で描いた絵です。私のインクに合ってなくてムラだらけになり必死にごまかしてるのが分かります。

『白蝶記 3』口絵（左ページ上）

『白蝶記』口絵（左ページ下）

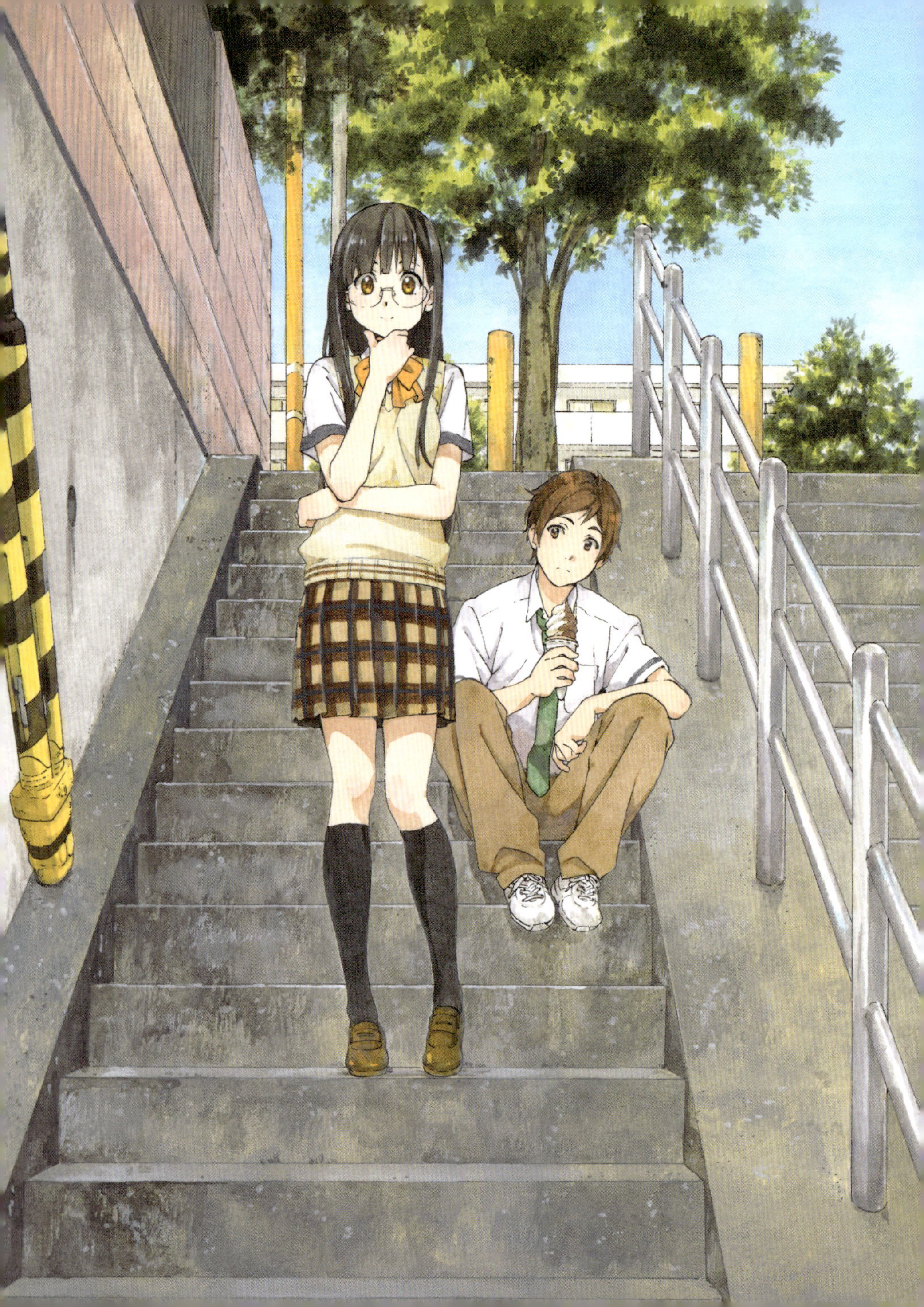

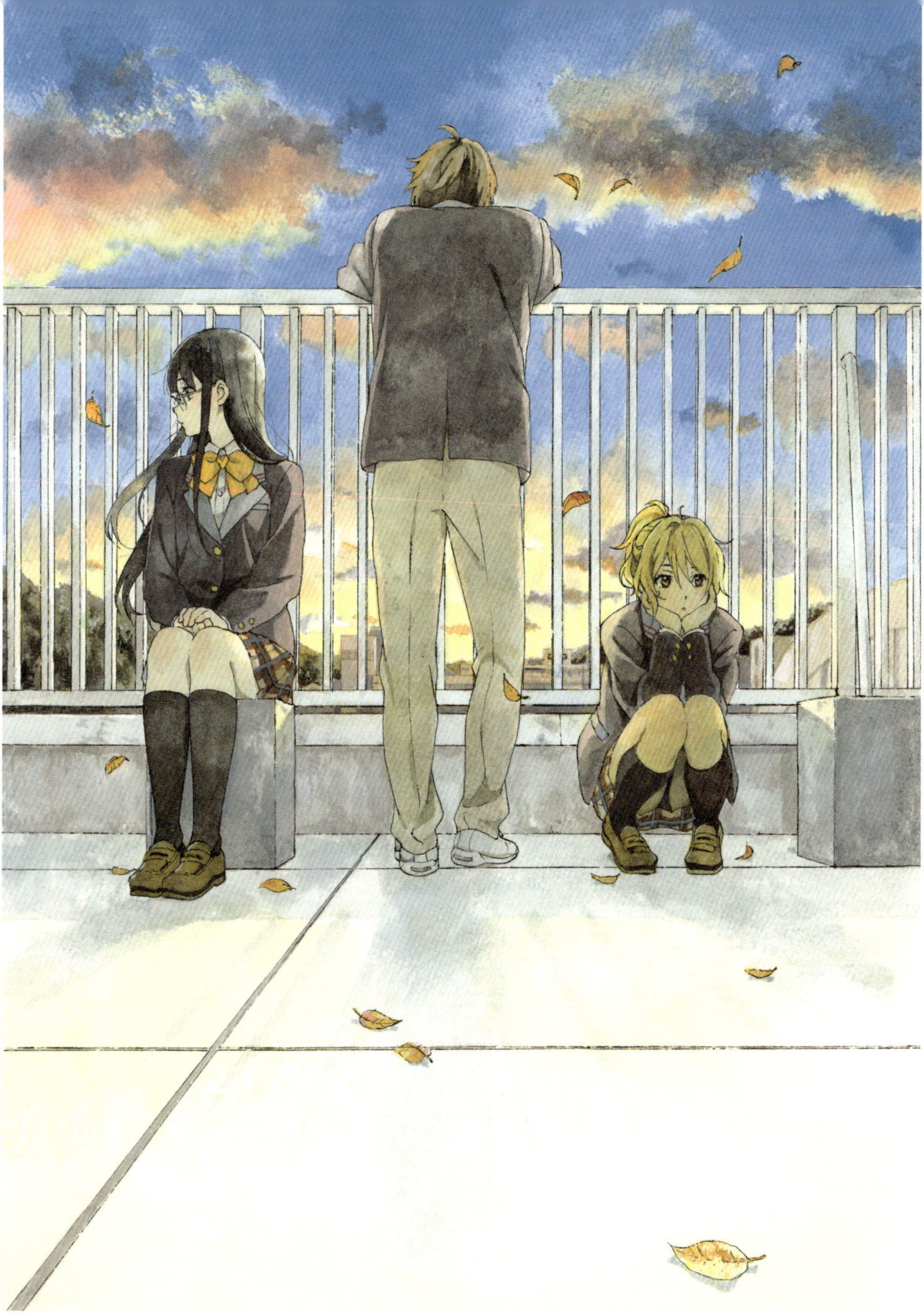

『ジャナ研の憂鬱な事件簿4』カバー

お気に入りの表紙です。

『ジャナ研の憂鬱な事件簿3』カ

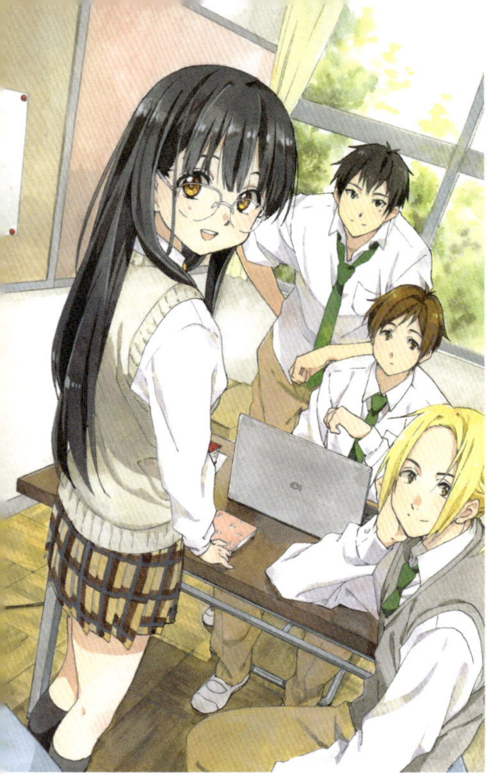

『ジャナ研の憂鬱な事件簿2』カバー

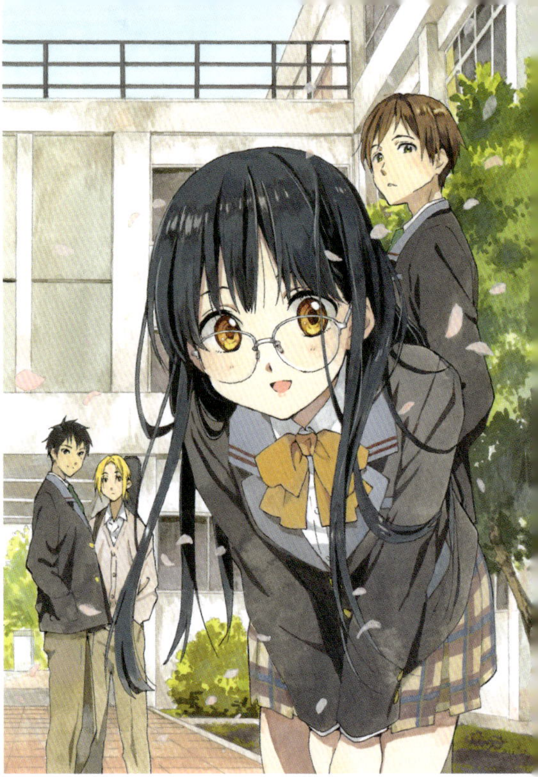

『ジャナ研の憂鬱な事件簿』カバー

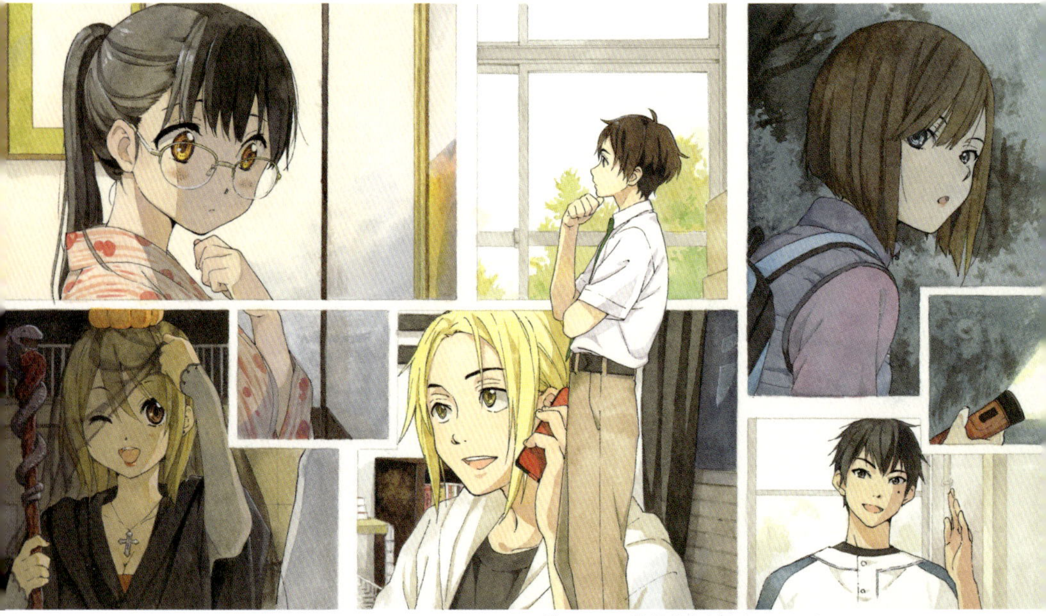

『ジャナ研の憂鬱な事件簿3』三つ折りピンナップ

『ジャナ研の憂鬱な事件簿4』三つ折りピンナップ

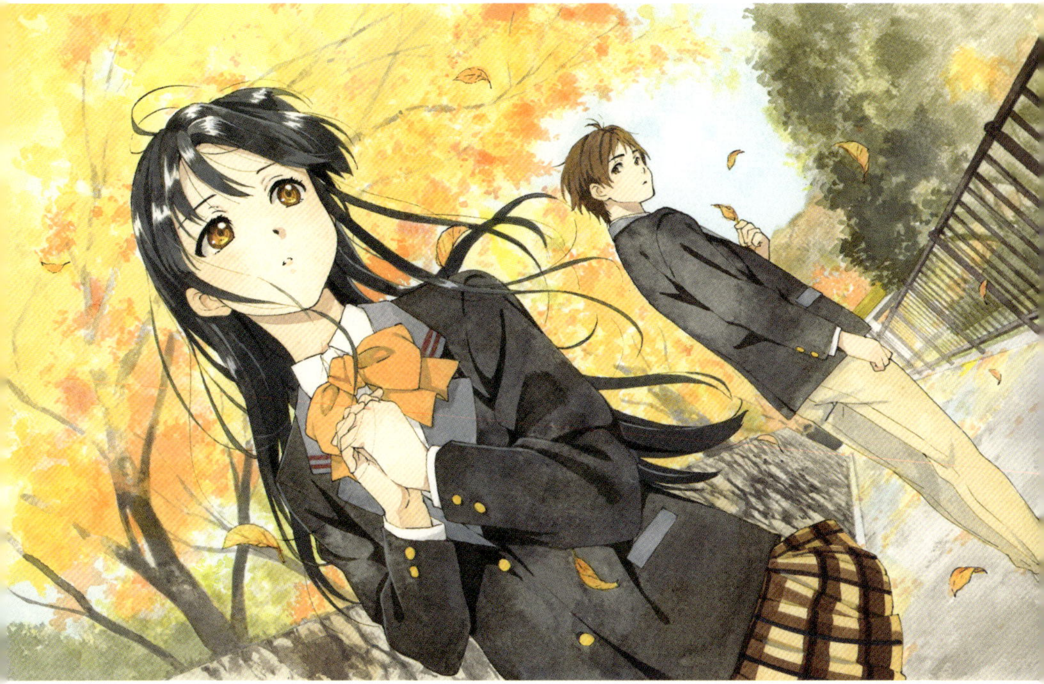

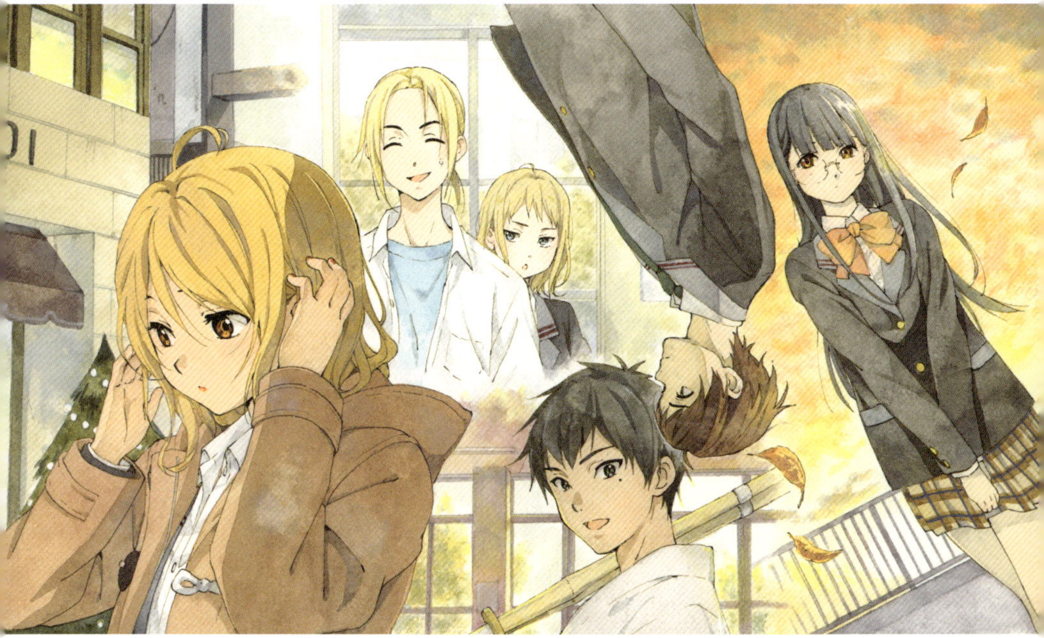

ユリが好きなので、
4巻気合い入ってます。

『ジャナ研の憂鬱な事件簿4』三つ折りピンナップ

『ジャナ研の憂鬱な事件簿5』三つ折りピンナップ

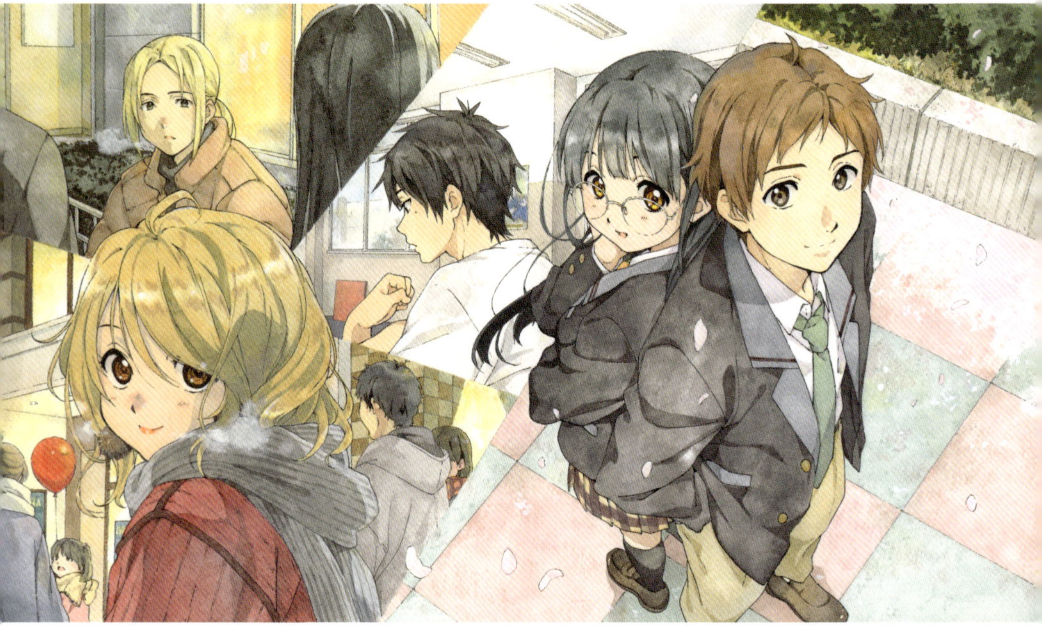

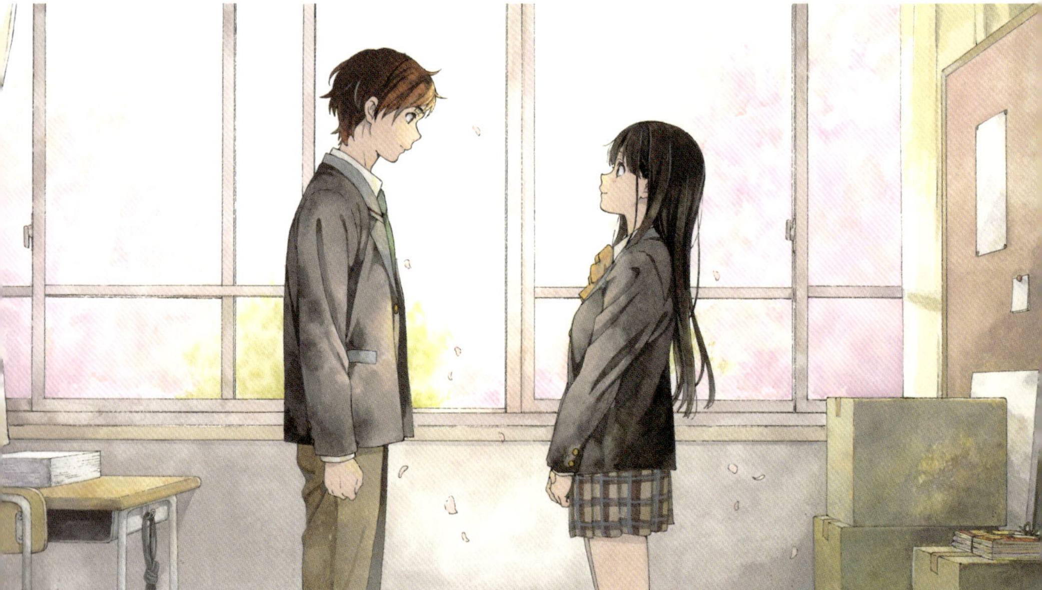

『ジャナ研の憂鬱な事件簿5』三つ折りピンナップ

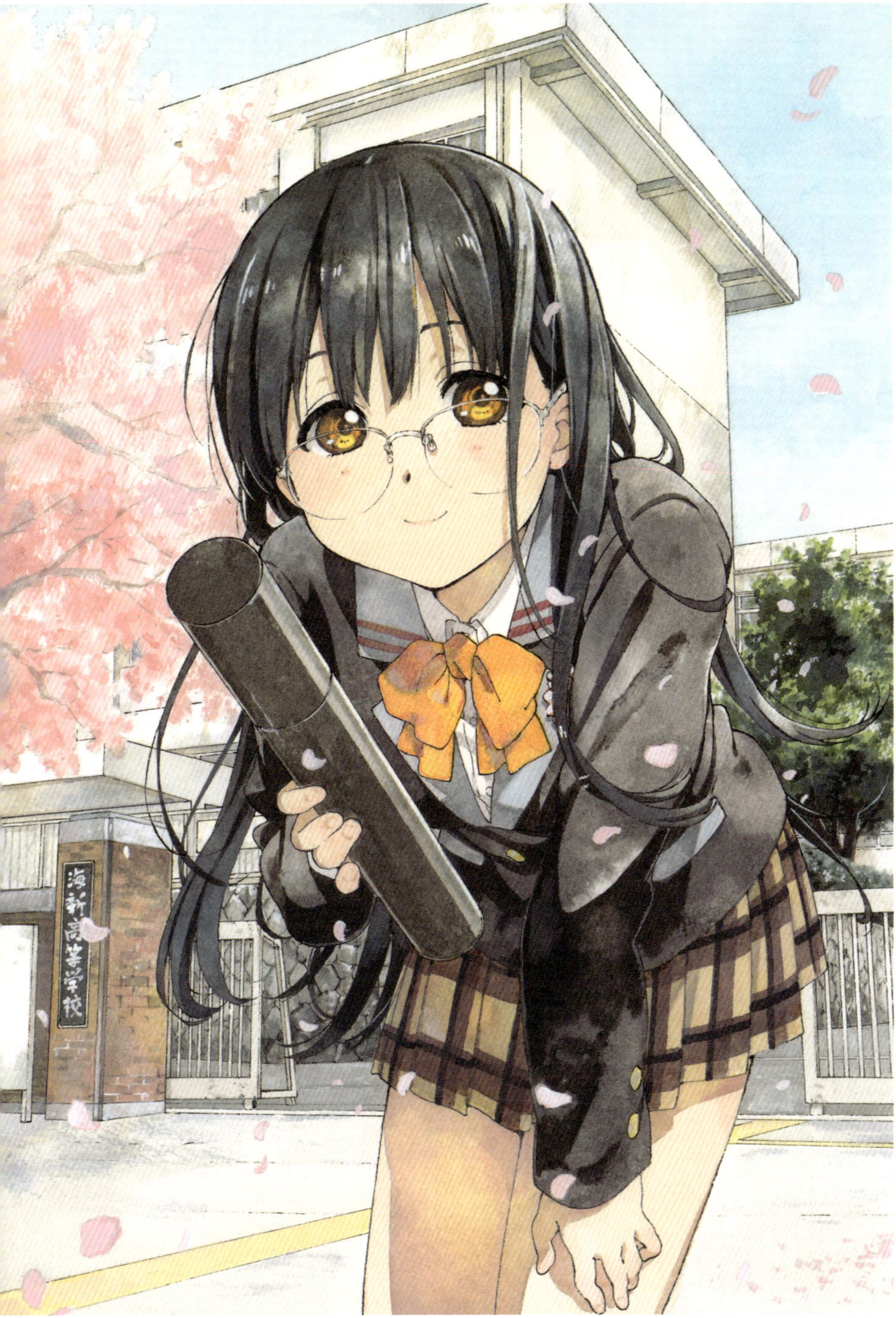

『ジャナ研の憂鬱な事件簿5』カバー

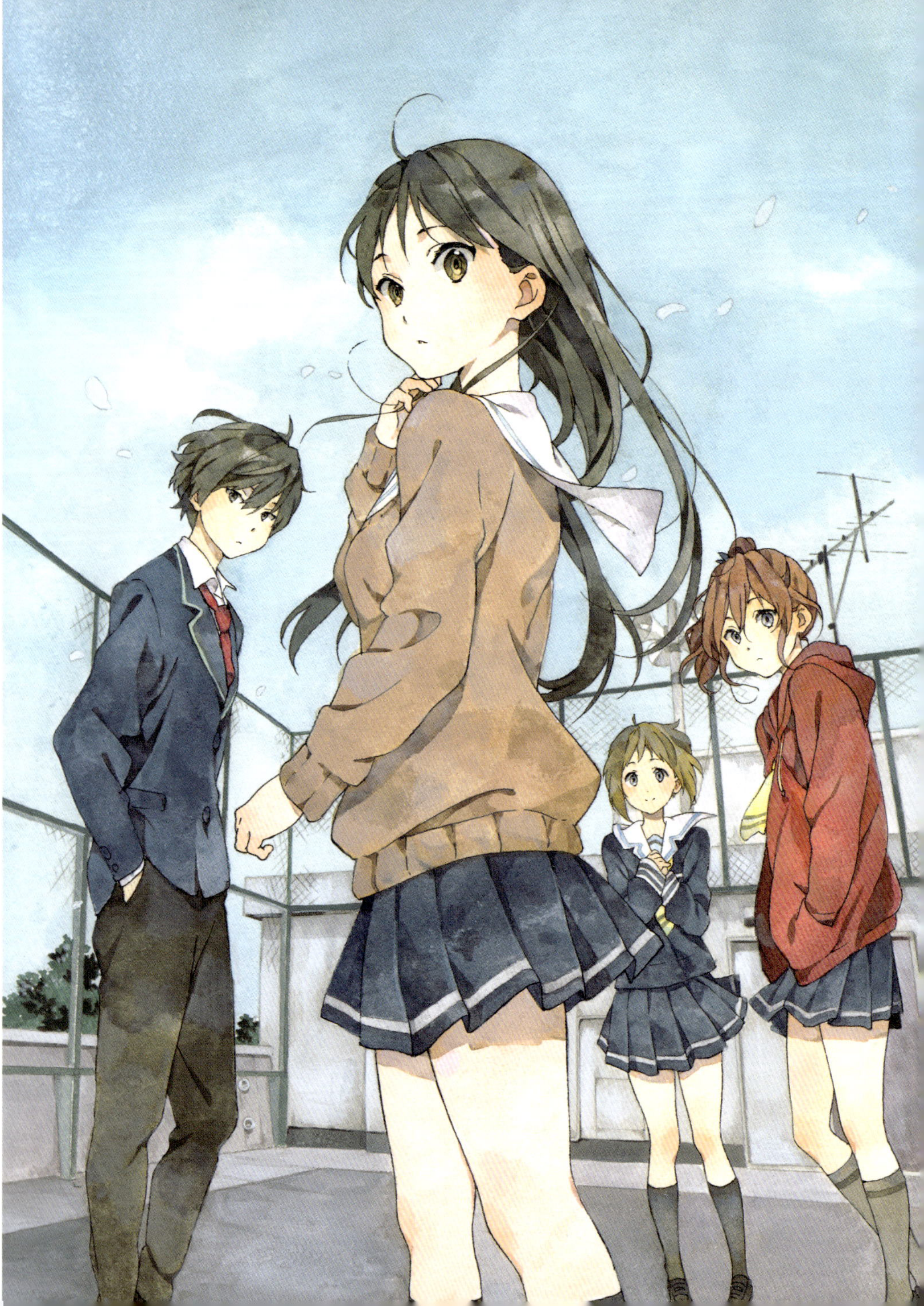

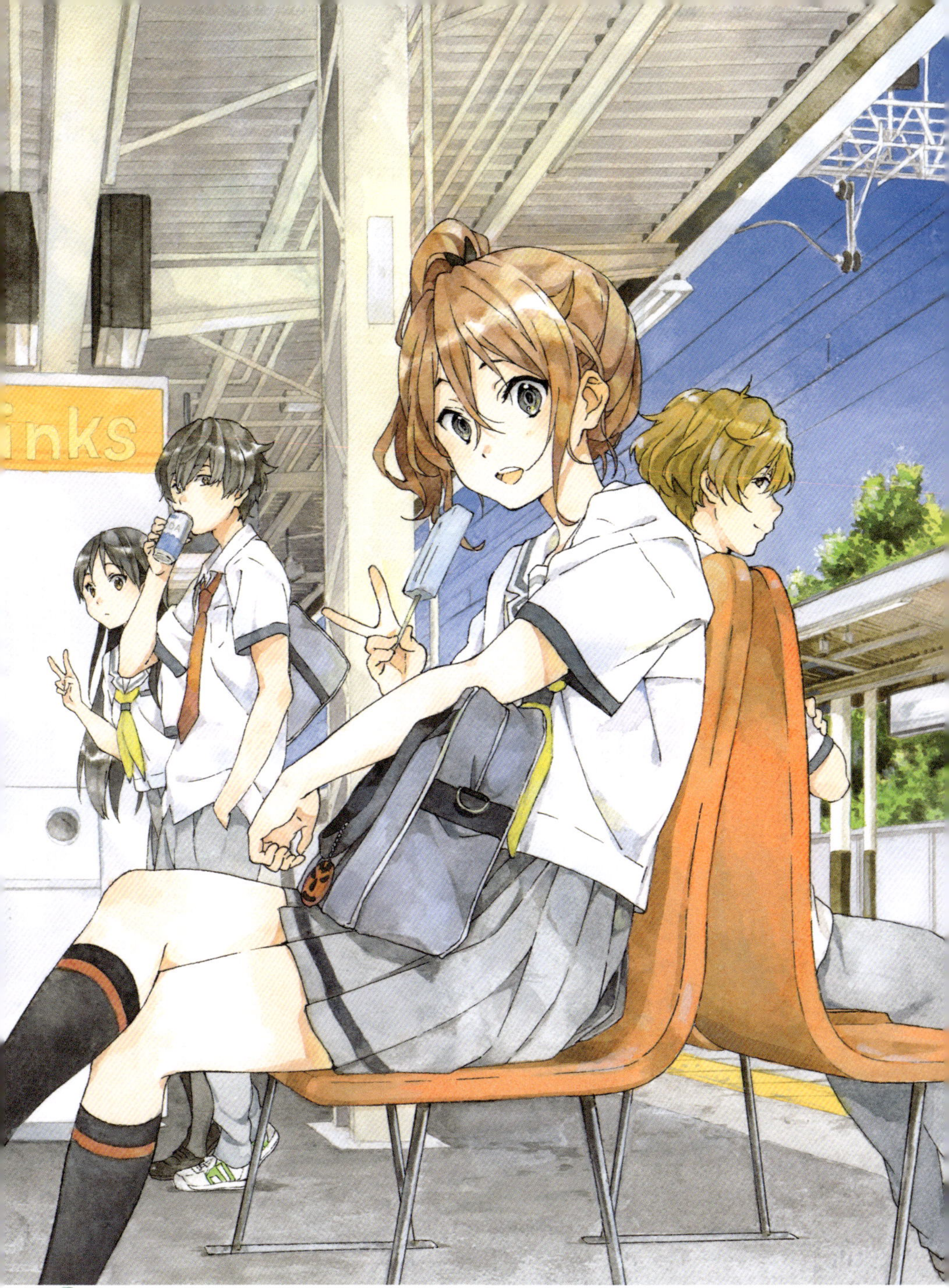

『アオイハルノスベテ2』カバー

『アオイハルノスベテ』カバー

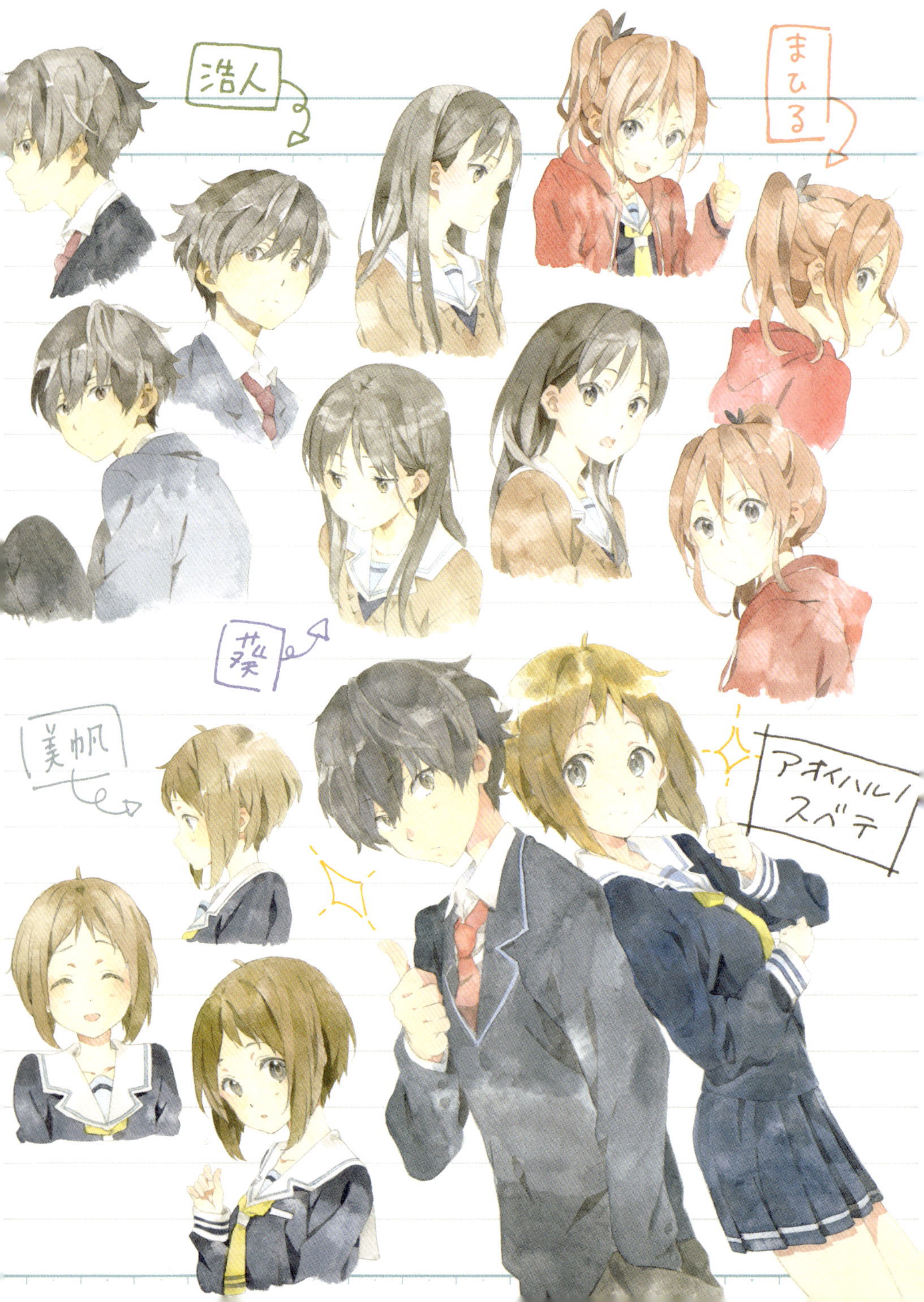
浩人
まひる
葵
美帆
アオイハルノ
スベテ

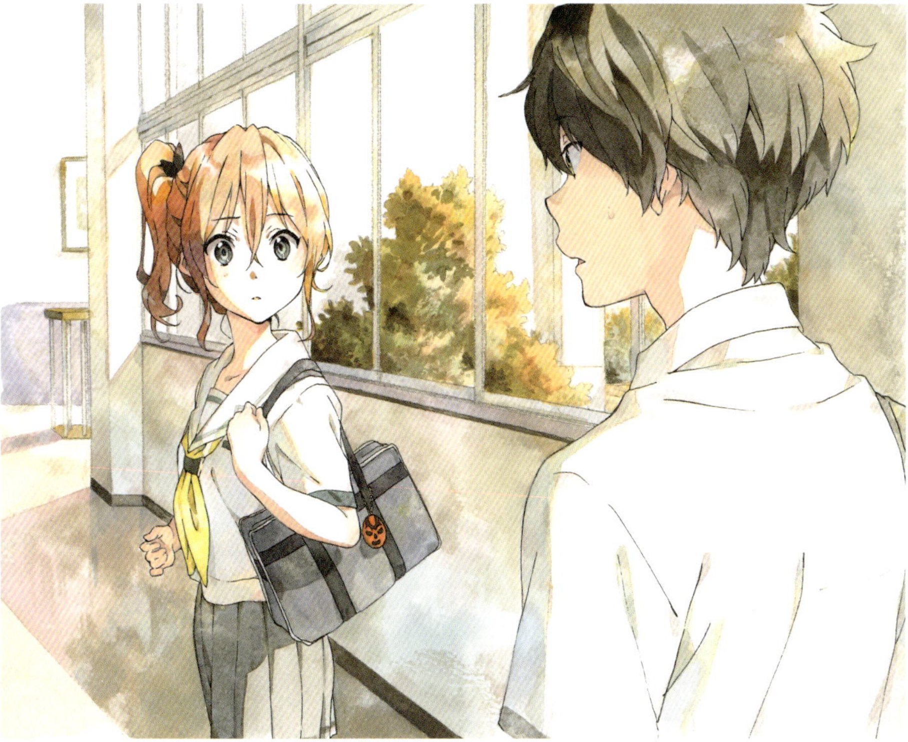

この絵は
おもひでぽろぽろ
見ながら塗りまし

『アオイハル／スベテ2』口絵

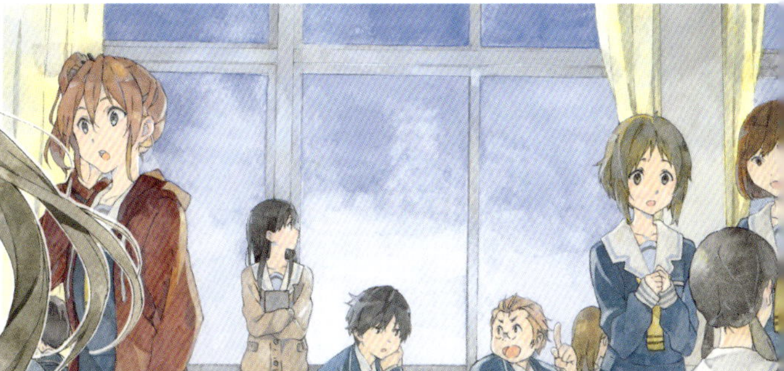

『アオイハル／スベテ』販促イラスト

青い…

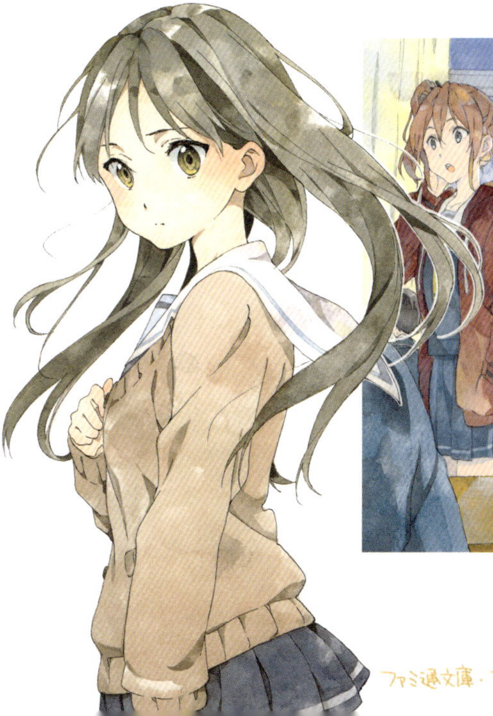

ファミ通文庫・プレミアムストーリーブック

『アオイハル/スベテ3』ピンナップ

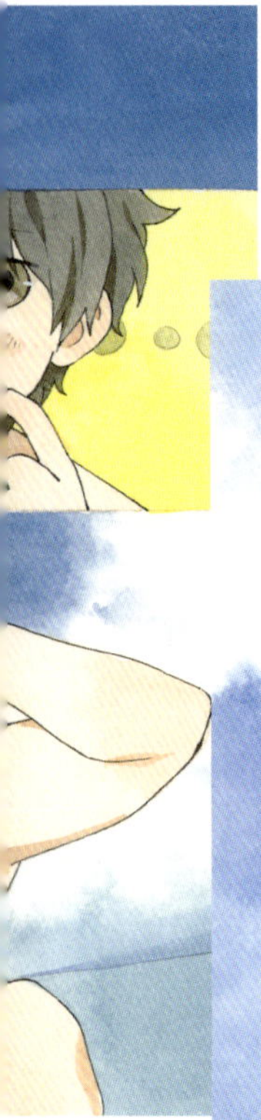

『アオイハル/スベテ3』カバー

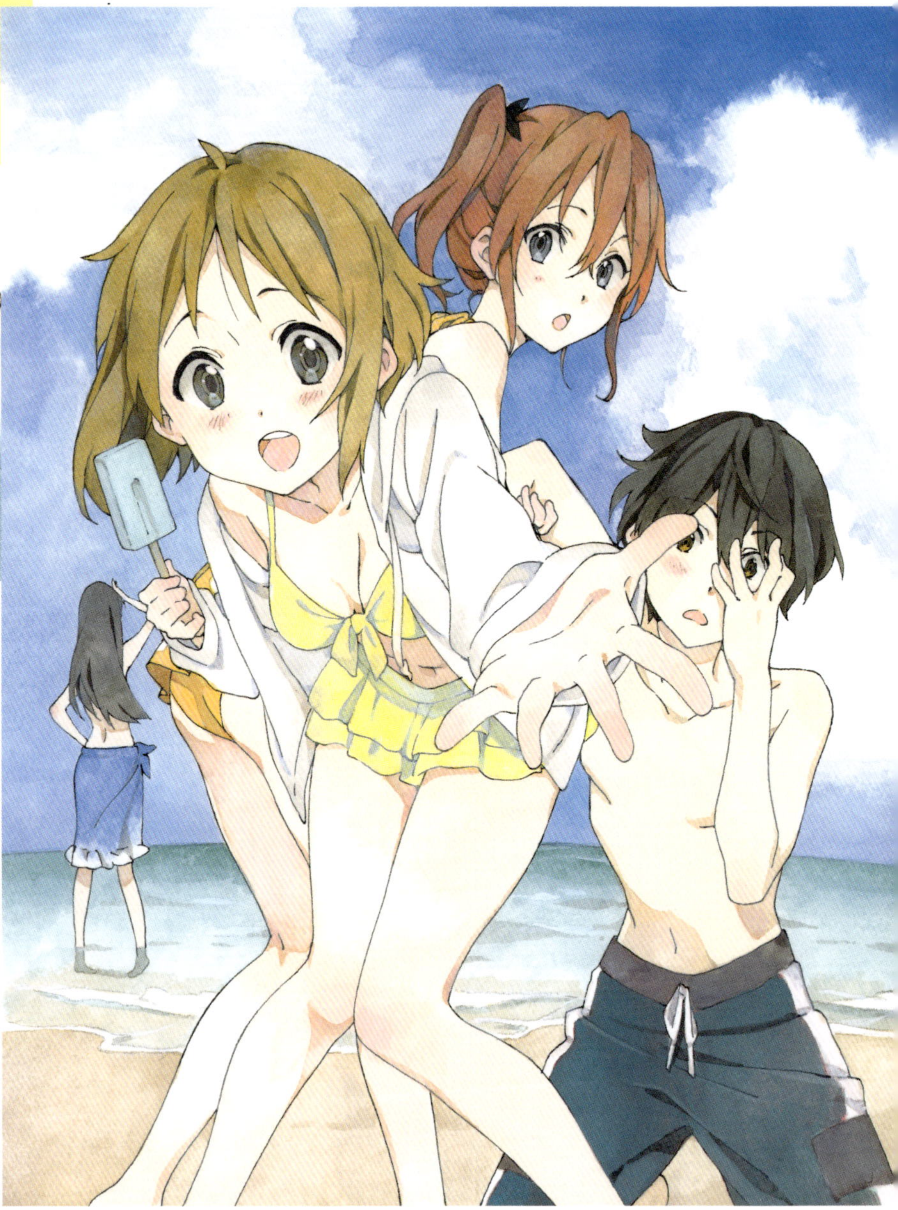

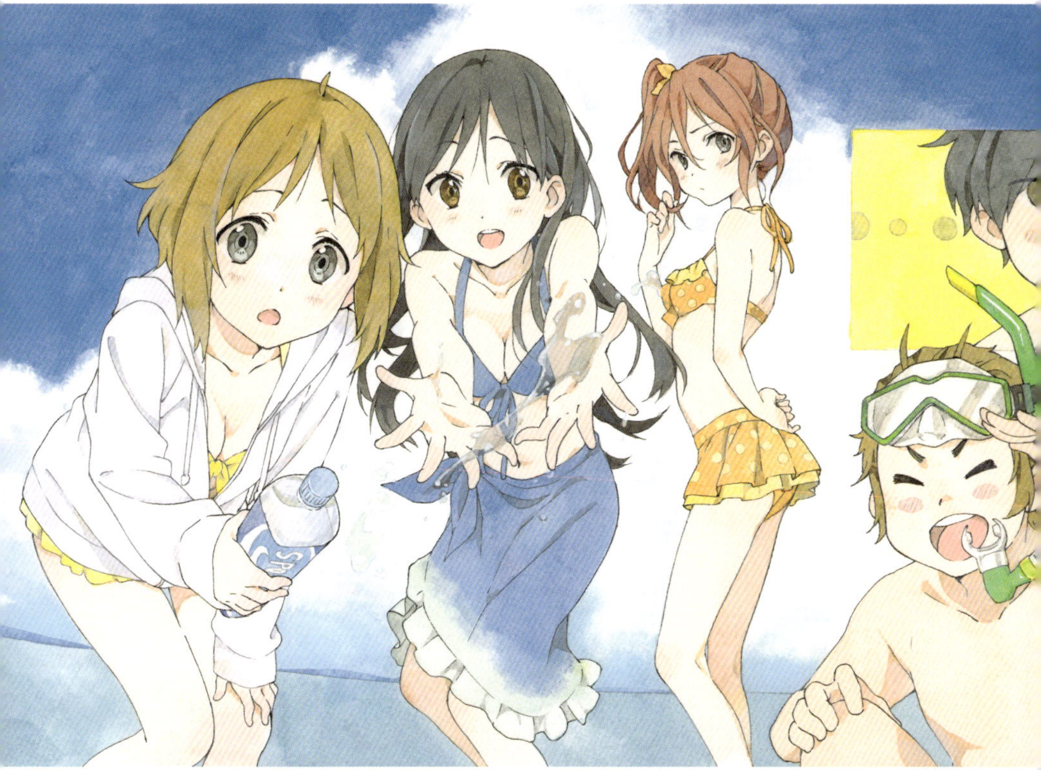

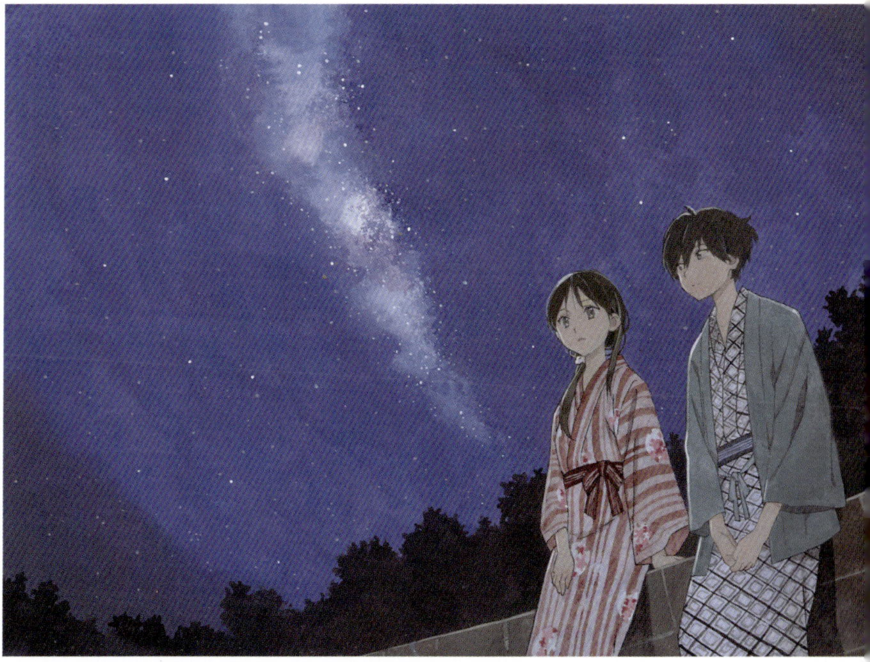

『アオイハル！スベテ3』口絵

夜空
気合い入ってます。

『ココロコネクト』販促イラスト

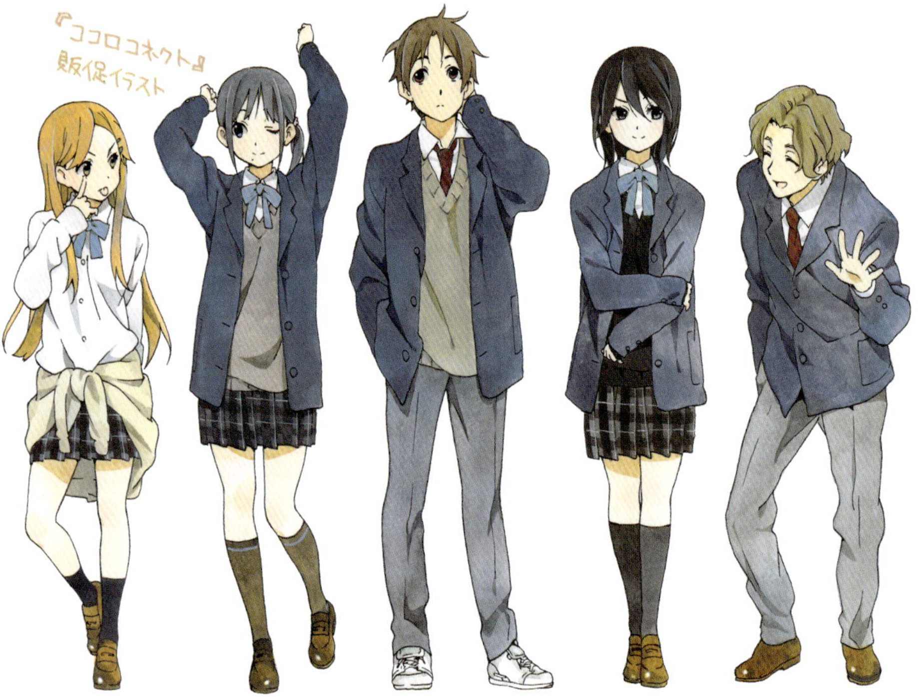

『ココロコネクト ヒトランダム』口絵

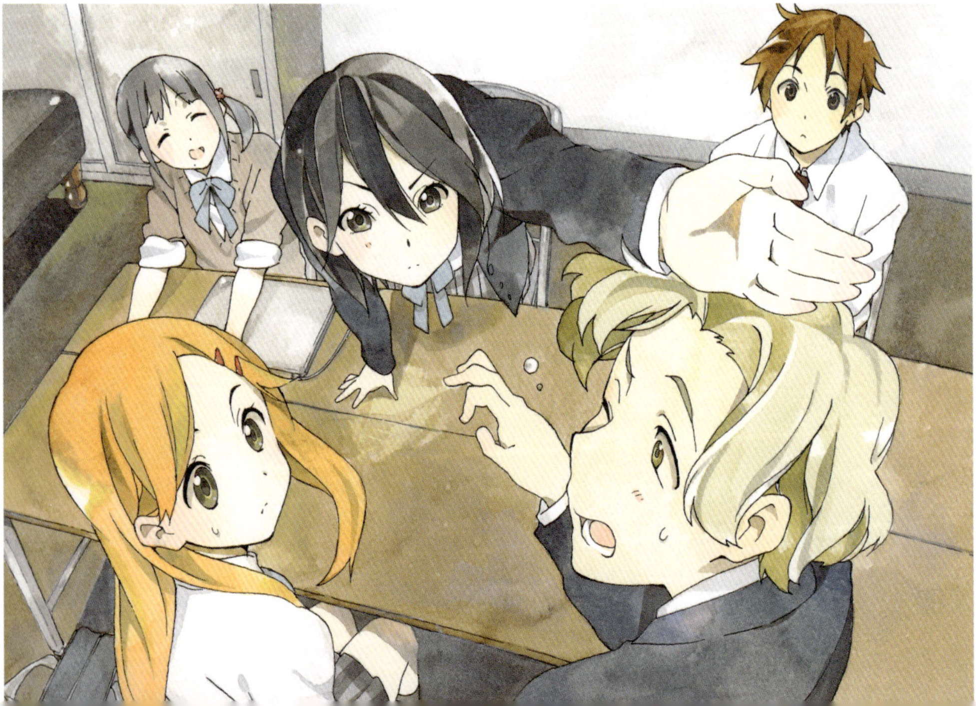

塗りの粗さが気になったので少し手を加えてます。

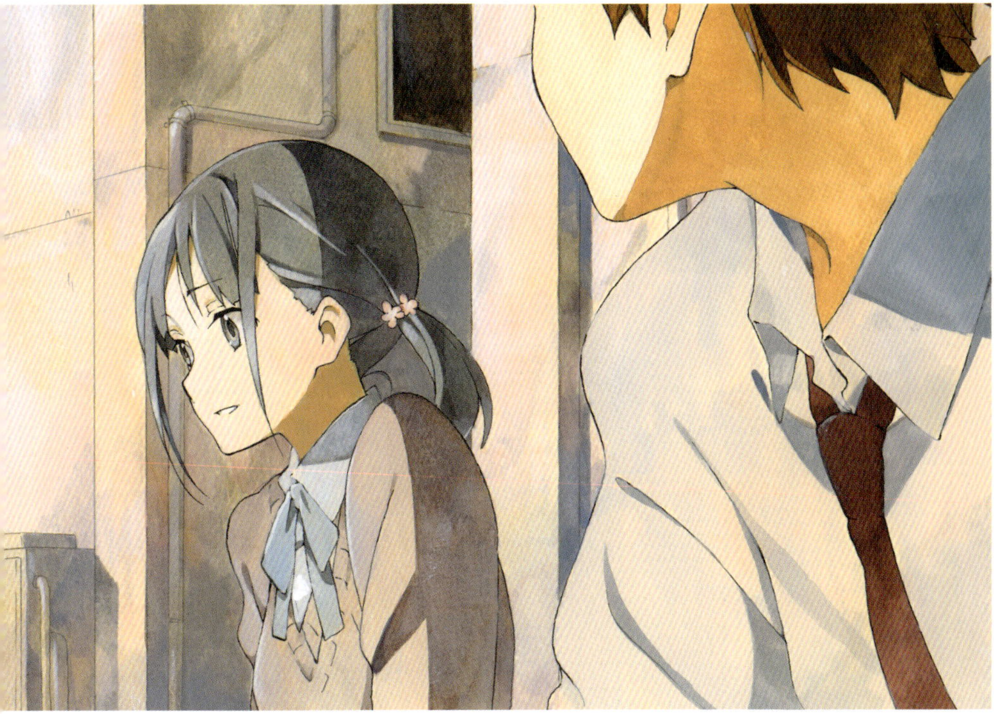

『ココロコネクト ヒトランダム』口絵

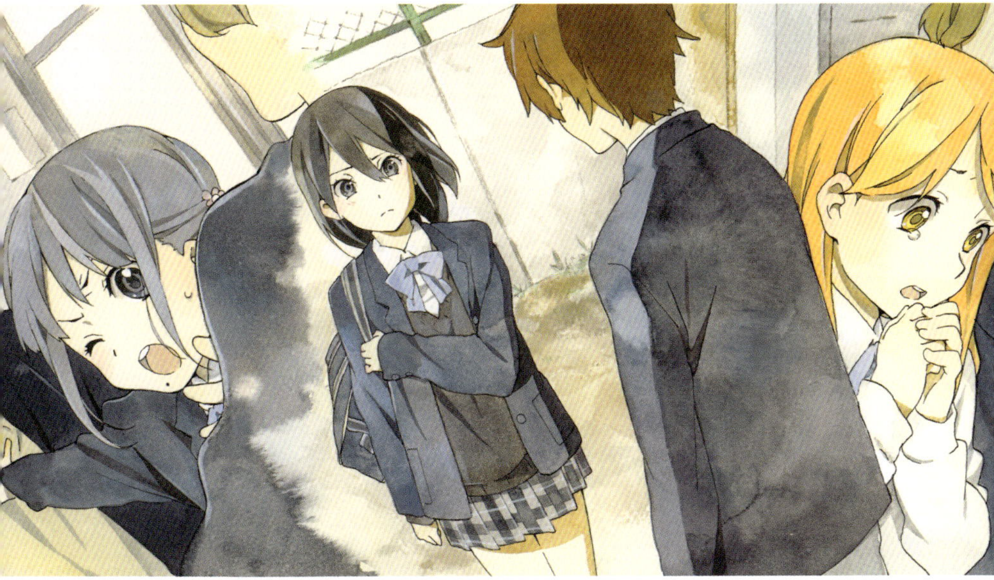

『ココロコネクト キズランダム』三つ折りピンナップ

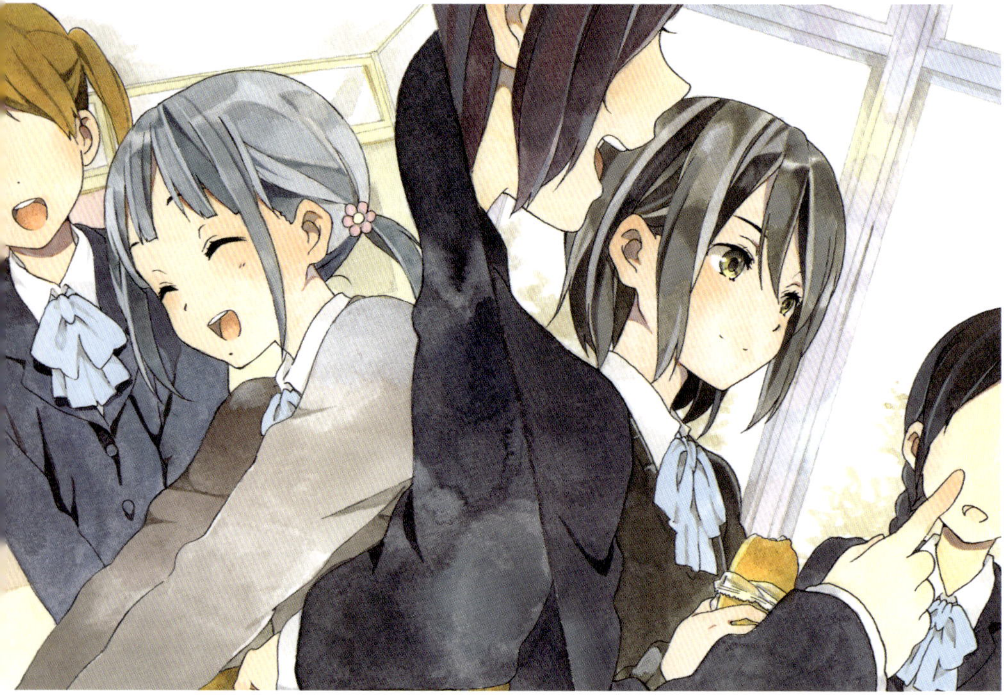

『ココロコネクト ステップタイム』口絵 ↑

『ココロコネクト プレシャスタイム』カバー →

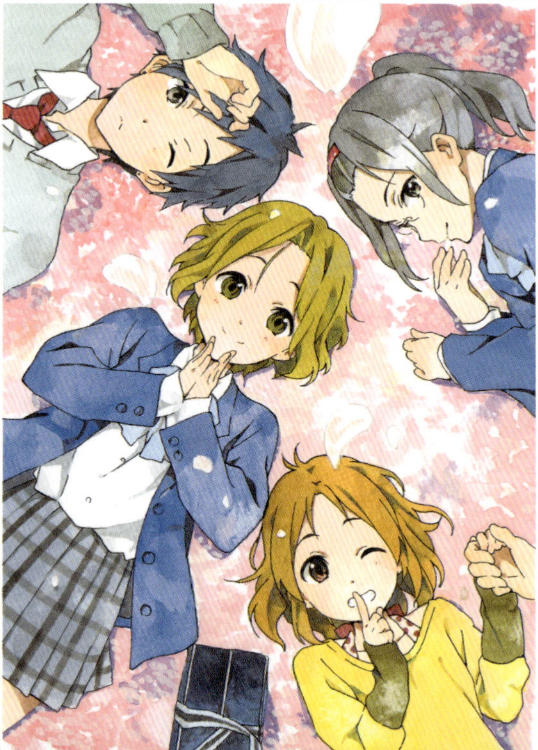

『ココロコネクト』

通文庫☆超感謝祭

月替わりトレカ第4弾

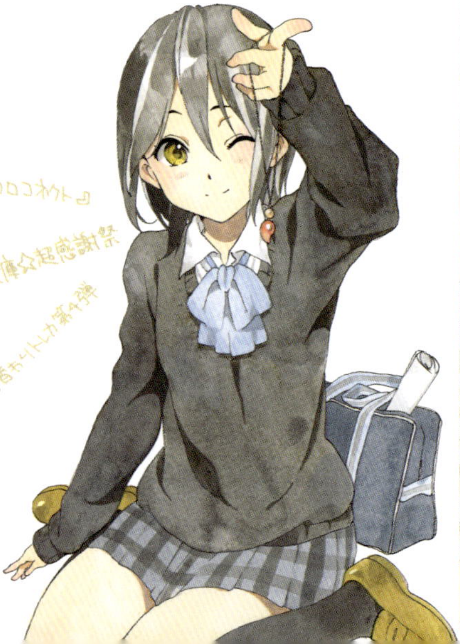

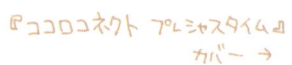

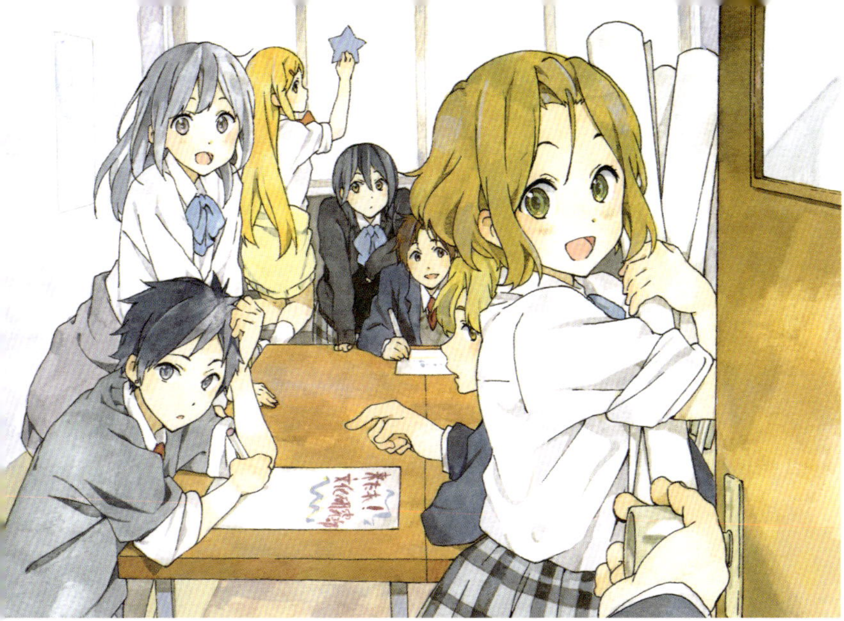

『ココロコネクト
プレシャスタイム』
口絵

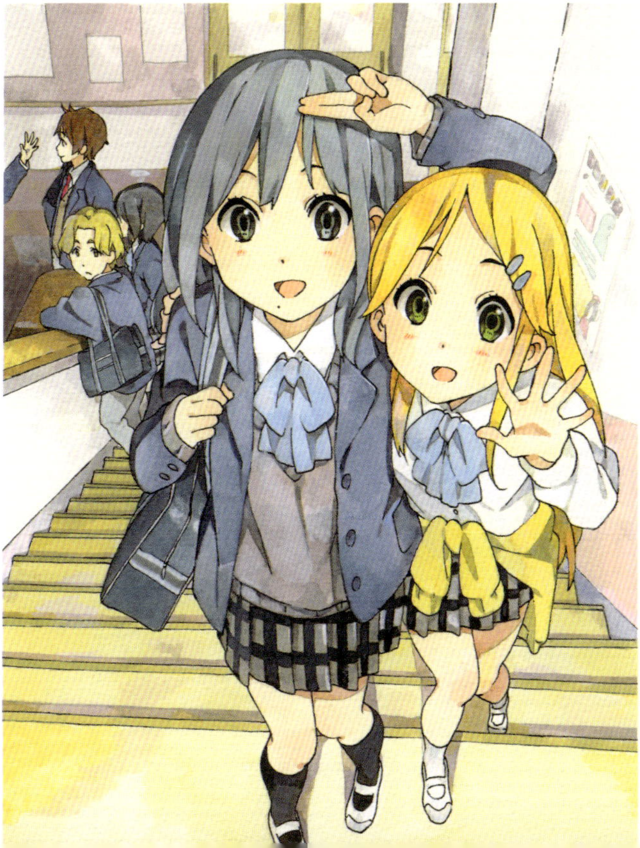

『ココロコネクト
アスランダム(下)』
表紙

この頃 キャラの顔がえらく
黄色くなるなぁと悩んでいて
その後赤を使ってないからだと
当たり前の事に気づくという…

多分紙は黄色強めの
ワトソン

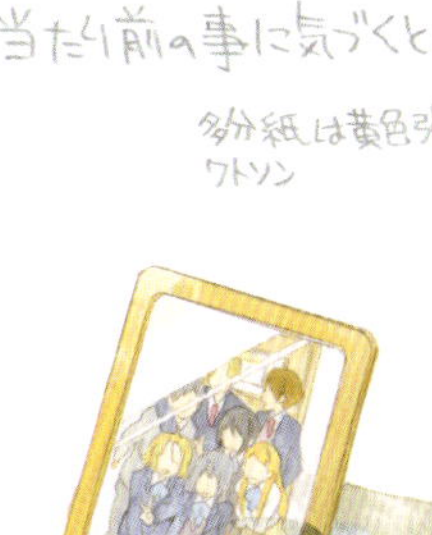

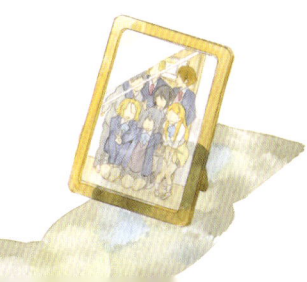

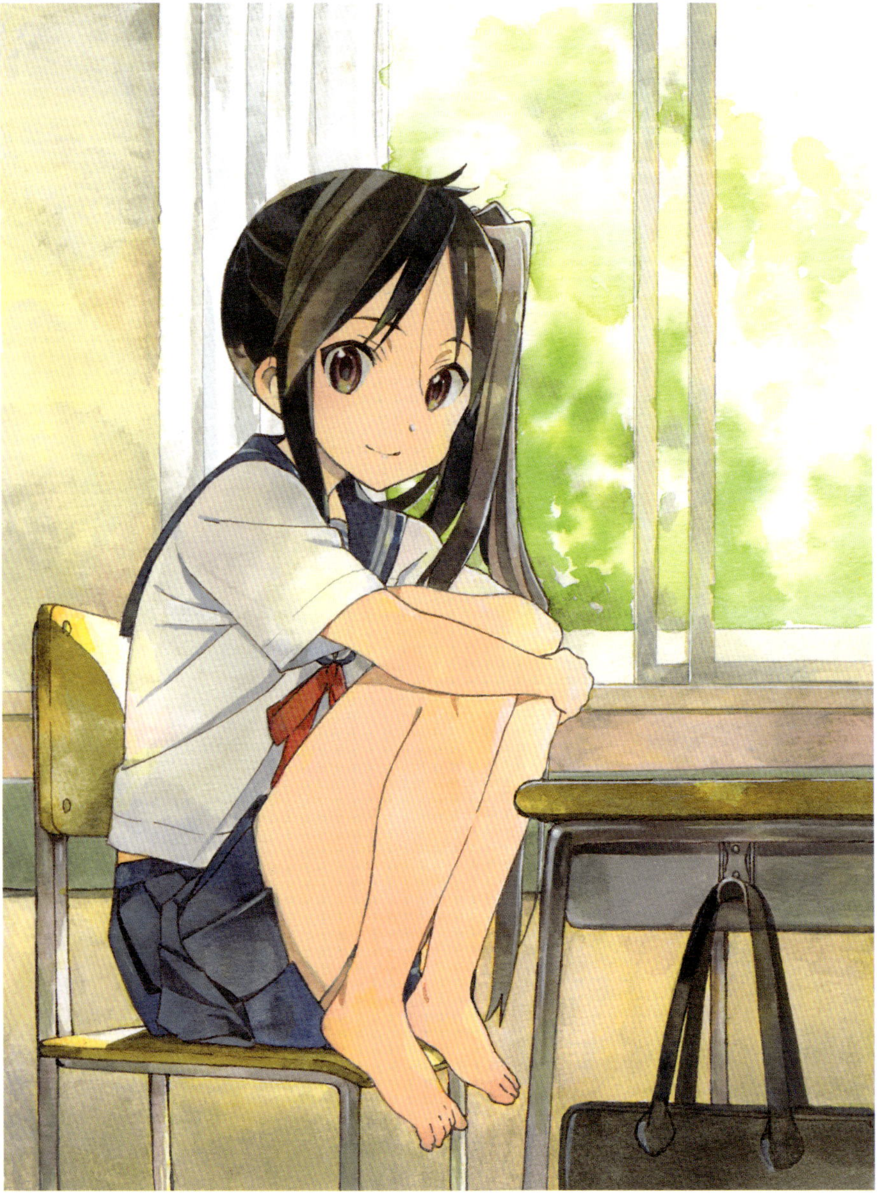

黄色強めのワトソン紙使用。
インパクトが
すごい作品でした。

『赤鬼はもう泣かない』 カバー

『赤鬼はもう泣かない』三つ折りピンナップ

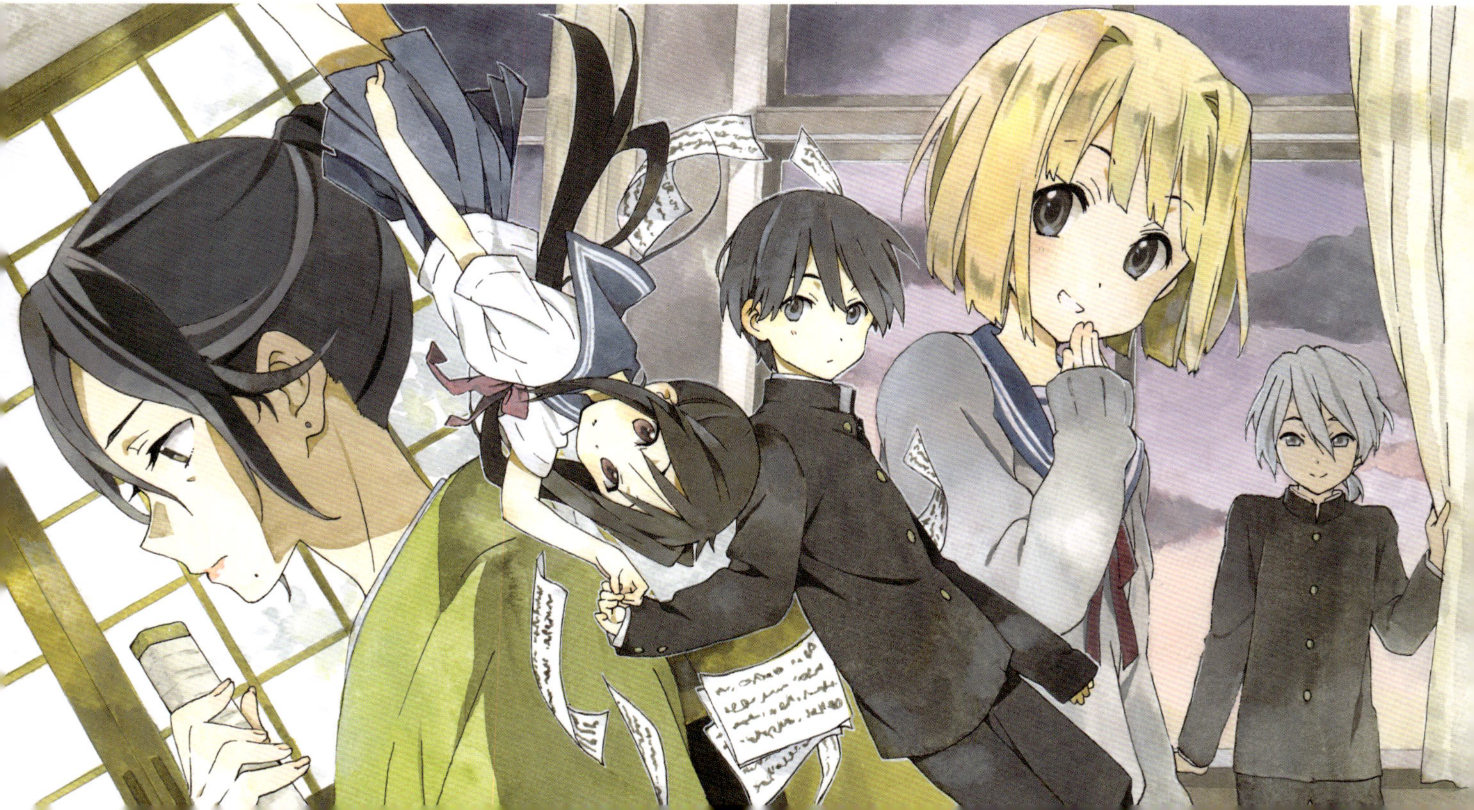

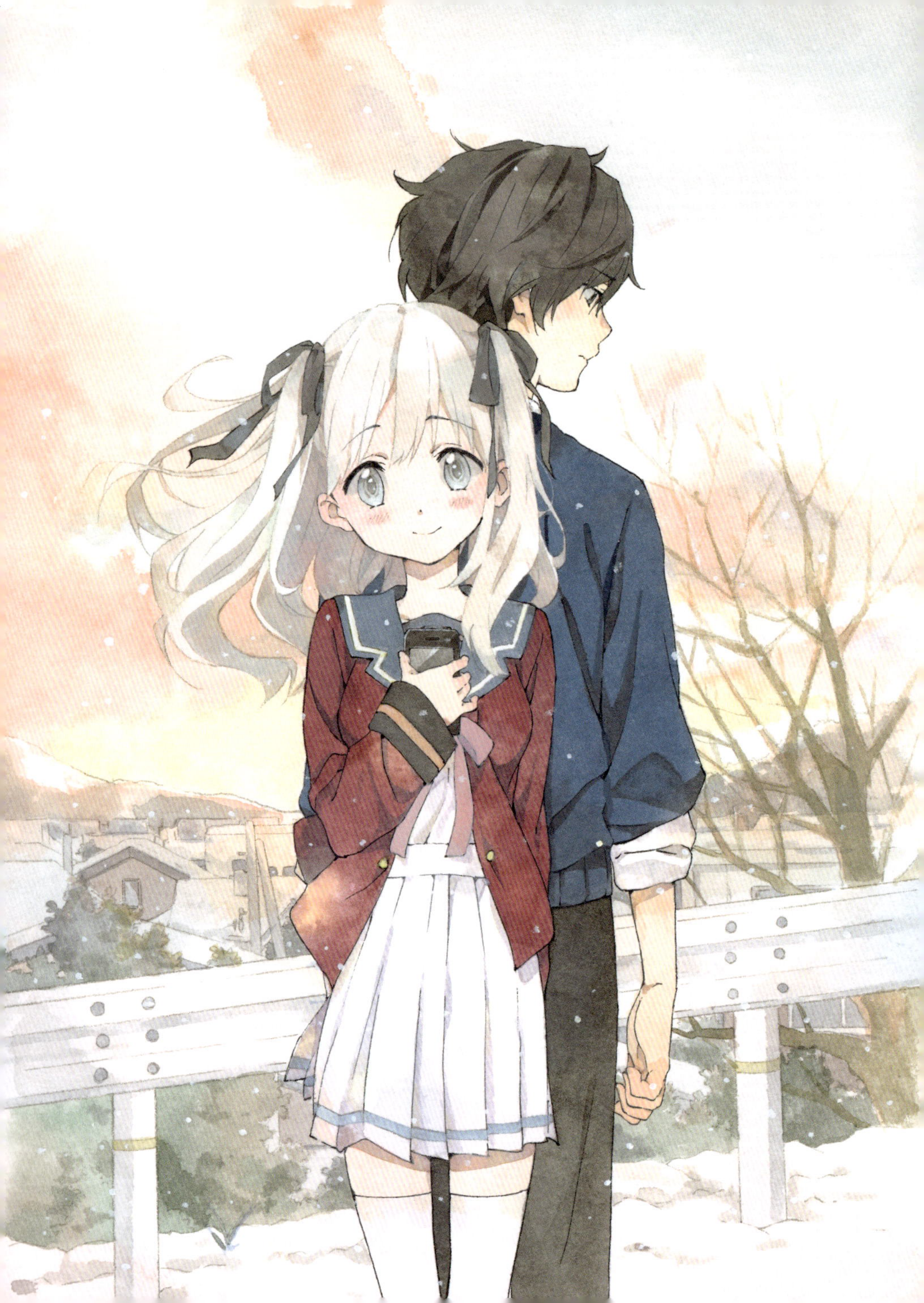

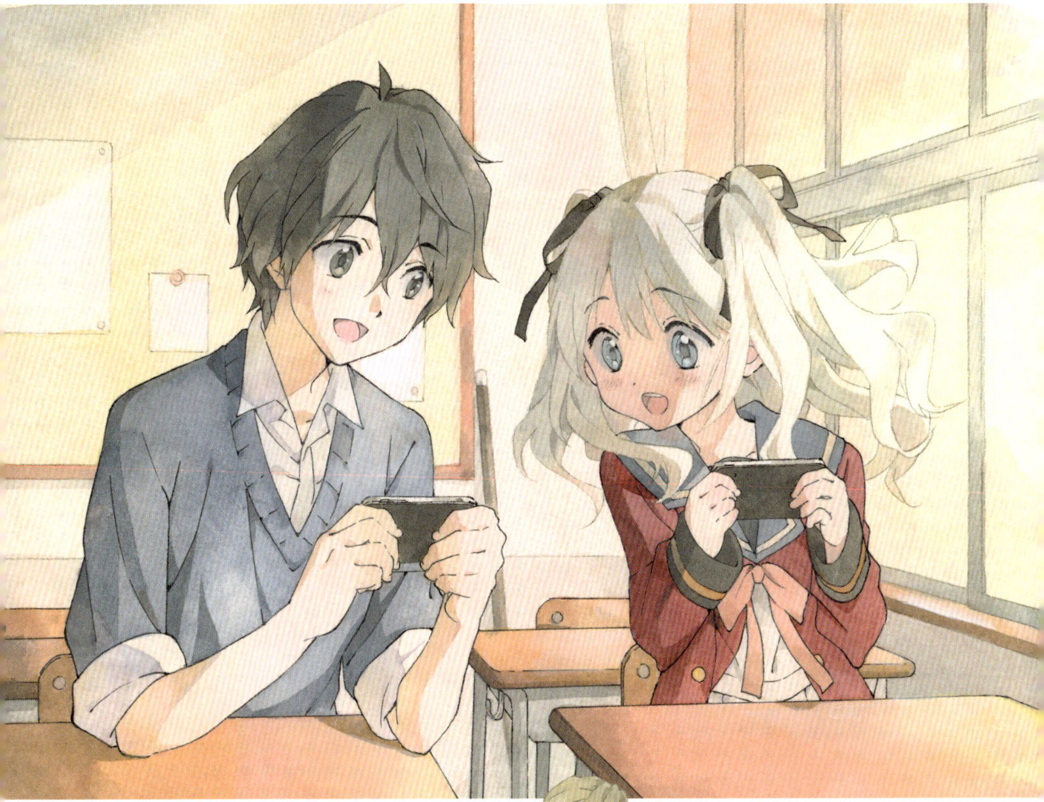

『放課後のゲームフレンド』
口絵

『放課後のゲームフレンド』
表紙

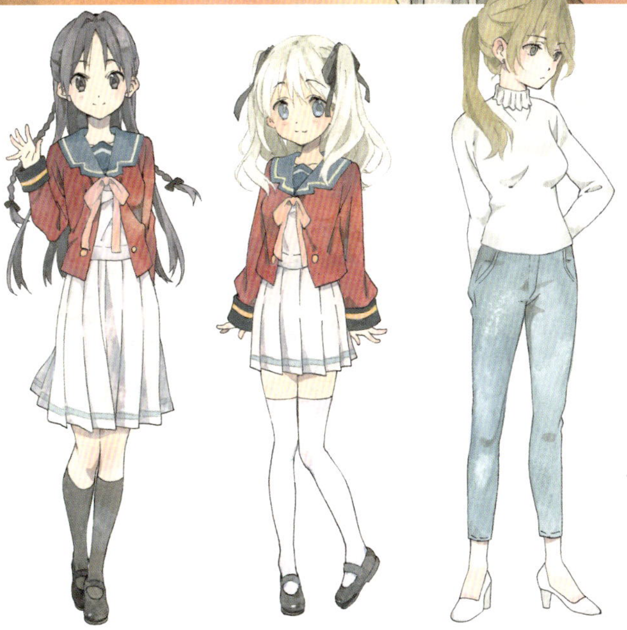

キャラクター紹介
イラストより

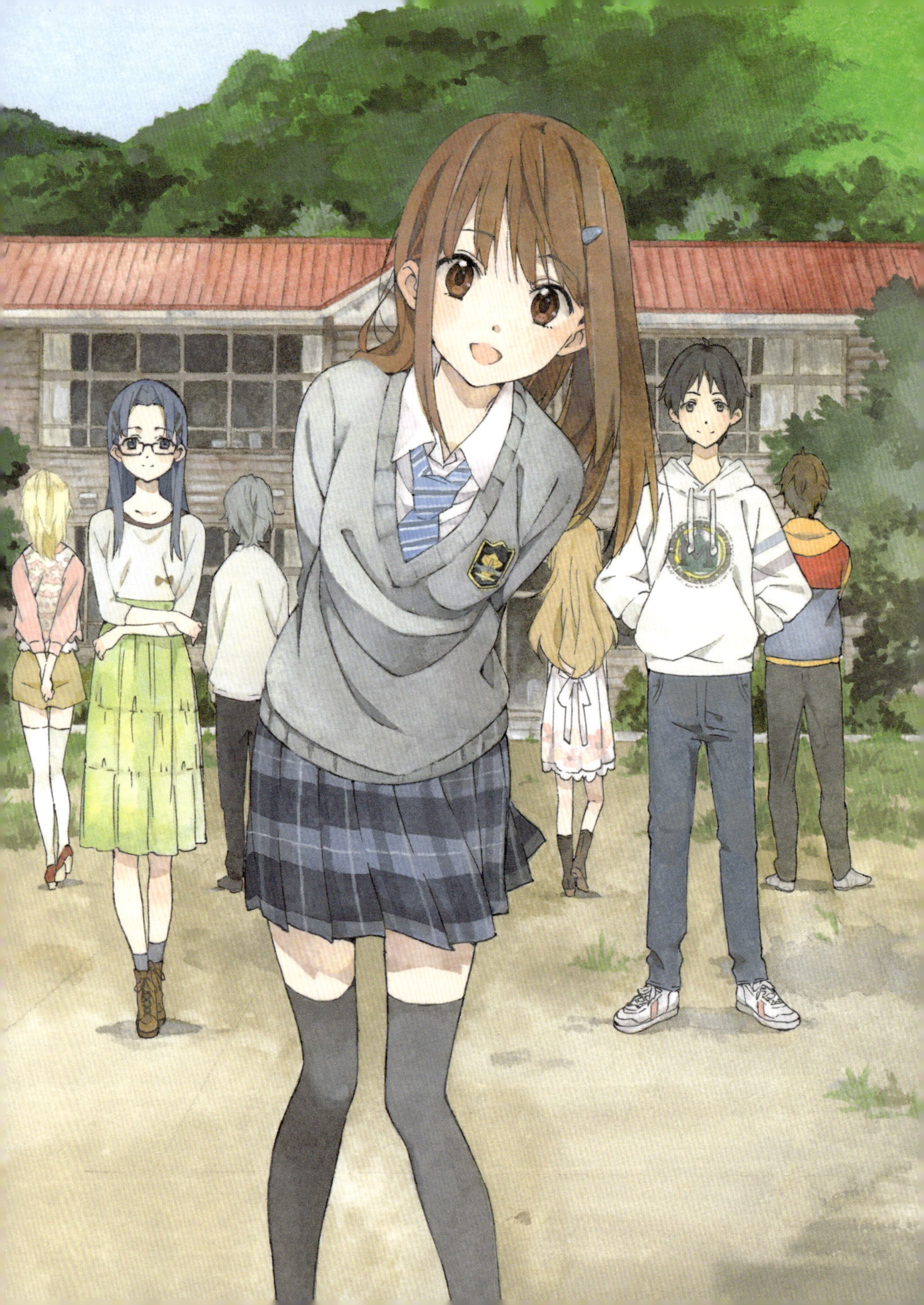

『されど僕らの幕は上がる。scene.1』カ

『されど僕らの幕は上がる。scene.2』カバー

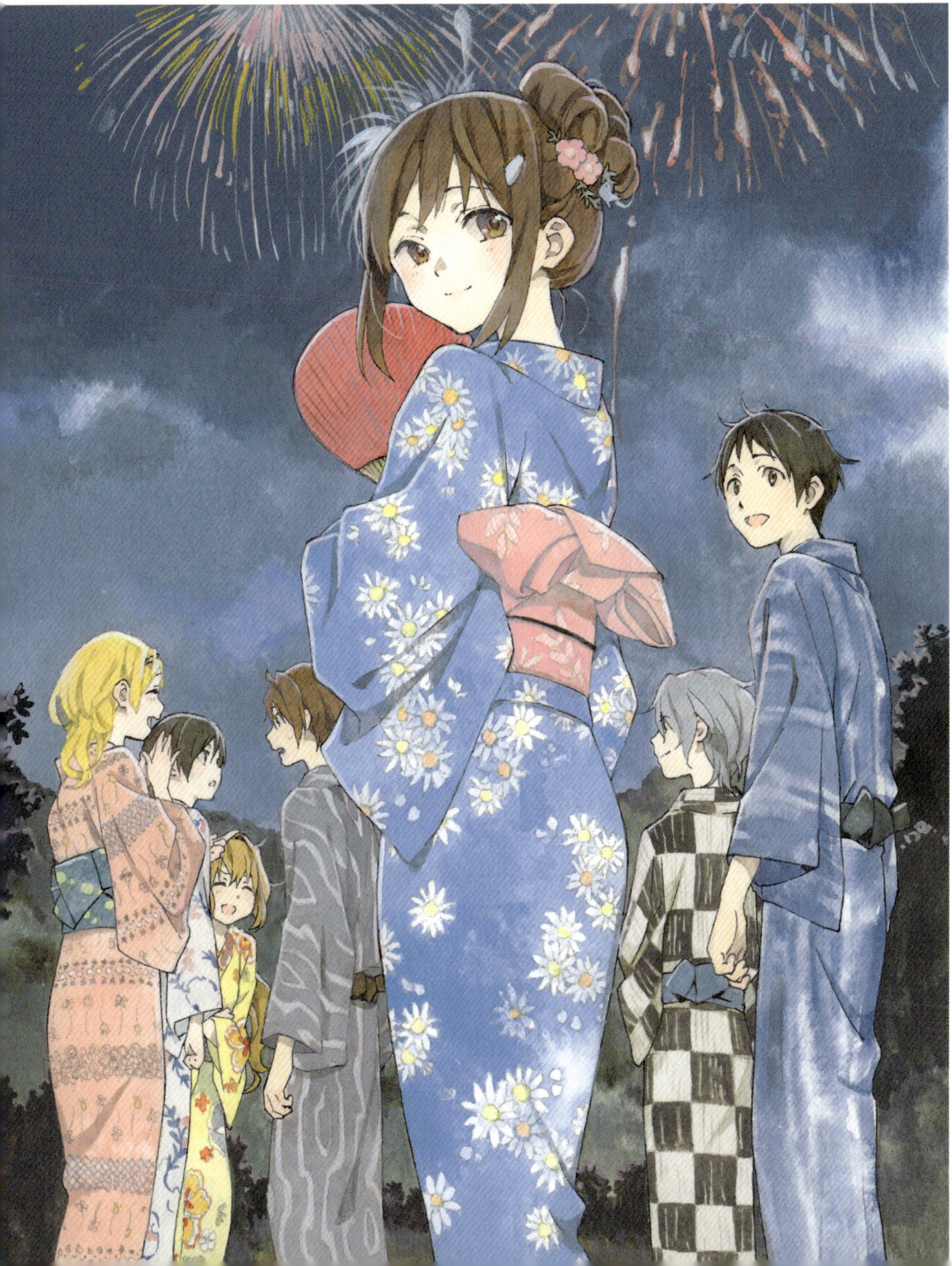

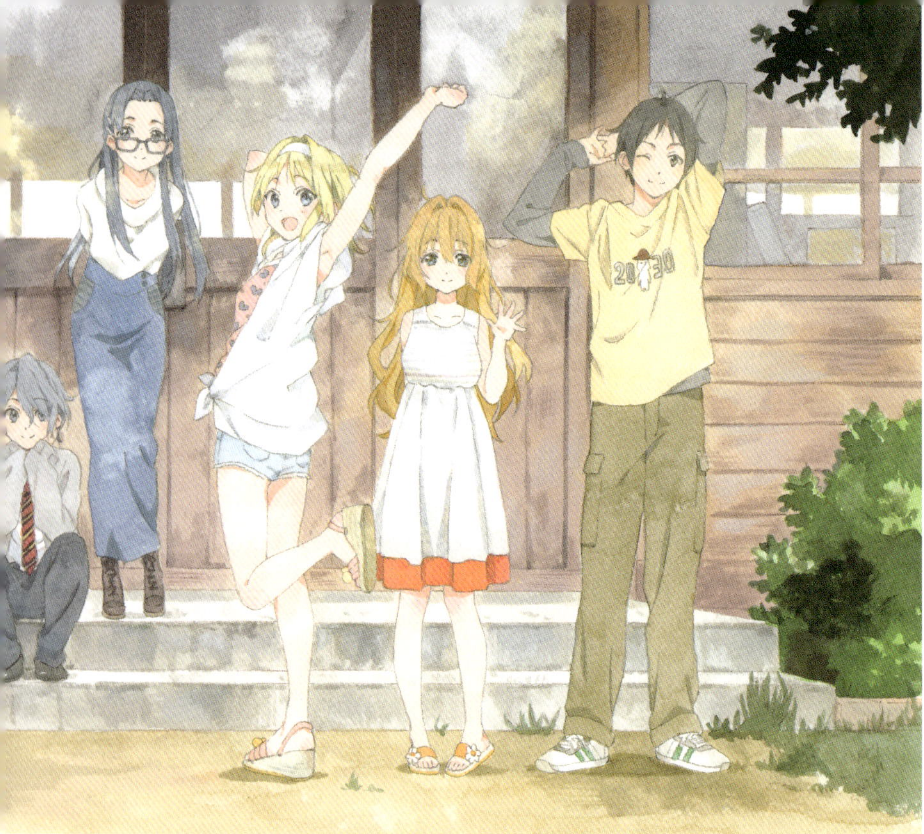
20 30

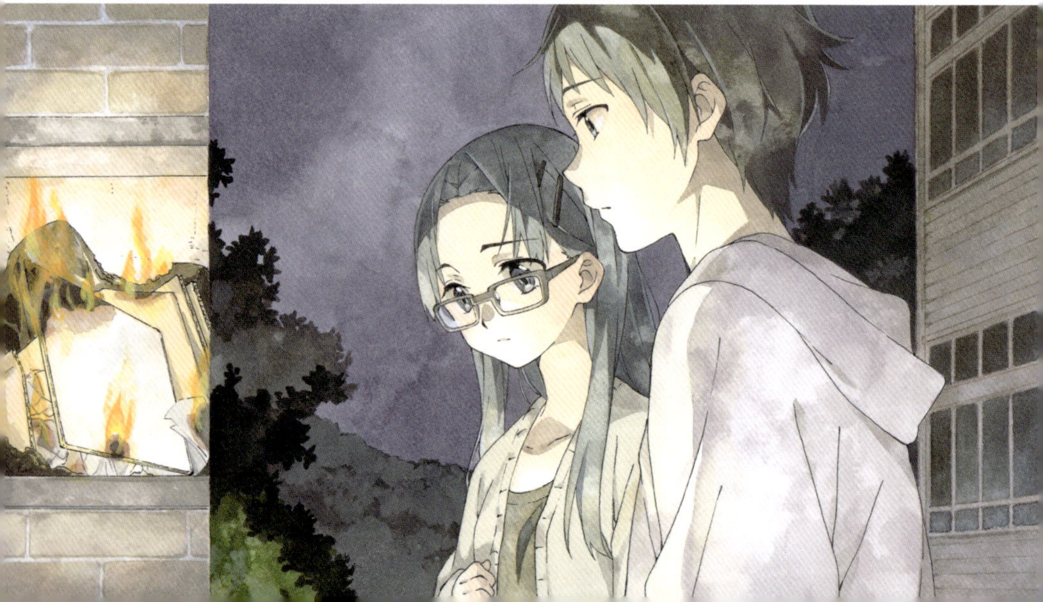

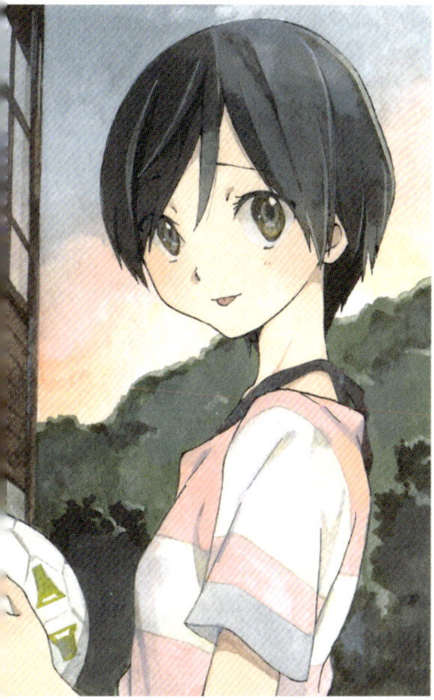

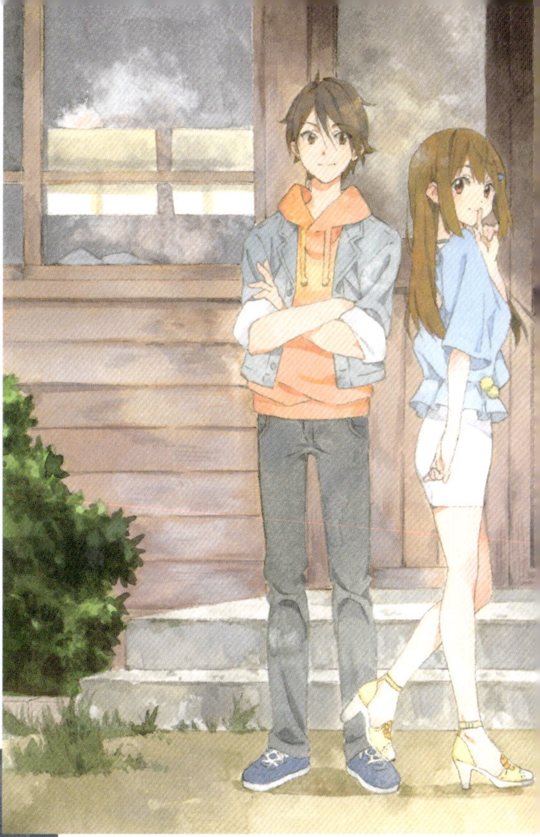

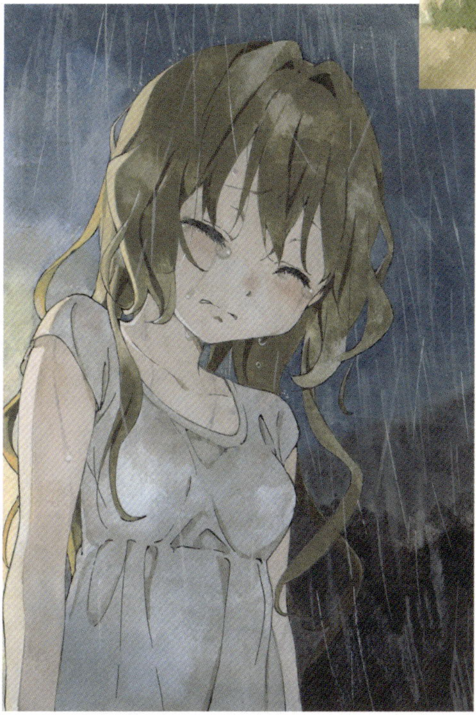

雨の描写
楽しかったです。

『されど僕らの幕は上がる。Scene.1・2』 ピンナップ寄せ集め

『モノノケグラデーション2』
口絵

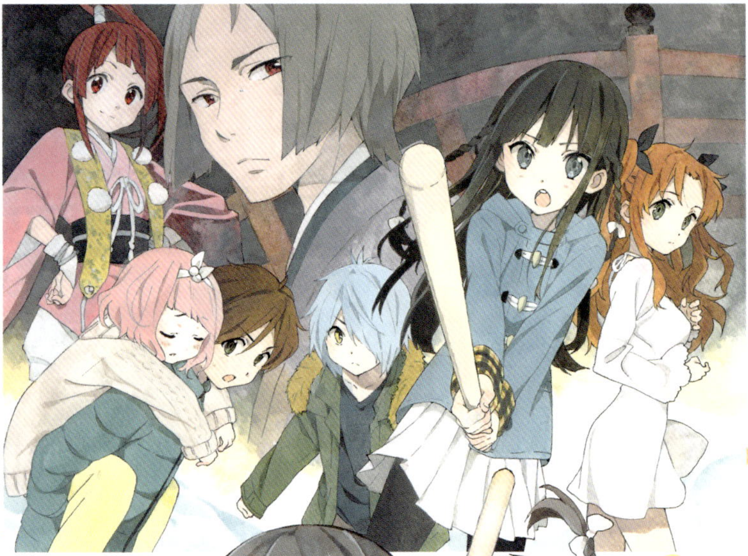

…あたりの絵はシリウス紙使用。
画集の表紙や、百合姫1〜6月号
…月号からはALDEBARAN）など、
…本メインにしている使いやすい
…紙です◎

『何をしたんだ〜（←）』は
ALDEBARAN。

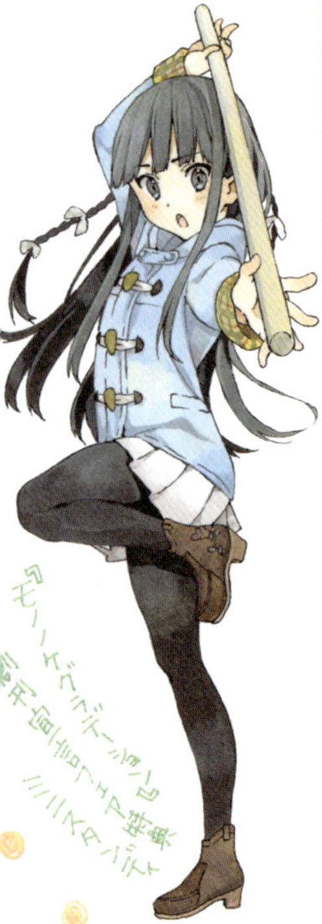

『モノノケグラデーション』

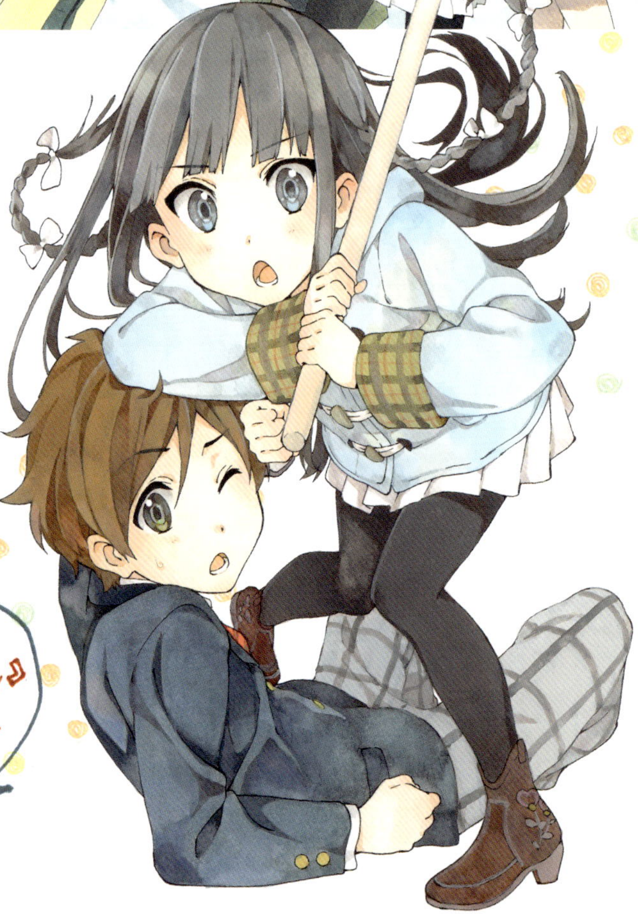

『モノノケグラデーション』
1巻カバー

『何をしたんだ、清川くん』カバー

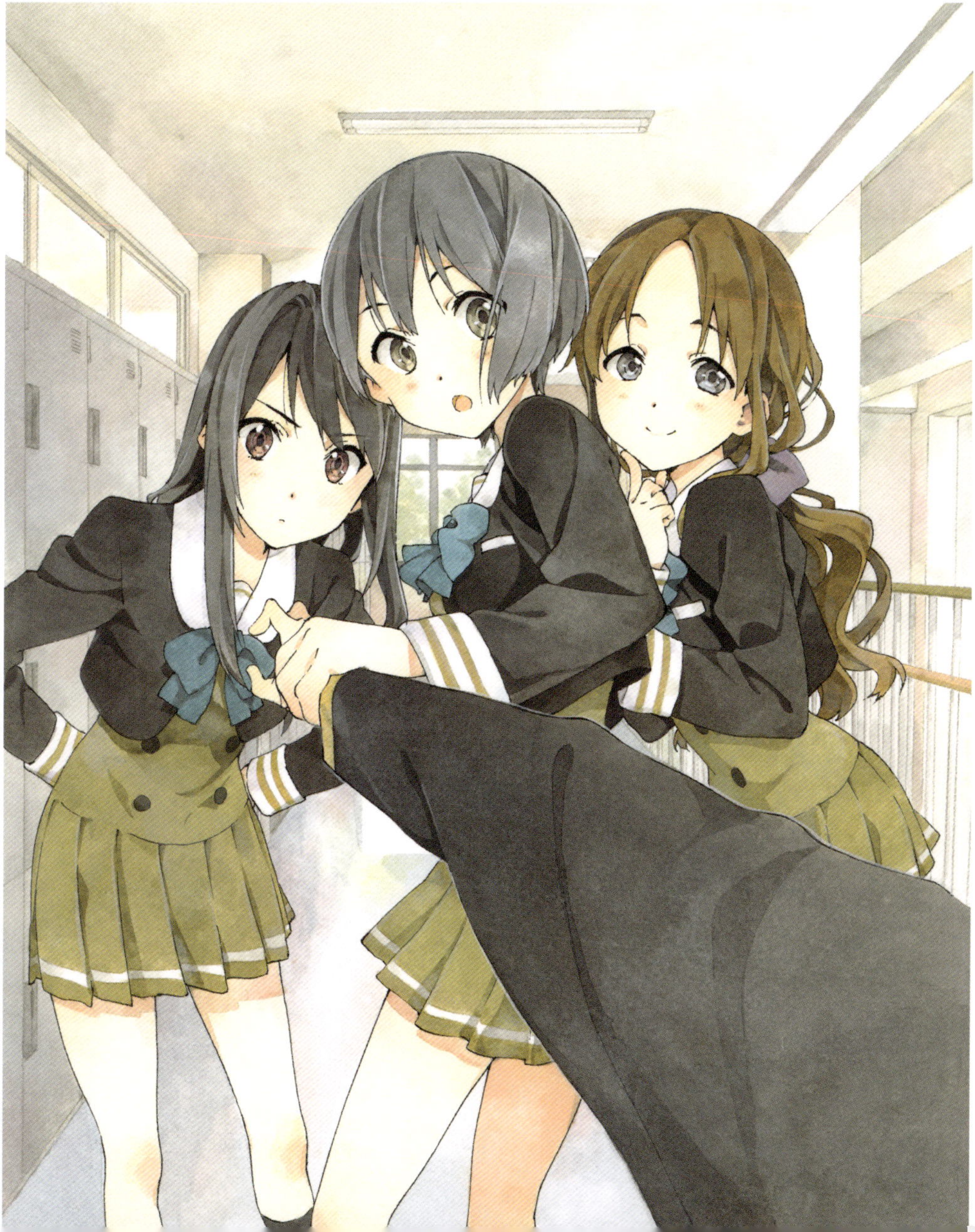

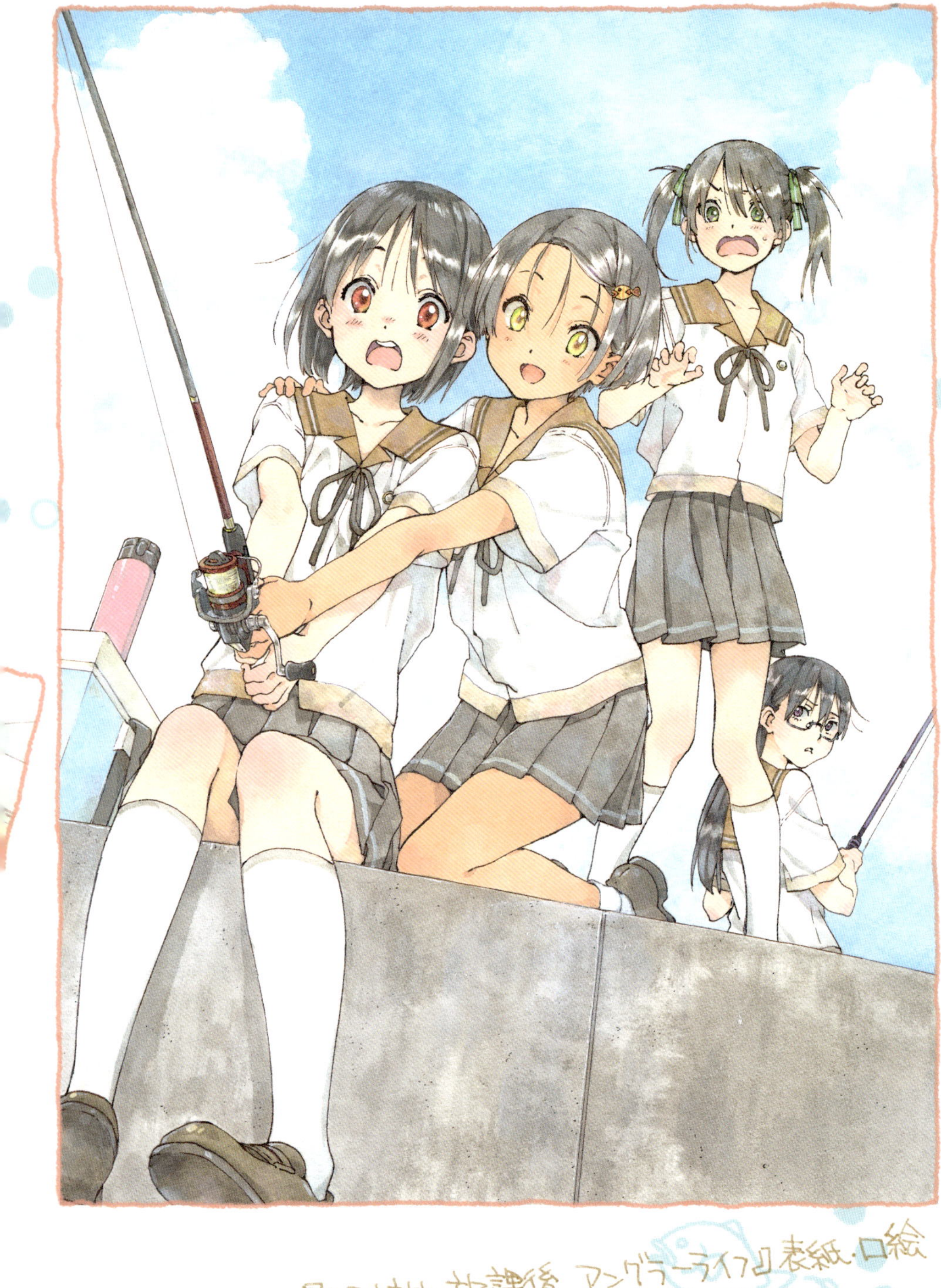

『女子校生の放課後 アングラーライフ』表紙・口絵

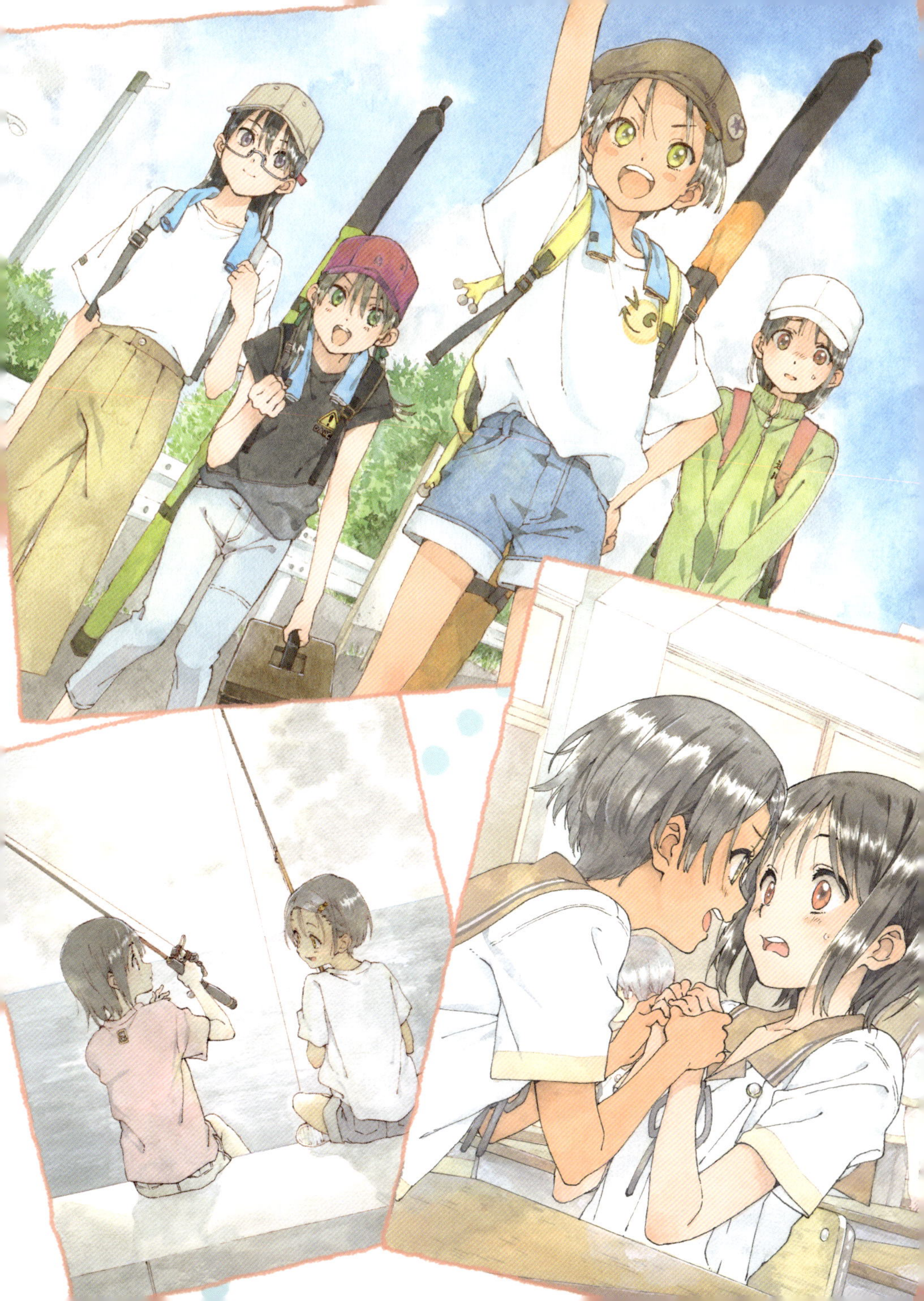

『恋愛〈新装版〉』カバー

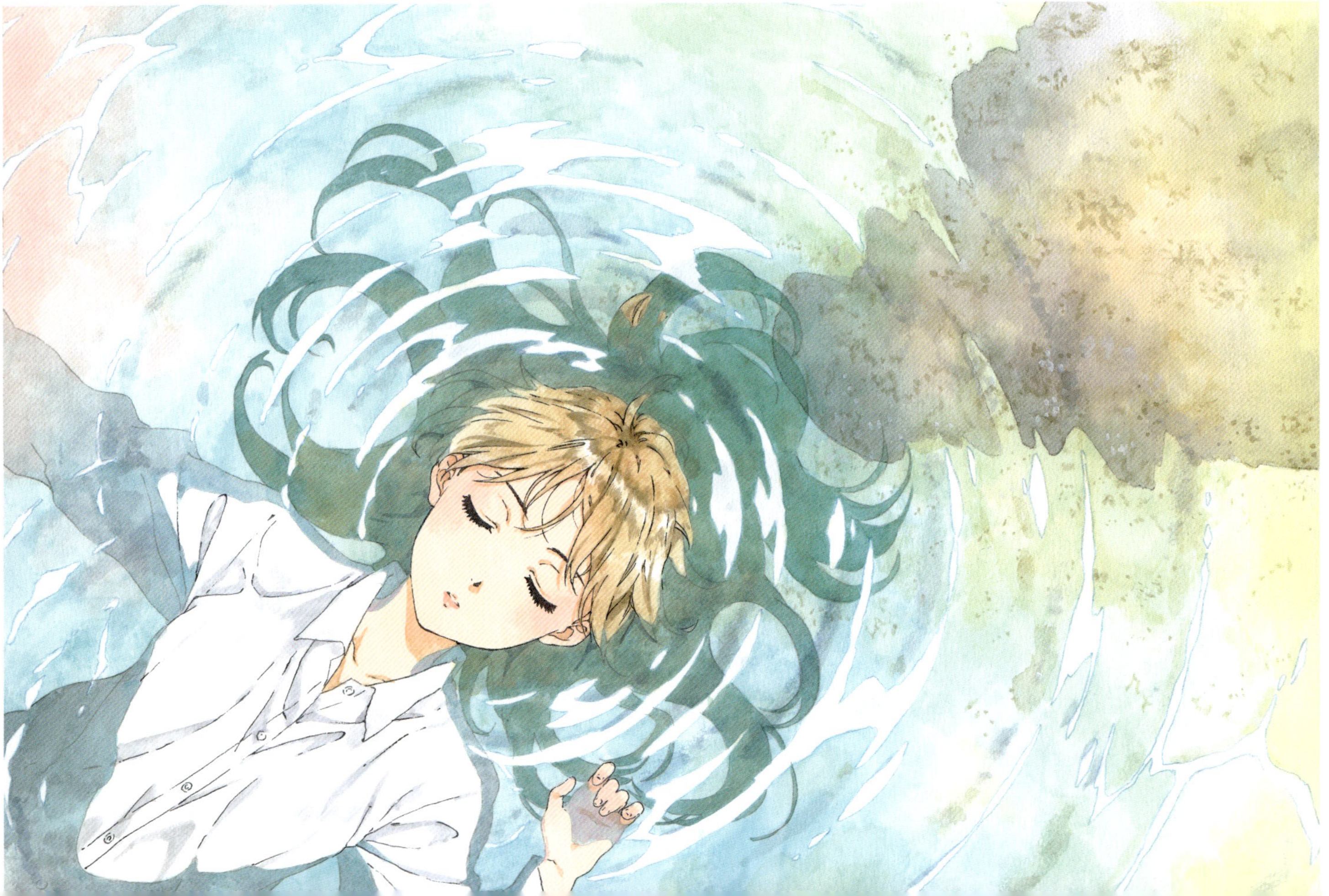

Novel index

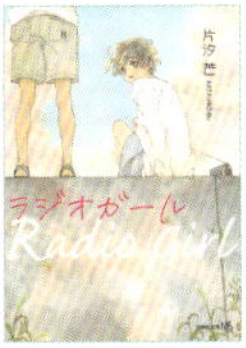

P.36
文芸社文庫NEO
『ラジオガール』
著・片汐芒
©KATASHIO Bo 2022
装丁:川村香奈子

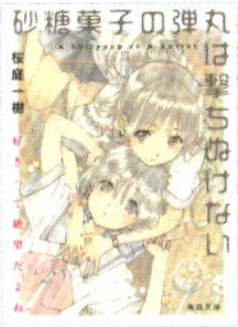

P.38
角川文庫
『砂糖菓子の弾丸は撃ちぬけない
A Lollypop or A Bullet』
著・桜庭一樹
©Kazuki Sakuraba 2004
TSUTAYA限定カバー
カバーデザイン:原田郁麻

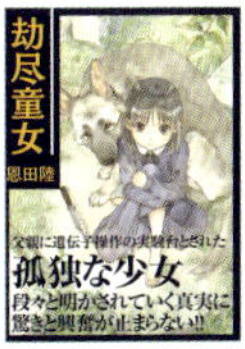

P.39
光文社文庫
『劫尽童女』
著・恩田陸
©Riku Onda 2005
TSUTAYA限定カバー
カバーデザイン協力:栗俣力也

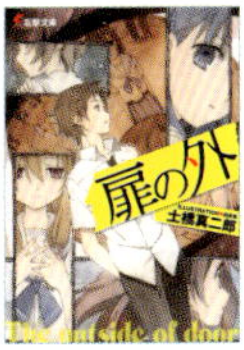

P.48, P.50-P.55
電撃文庫
『扉の外』
著・土橋真二郎
全3巻
©2007 SHINJIROH DOBASHI
装丁:蛇川貴子

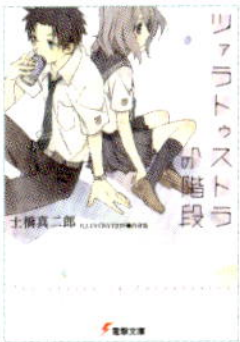

P.48, P.56-P.63
電撃文庫
『ツァラトゥストラへの階段』
著・土橋真二郎
全3巻
©2007 SHINJIROH DOBASHI
©2008 SHINJIROH DOBASHI
装丁:蛇川貴子

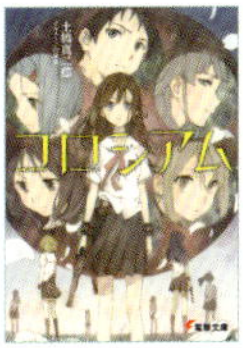

P.46-P.47, P.64-P.73
電撃文庫
『コロシアム』
著・土橋真二郎
全3巻
©2015 SHINJIROH DOBASHI
©2016 SHINJIROH DOBASHI
装丁:荻窪裕司

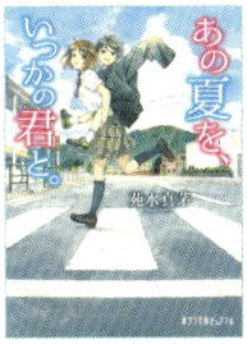

P.26
ポプラ文庫ピュアフル
『あの夏を、いつかの君と。』
著・苑水真茅
©Machi Sonomi 2019
装丁:bookwall

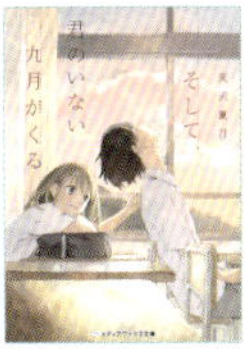

P.27-P.28
メディアワークス文庫
『そして、君のいない九月がくる』
著・天沢夏月
©2015 NATSUKI AMASAWA
装丁:カマベヨシヒコ

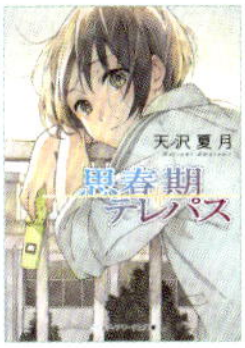

P.29-P.30
メディアワークス文庫
『思春期テレパス』
著・天沢夏月
©2015 NATSUKI AMASAWA
装丁:カマベヨシヒコ

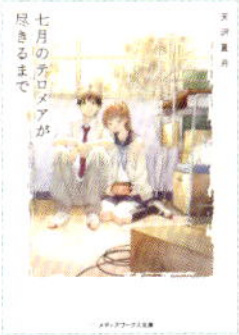

P.31-P.33
メディアワークス文庫
『七月のテロメアが尽きるまで』
著・天沢夏月
©NATSUKI AMASAWA 2018
装丁:カマベヨシヒコ

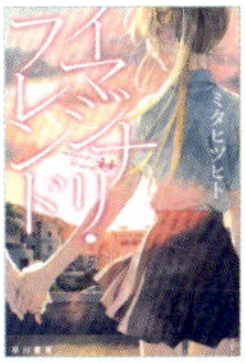

P.34
ハヤカワ文庫JA
『イマジナリ・フレンド』
著・ミタヒツヒト
©2016 Hitsuhito Mita
装丁:伸童舎

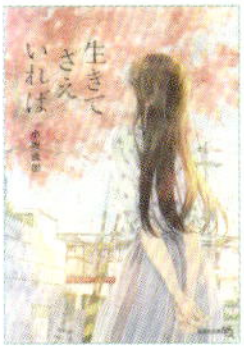

P.35, P.37
文芸社文庫NEO
『生きてさえいれば』
著・小坂流加
©Ruka Kosaka2018
装丁:三村淳

Novel index

chapter.3
Character

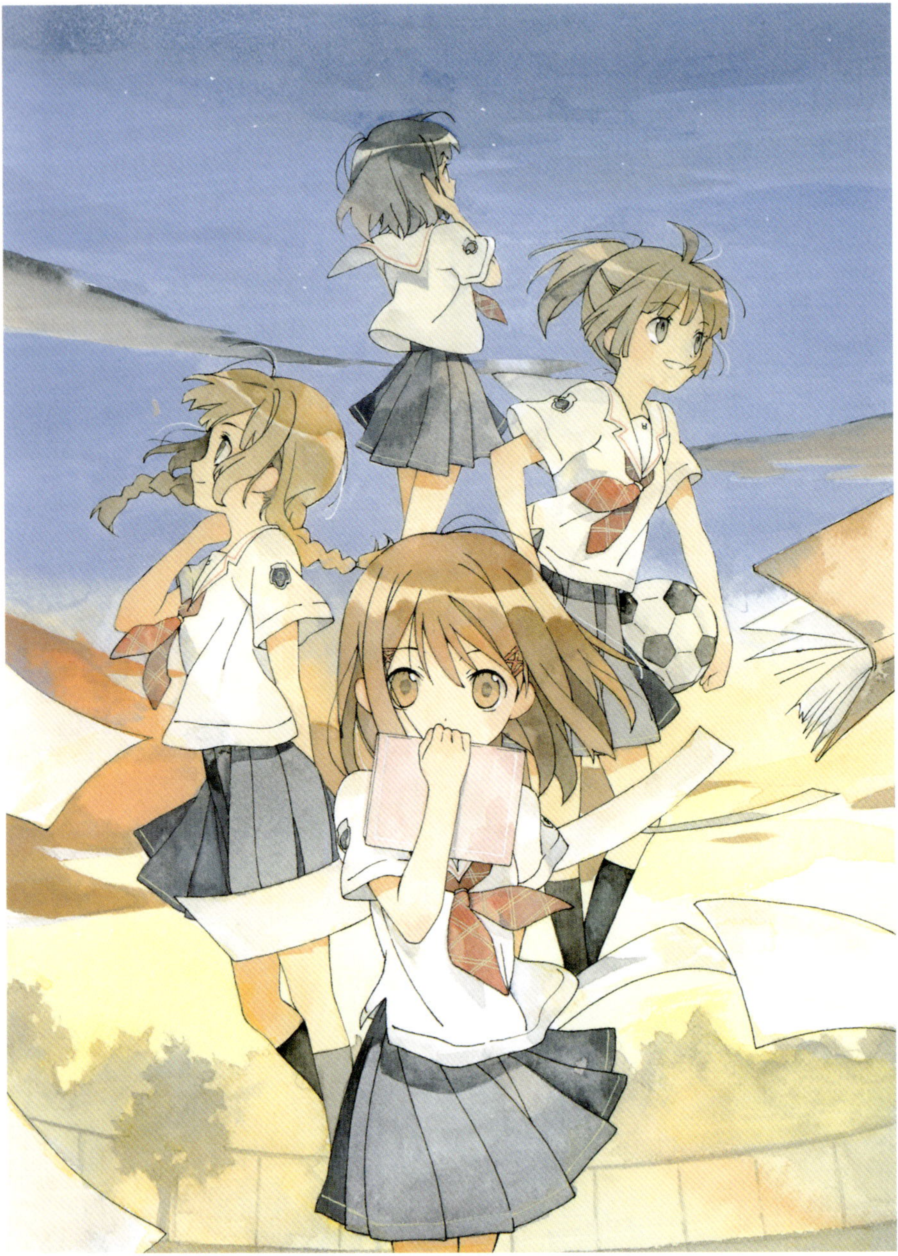

エンターブレインムック「マジキュー」vol.28　寄稿イラスト『キミキス』

この2枚は絶対入れたかったお気に入りの絵です。
(原画とデータが入手できなかったため雑誌スキャンです)

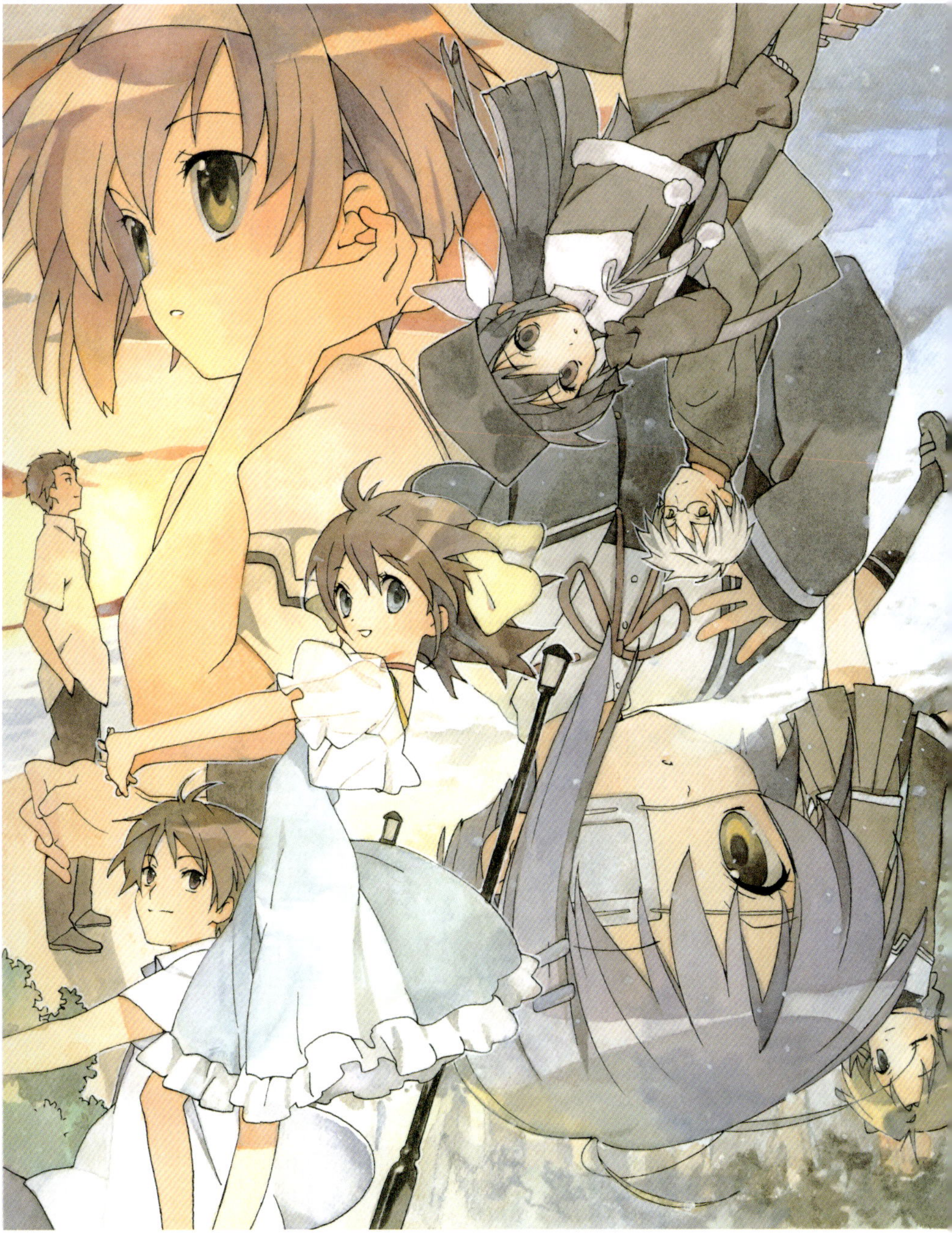

エンターブレインムック「マジキュー」vol.33　寄稿イラスト『ef - a fairy tale of the two.』

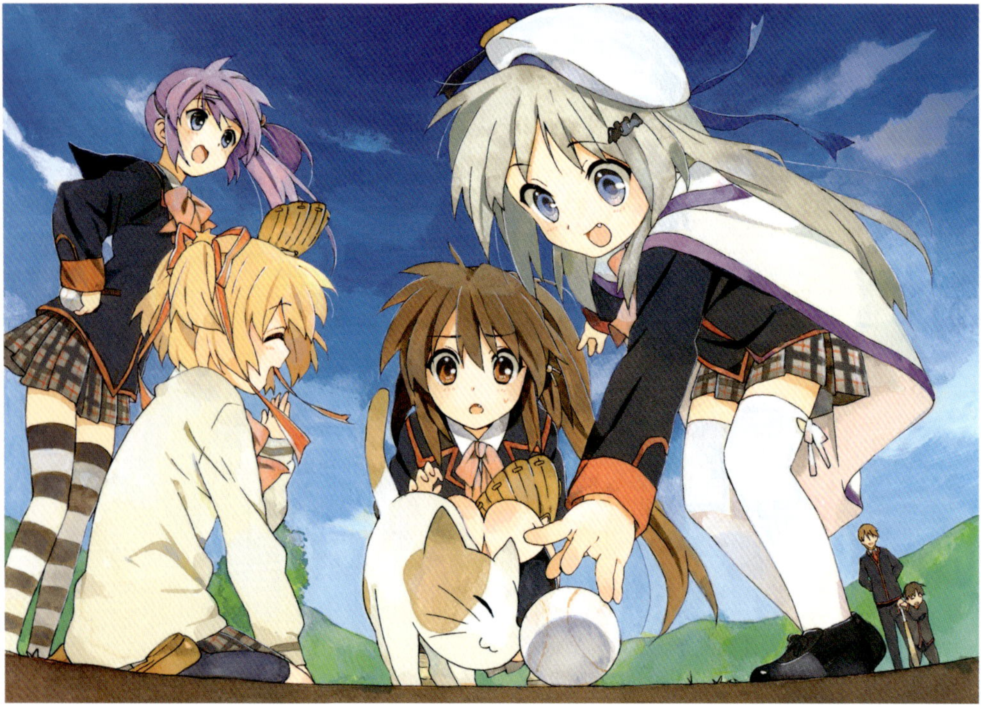

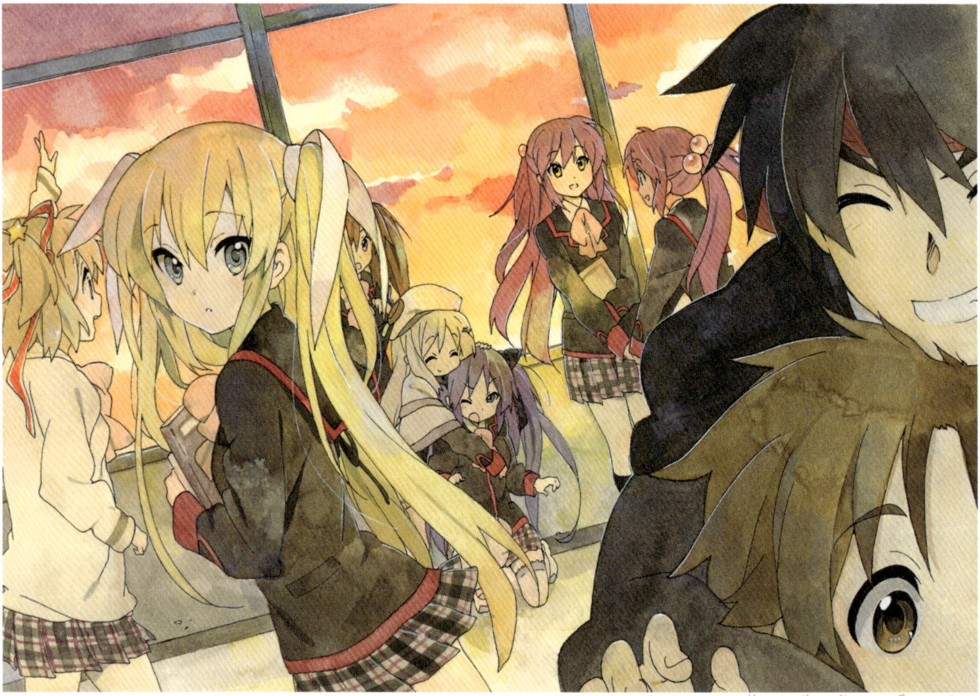

自分デザインじゃない美少女達を描くのは楽しいです。

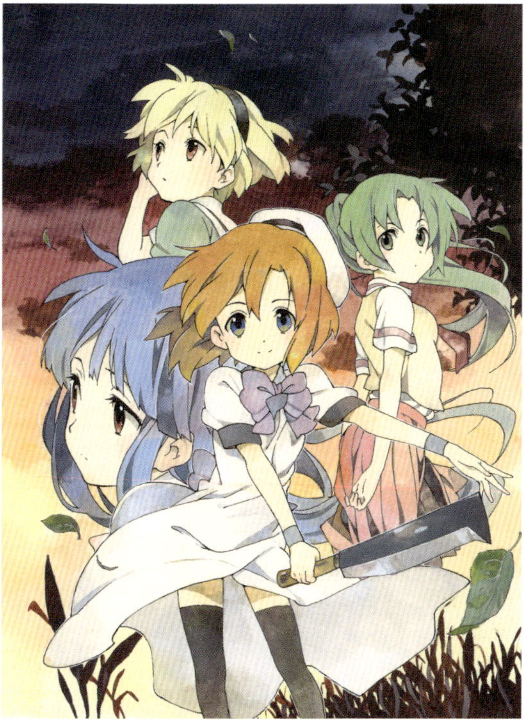

『マジキュー4コマ
リトルバスターズ！エクスタシー(1)(2)』
カバーイラスト(KADOKAWA)
©VISUAL ARTS / key

「ファミ通」(KADOKAWA)
寄稿イラスト『ひぐらしのなく頃に 祭』
©竜騎士07・07th Expansion /
Frontier Works・Alchemist.

MFコミックス アライブシリーズ
『のんのんびより 公式アンソロジー ふゆっ！』
カバーイラスト ©Atto 2014

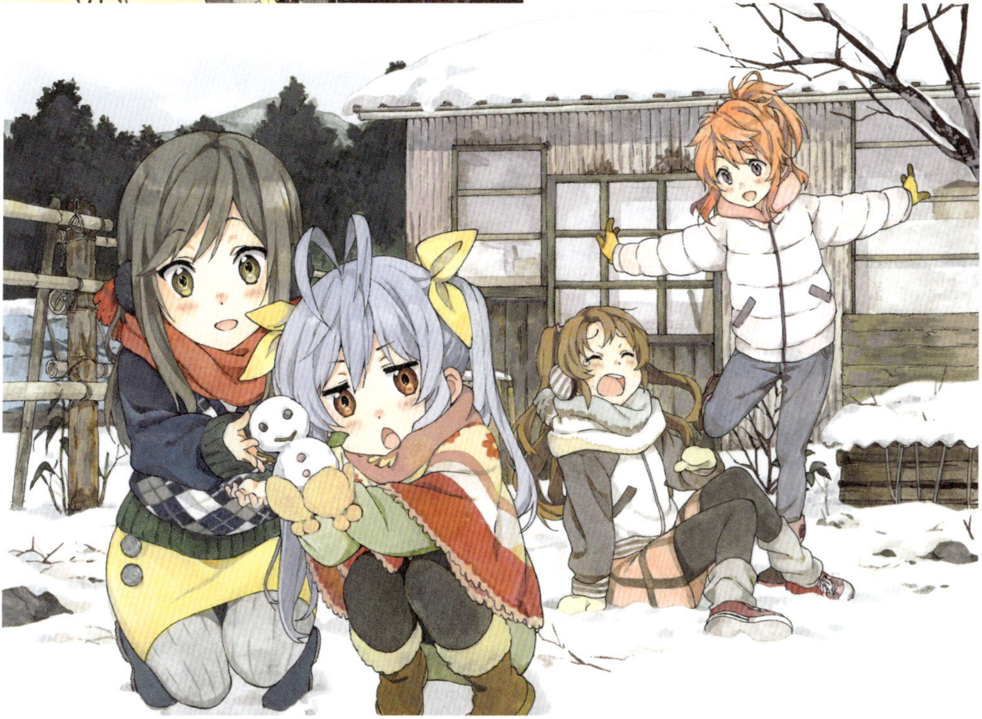

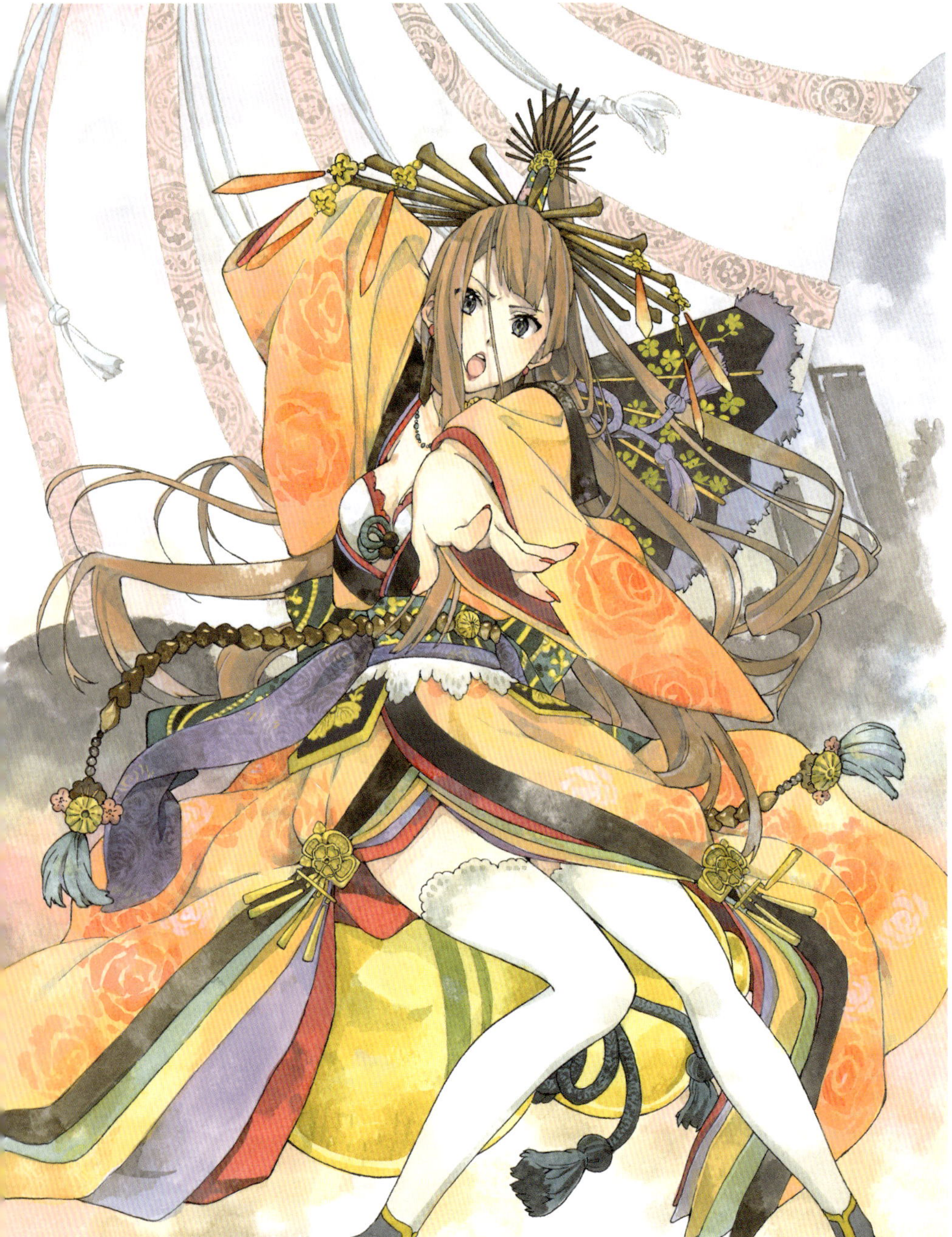

『戦国大戦』淀の方　戦国大戦 1477-1615 日本一統への軍記（EXカード）

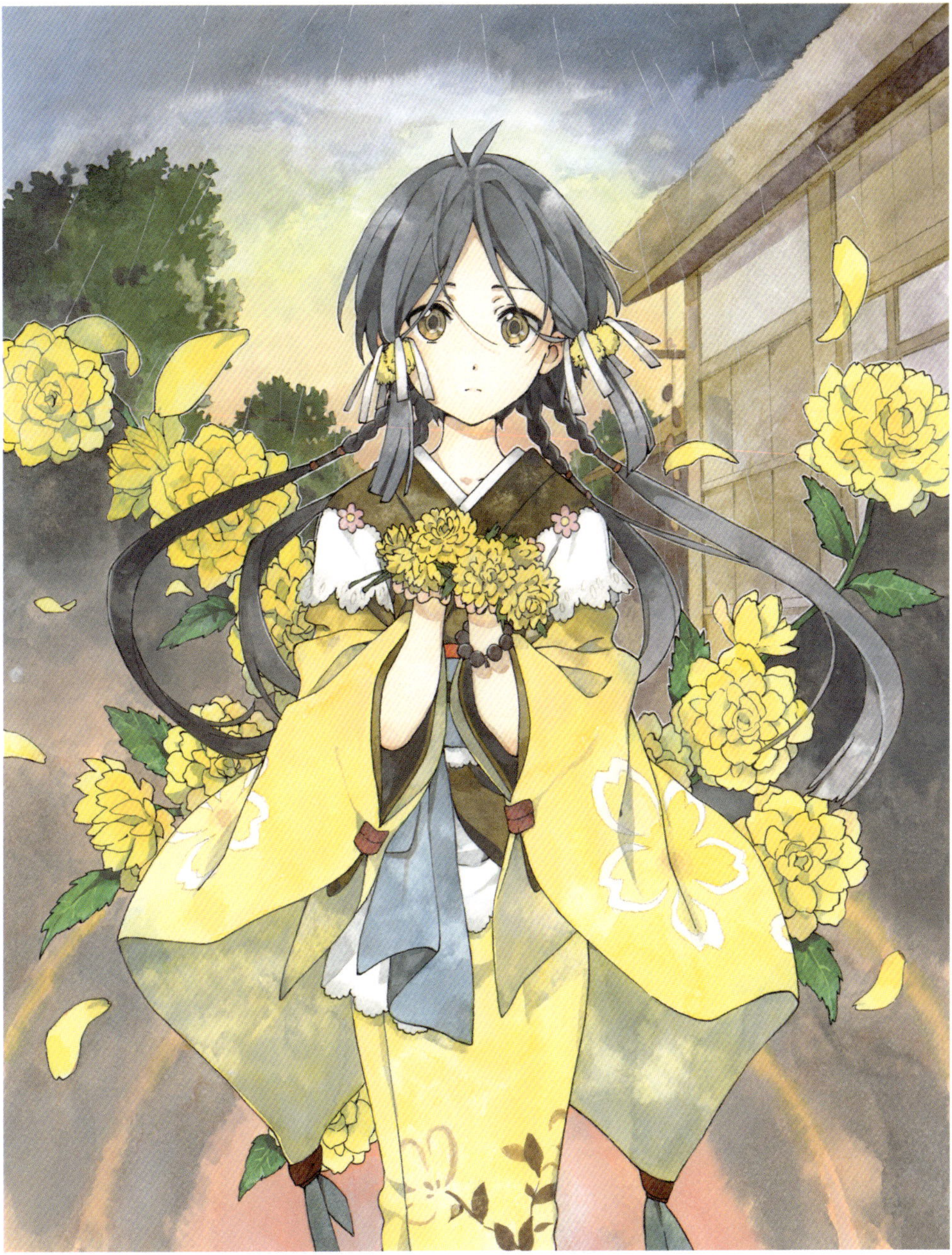

『戦国大戦』紅皿　戦国大戦 −1615 大坂燃ゆ、世は夢の如く−

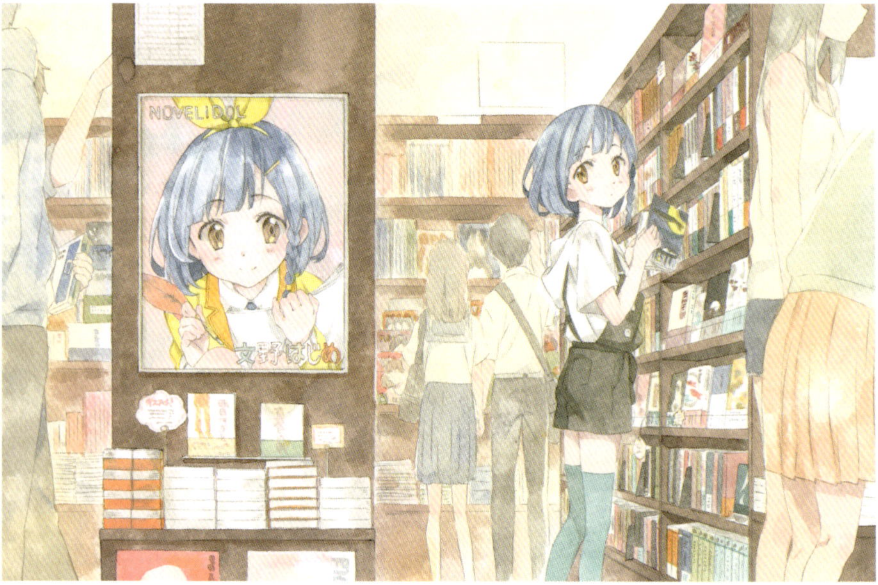

NOVELiDOL／ディスカヴァー・トゥエンティワン「文野はじめ　楽曲『カラフル』特典冊子」
（キャラクターデザイン・賀茂川）© Discover 21, Inc.

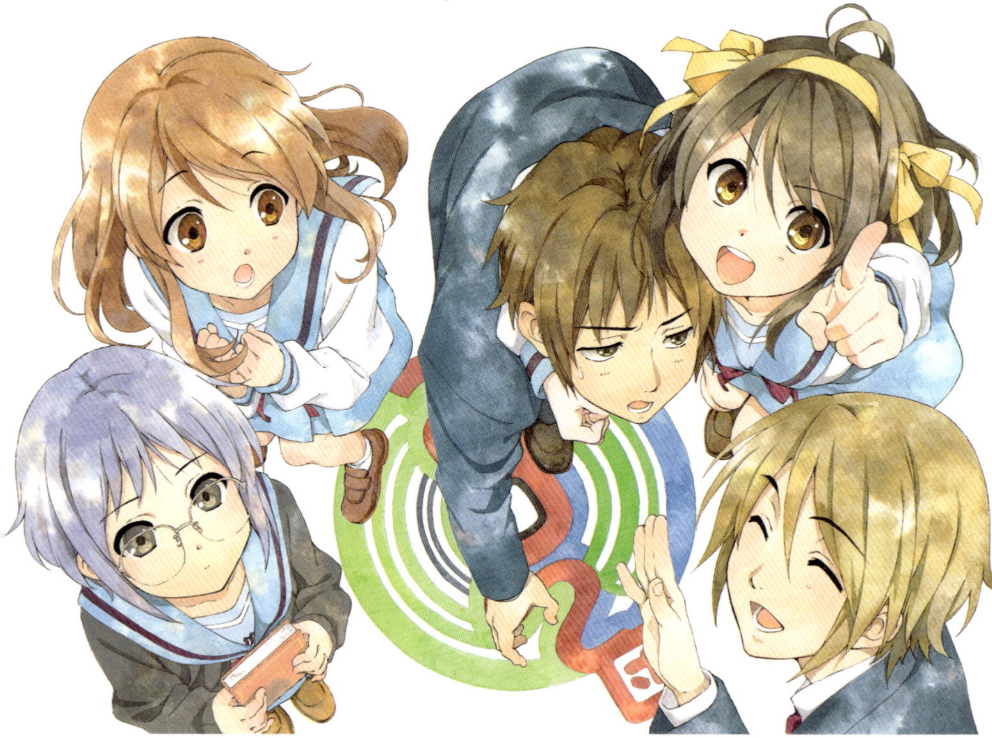

カドカワエンタメブック「ザ・スニーカーLEGEND」　寄稿イラスト『涼宮ハルヒの憂鬱』
© 谷川流・いとうのいぢ／KADOKAWA

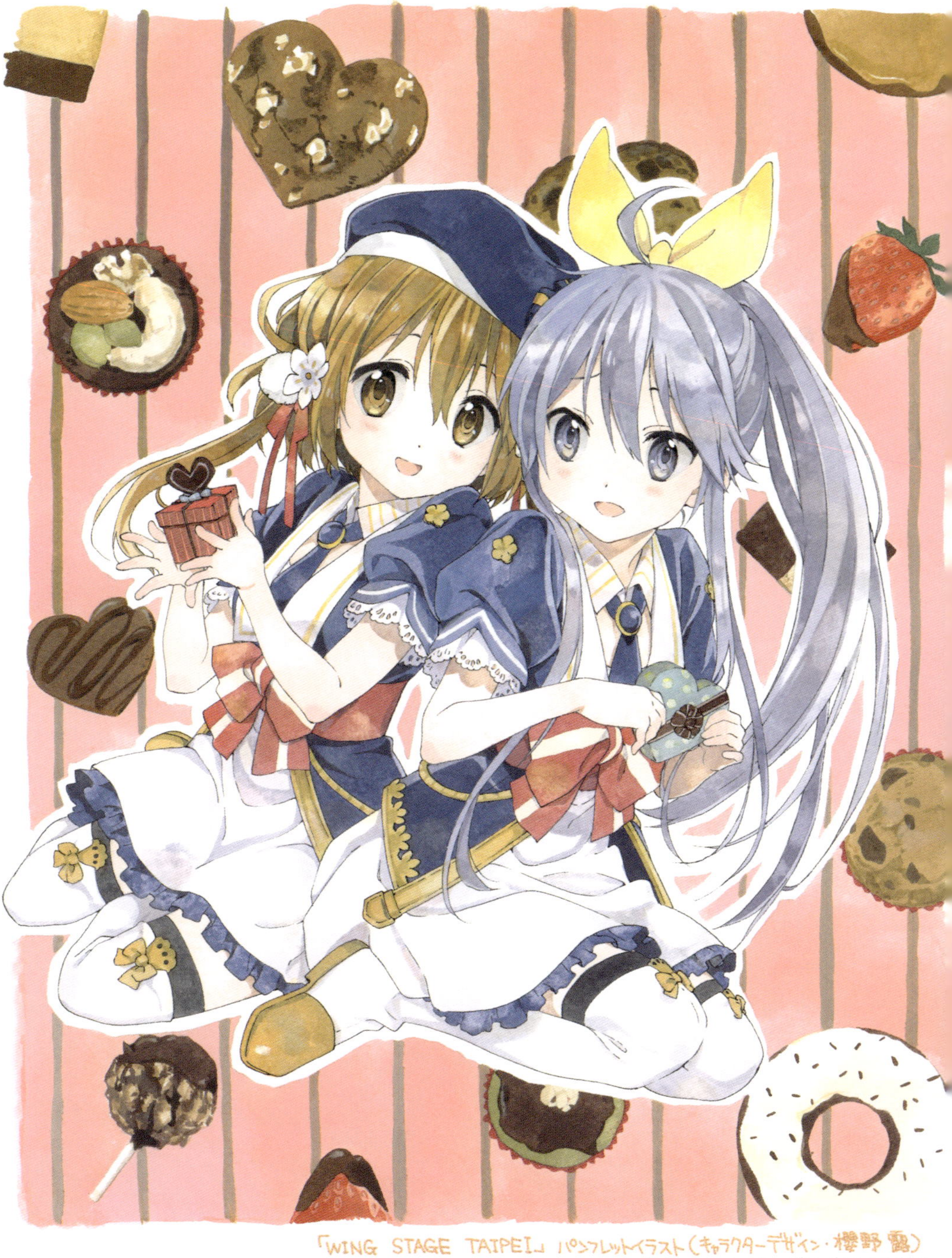

「WING STAGE TAIPEI」パンフレットイラスト（キャラクターデザイン・櫻野露）
トリミング何となく切らずに端まで入れてみました。

角川コミックス・エース
『ひらがな男子 公式アンソロジー』カバー
©NTV

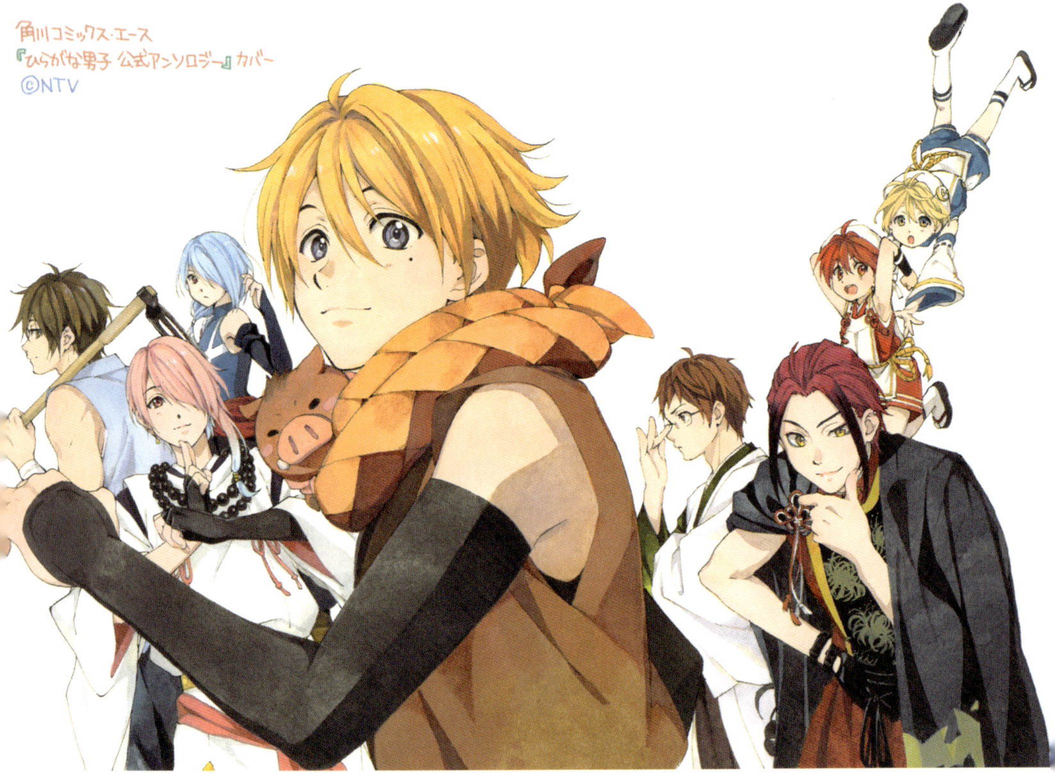

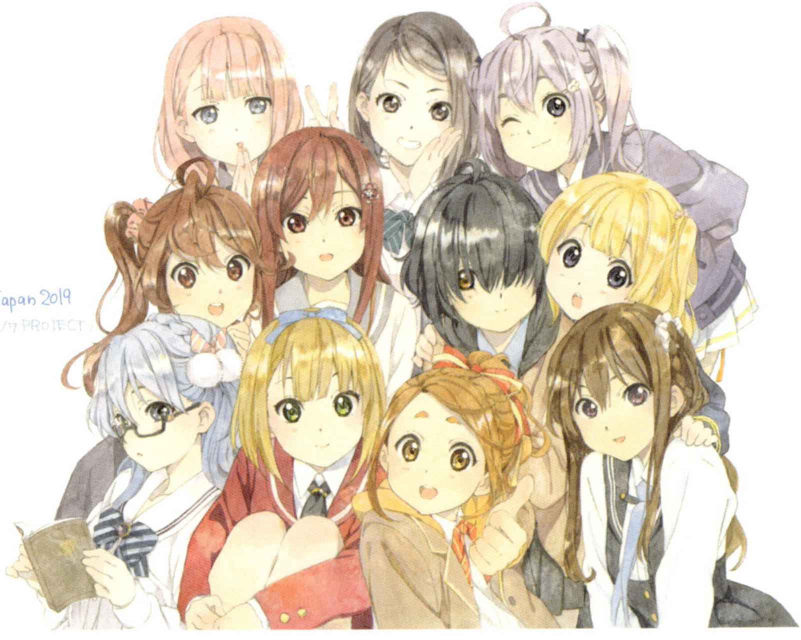

22/7(ナナブンノニジュウニ)Anime Japan 2019
描き下ろし配布ステッカー ©22/7 PROJECT

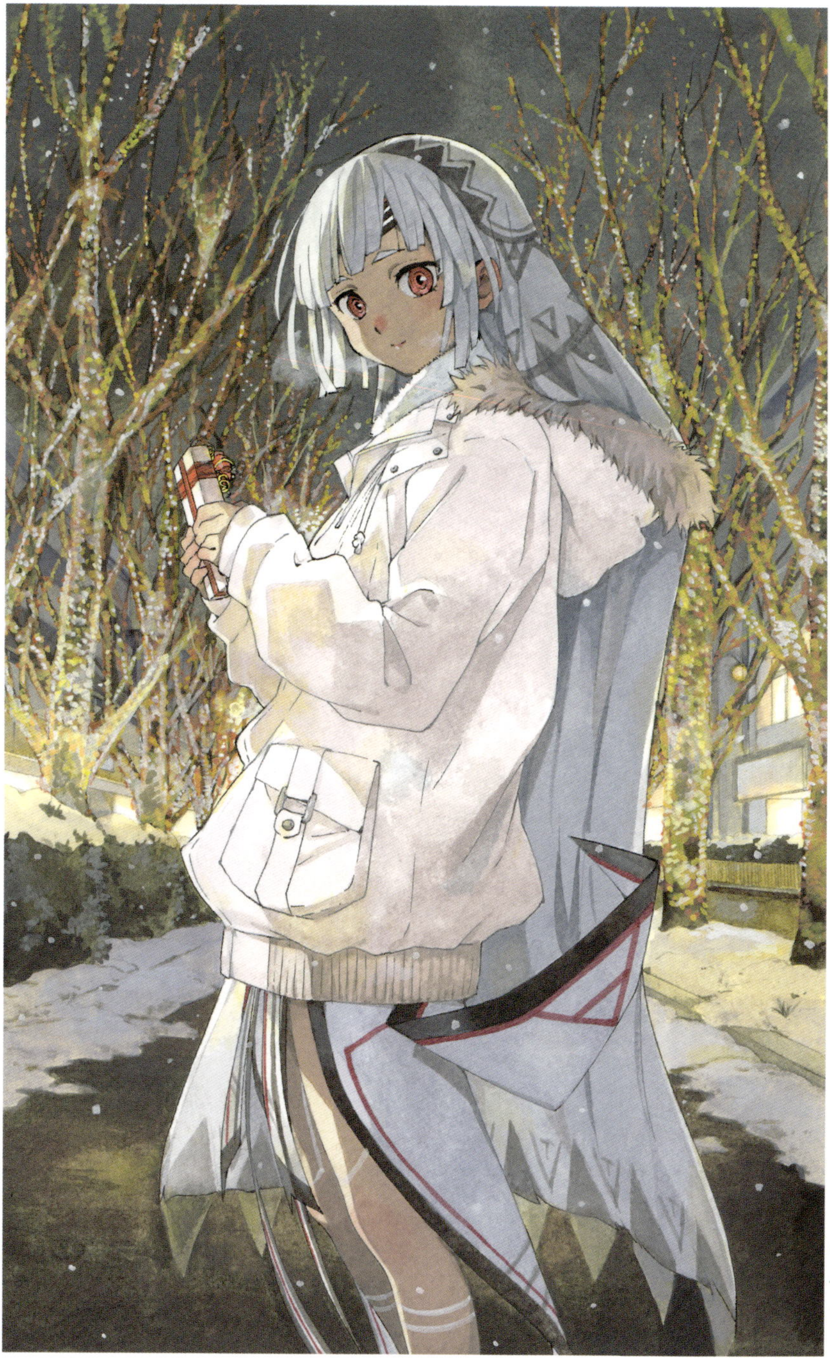

イルミネーション
苦戦しました。

Fate / Grand Ord
概念礼装

復刻：
チョコレート・レディの空騒ぎ
－Valentine 2016－ 拡大
スイート・クリスタル

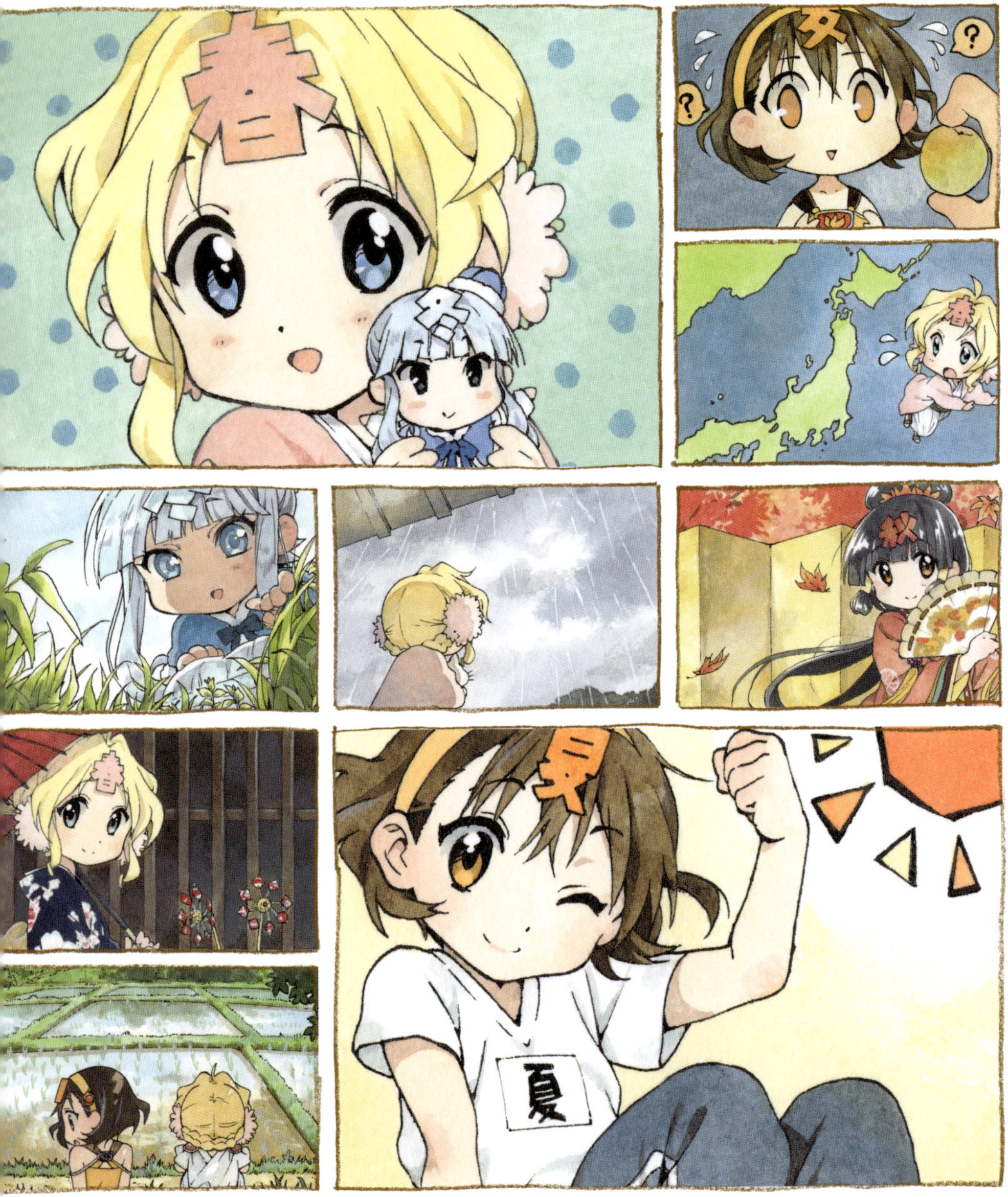

NHK気象キャラクター春ちゃん『気象歳時記』©NHK

春ちゃんは小さい絵が描けて楽しかったです。

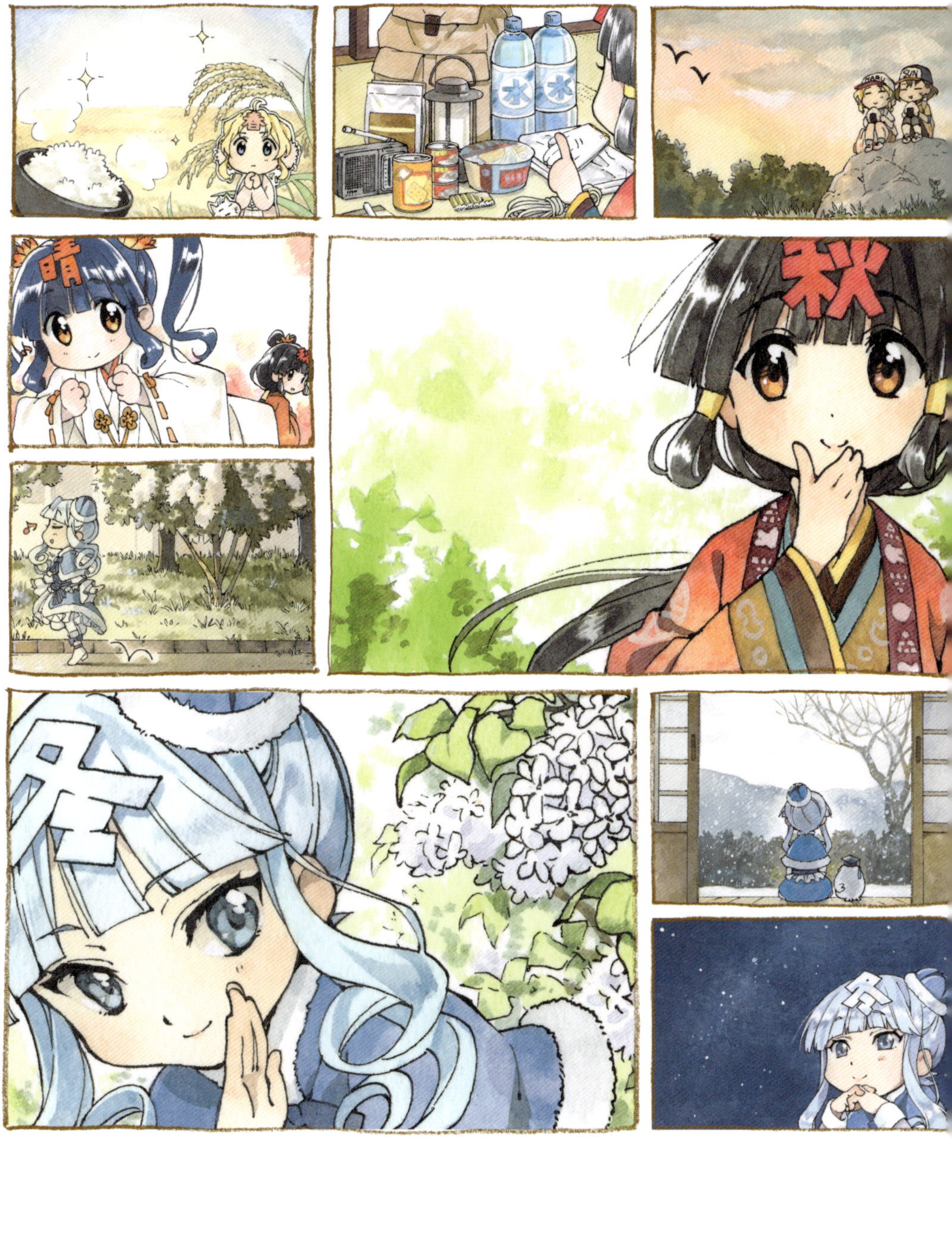
水
水
HARU
SUN
晴
秋
冬
冬

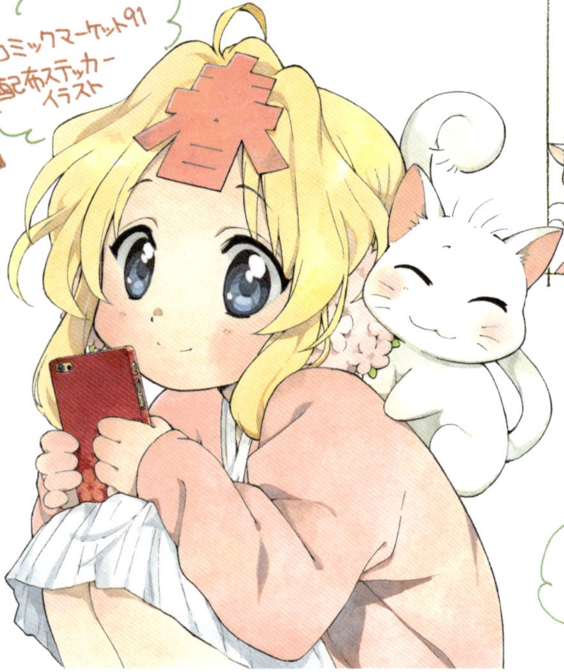

コミックマーケット91
配布ステッカー
イラスト

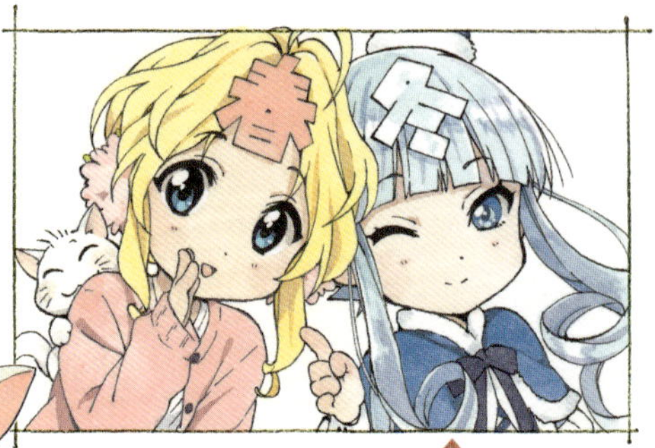

NHK気象キャラクター春ちゃん
『気象歳時記』

コミックマーケット93
配布本寄稿イラスト

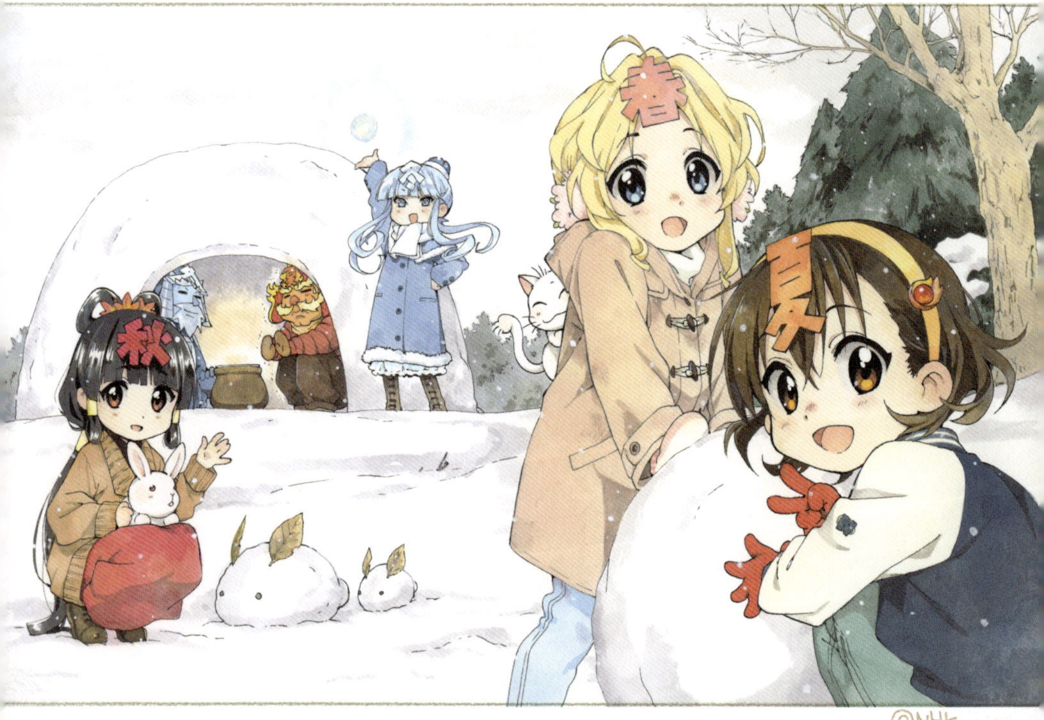

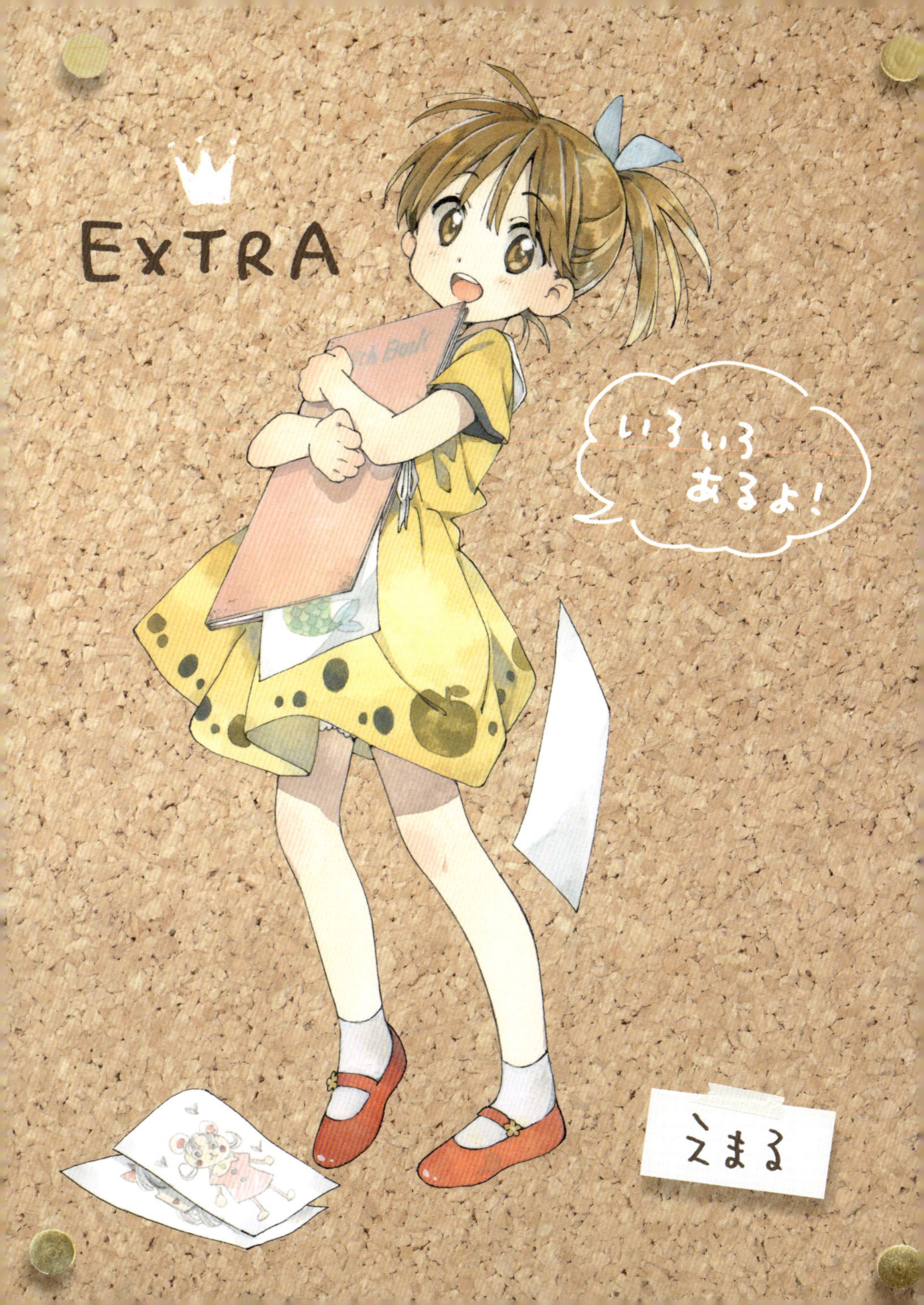
EXTRA
いろいろあるよ！
えまる

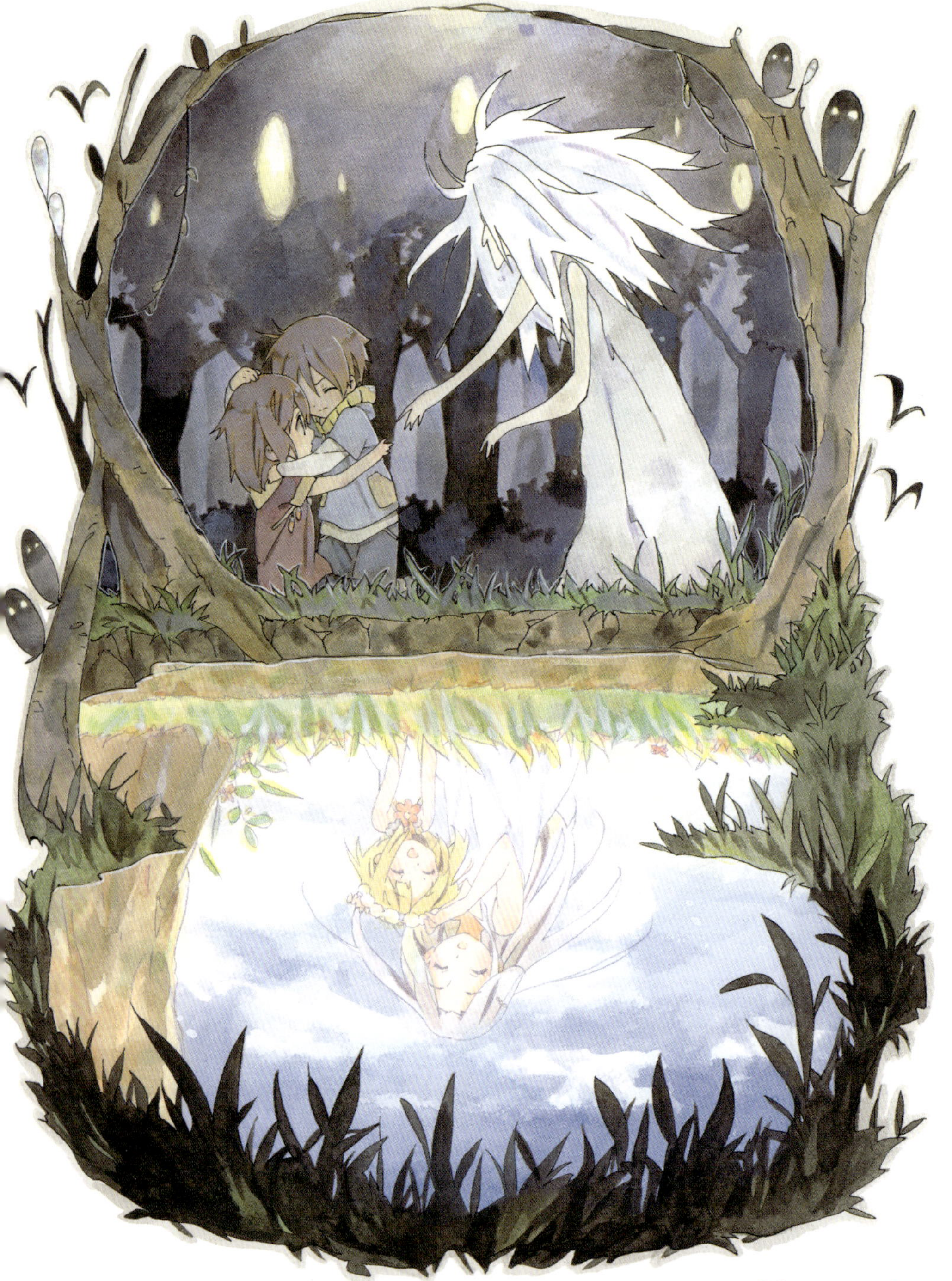

『季刊エス』vol. 21

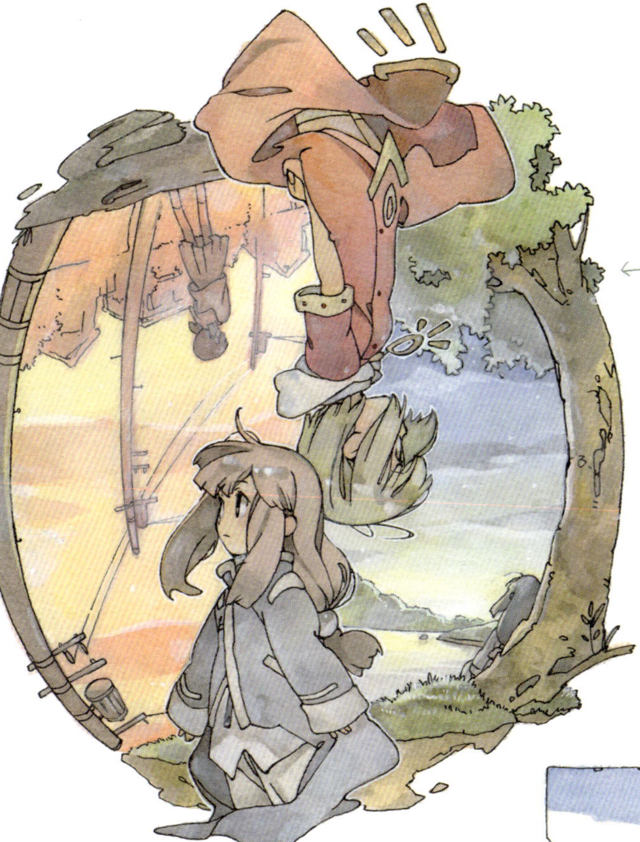

← 学生の時の絵。
今でもお気に入りです。
『ef』の絵もですが、どっちが天地か
覚えておらず、編集さんと考察の
結果こっちかなと。
ちなみに『ef』は今回雑誌と
逆にしました。

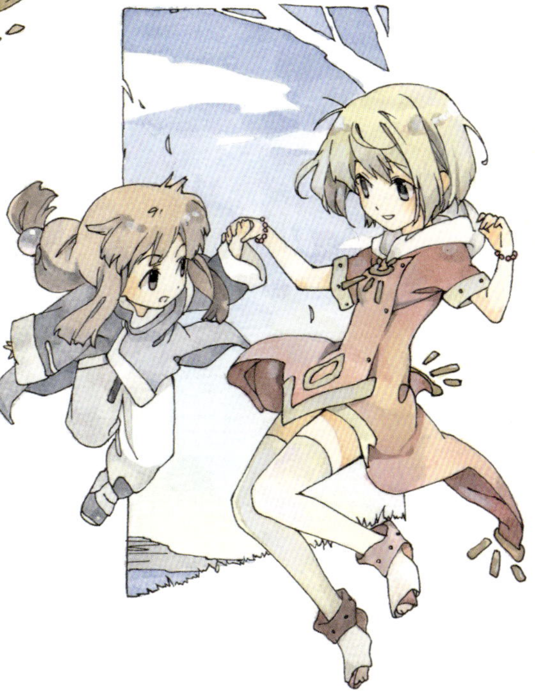

20代前半くらいに
上のをマネして描い
たもの。
この2人今でも
好きです。

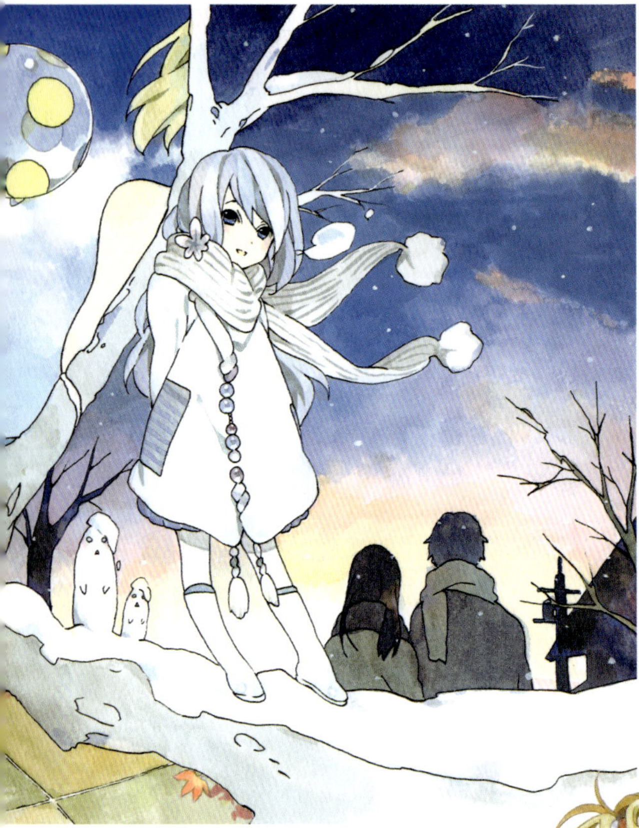

コミックマーケット80カタログ
まんだらけ購入特典
アニメスタイル特製うちおイラスト

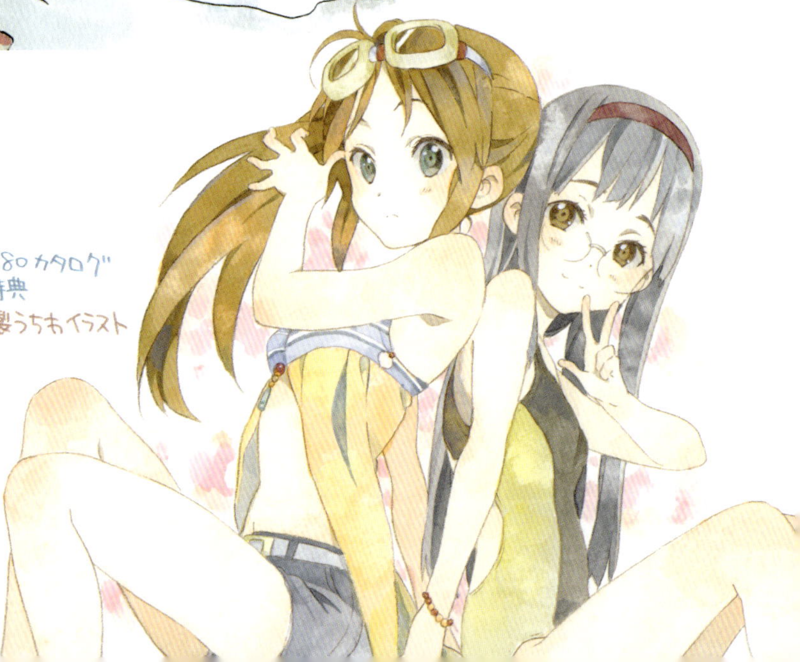

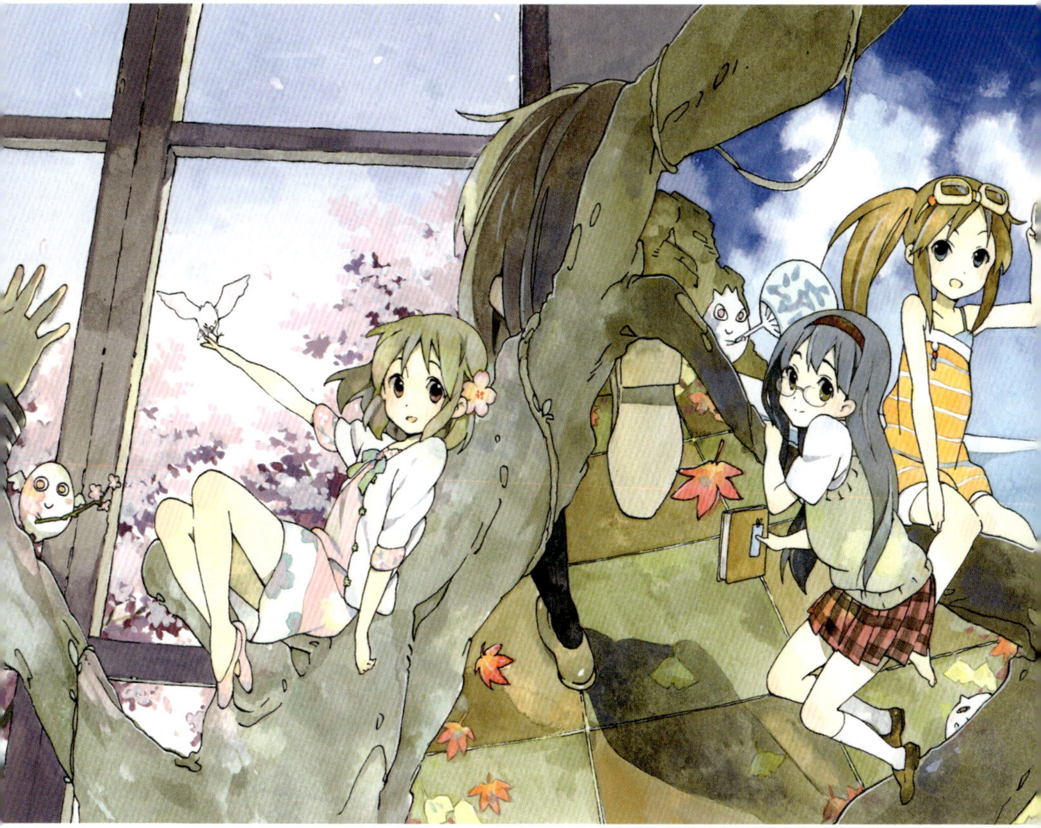

絵物語集「少女世界」ピンナップ

春夏秋冬ちゃんを描いていたので、
NHKさんから『春ちゃん』のお仕事が
来た時は おおっとなりました。

絵物語集『少女世界 第四号』表紙

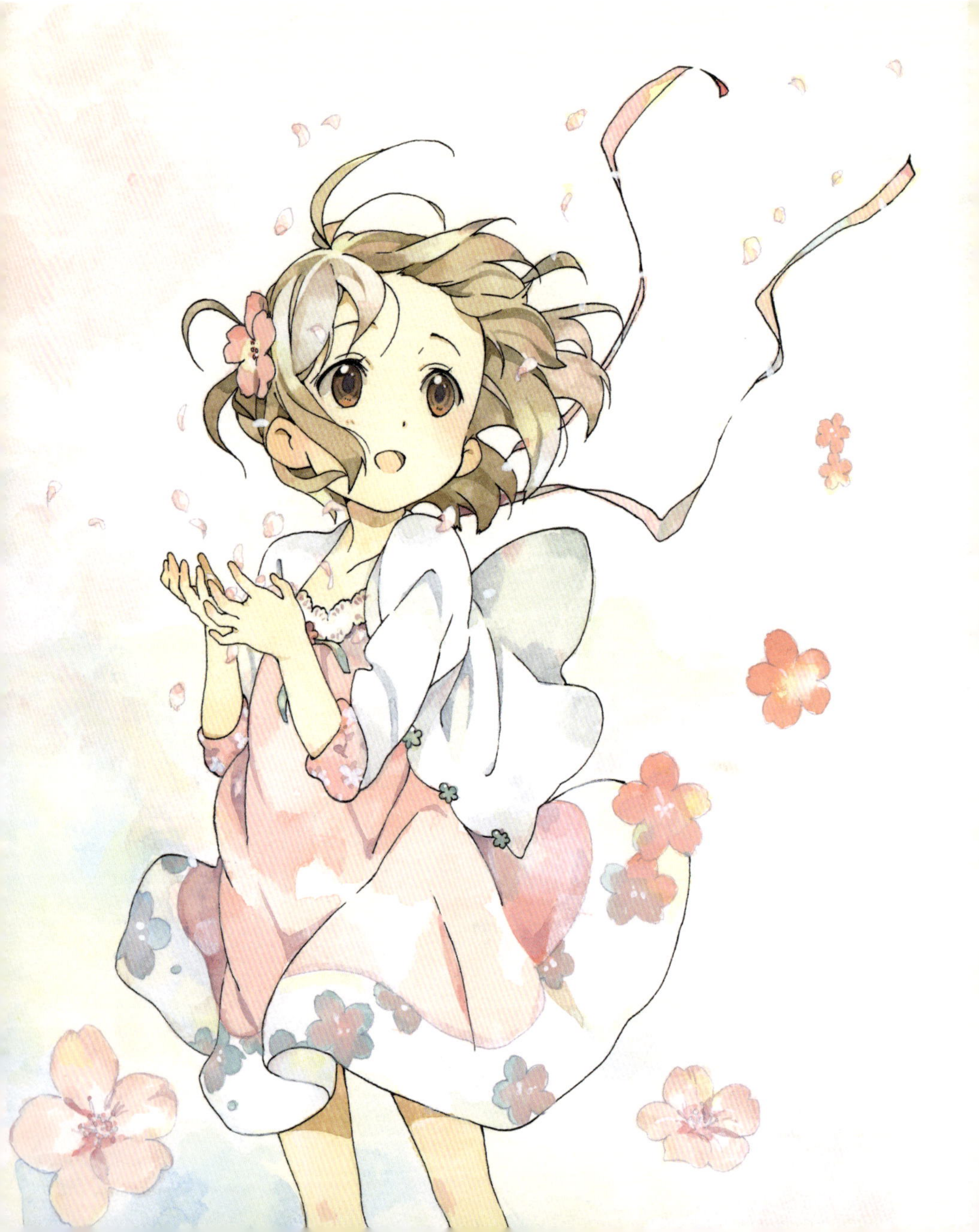

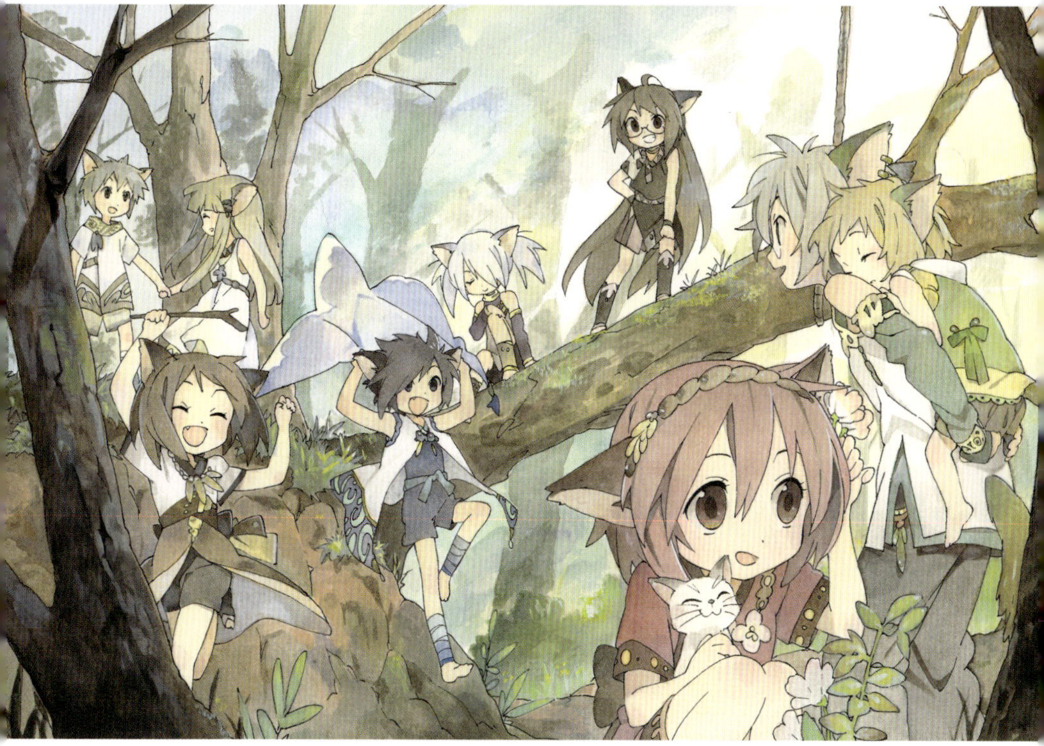

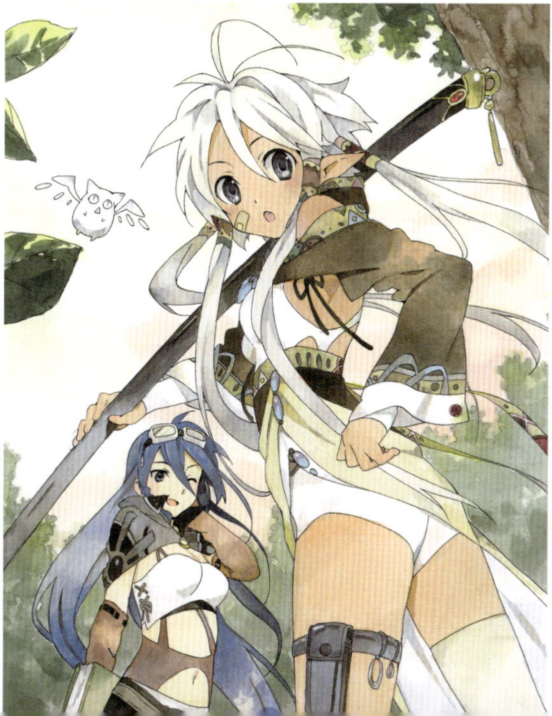

「季刊エス」vol.19

↑ 当時 解像度とか
よく理解してなかったのか
小さいサイズを送ってしまい
雑誌見てショックうけて
ました。
ぼやけてて。

← 何かの雑誌に
描いたイラスト。
思い出せず…

絵物語集「少女世界」ピンナップ

オリジナルは
やたら猫(ケモノ)耳が多い。

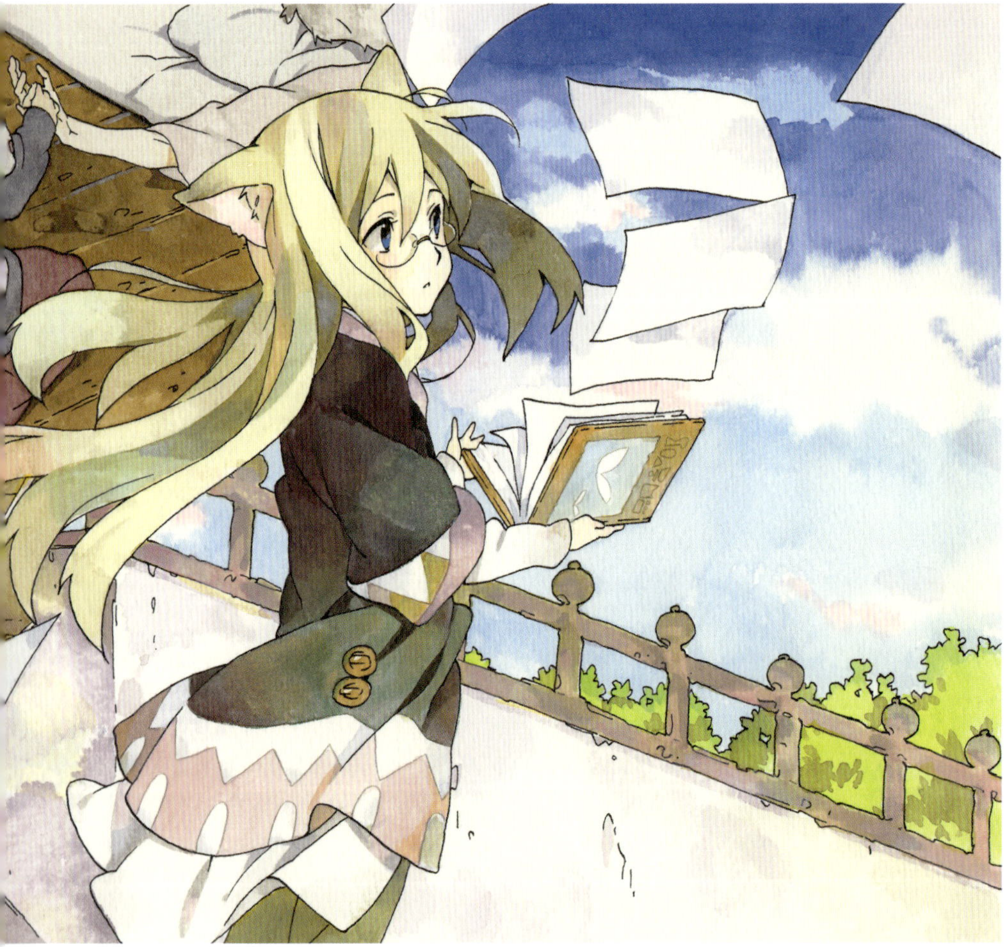

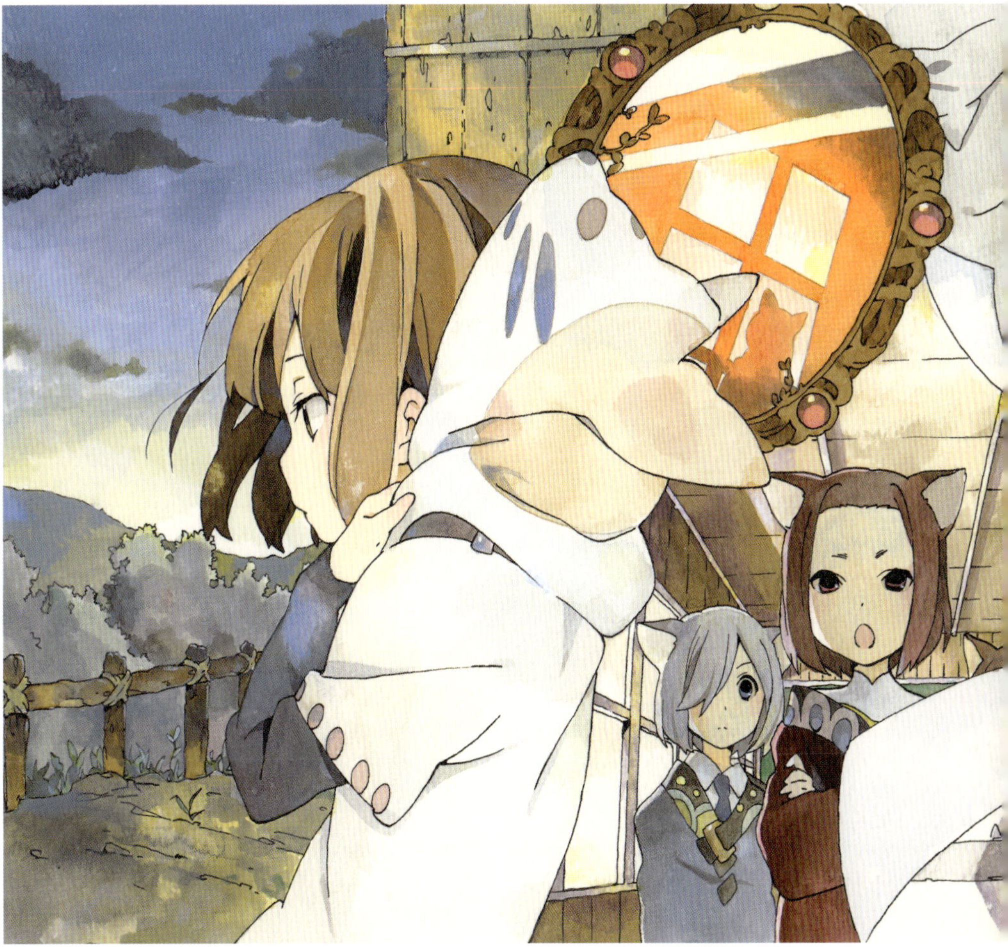

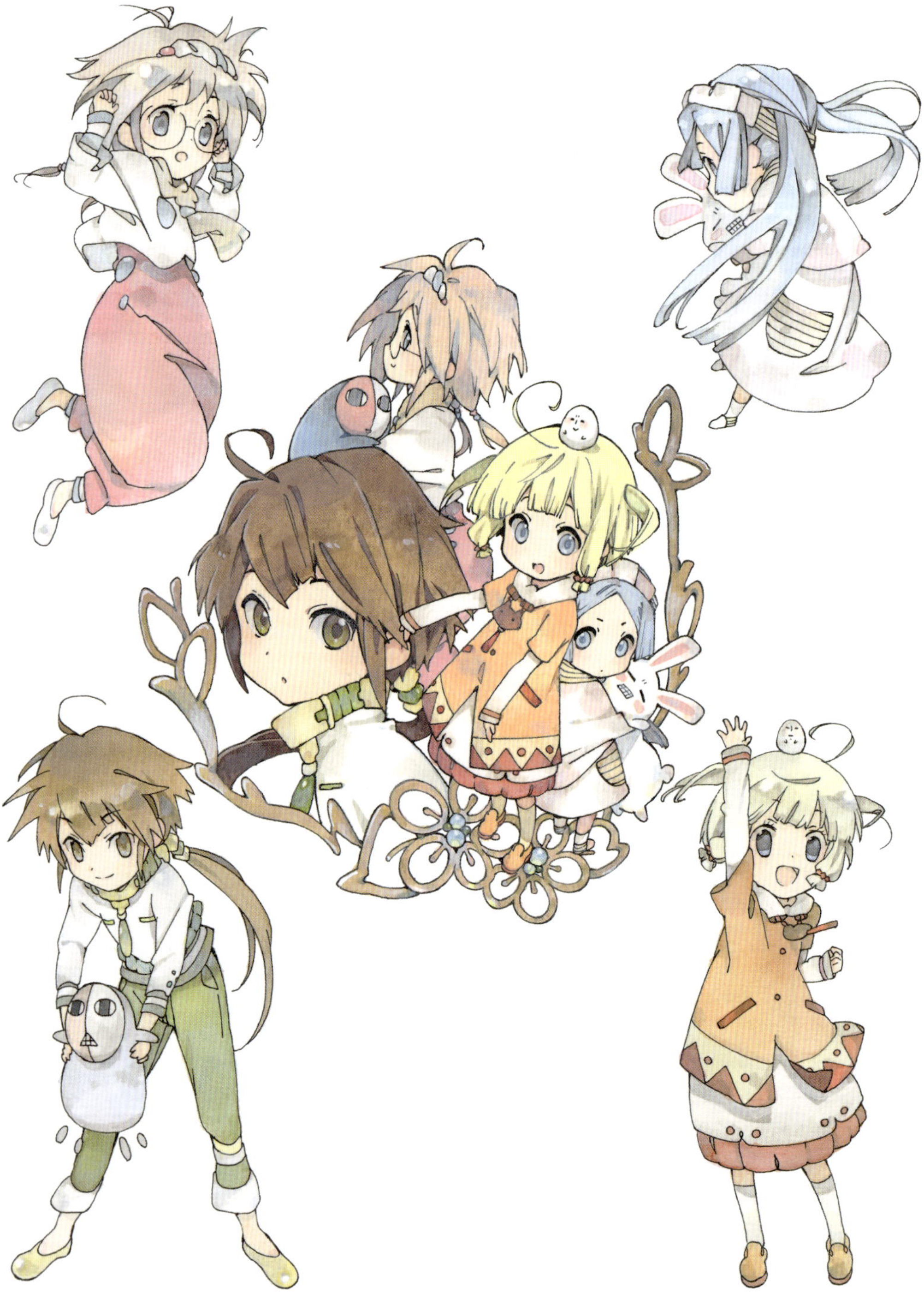

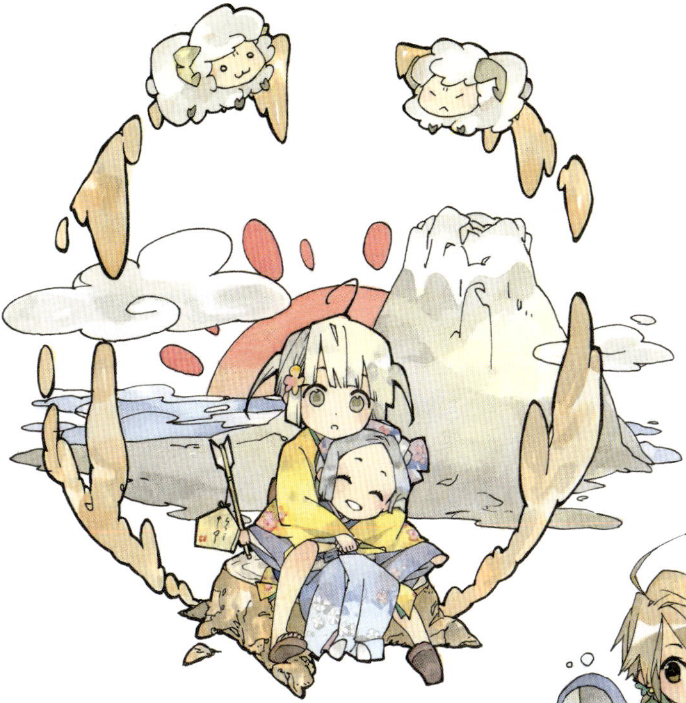

自分の中で歴史が長い
4人娘ちゃん。
黄色ちゃんと水色ちゃんは
姉妹です。

右ページは大人になってか
らの絵で、左ページは
学生時代に描いた
ものかな。

（右ページ真ん中は
リメイク描き下ろし）

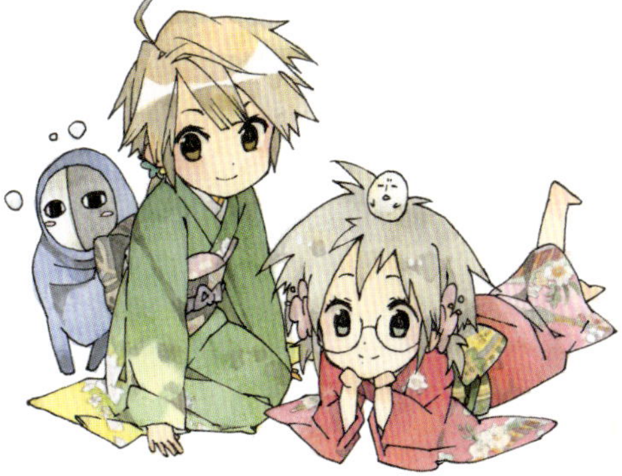

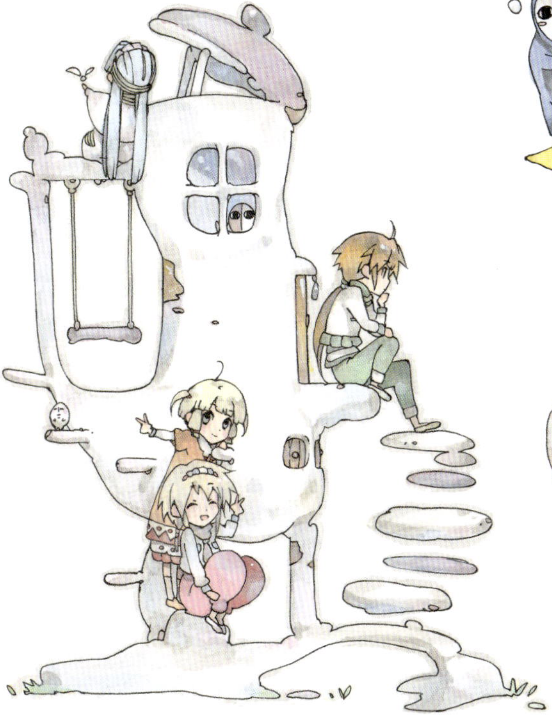

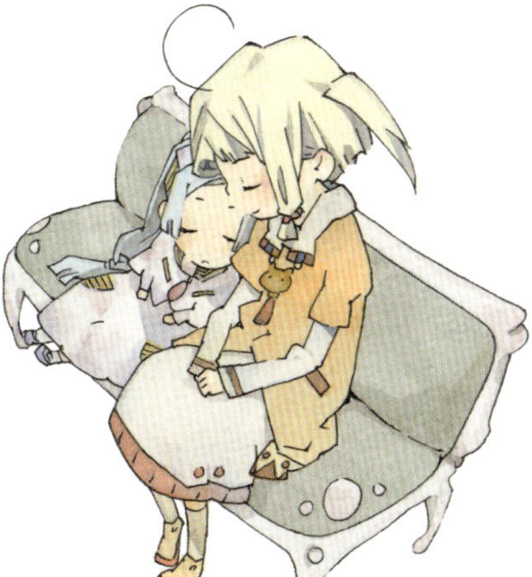

画集用
リメイク

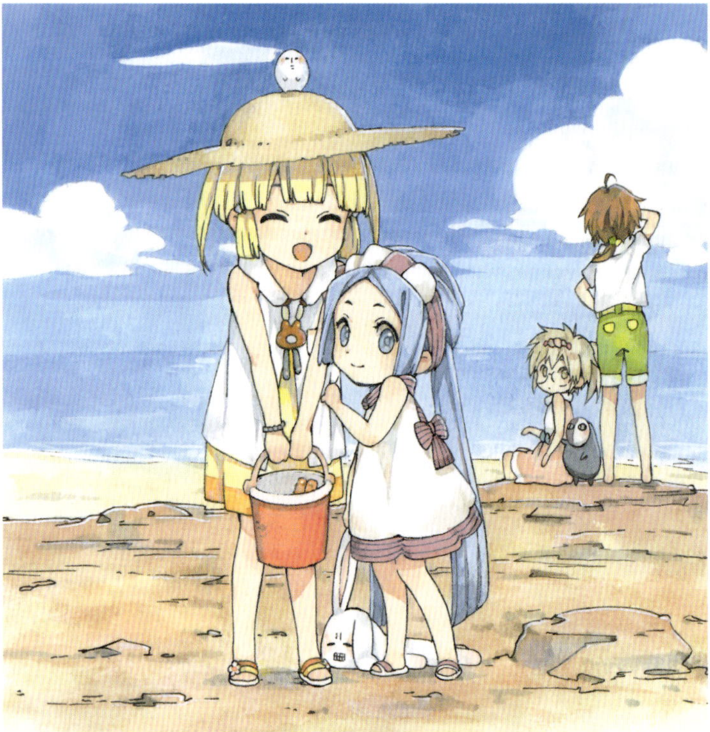

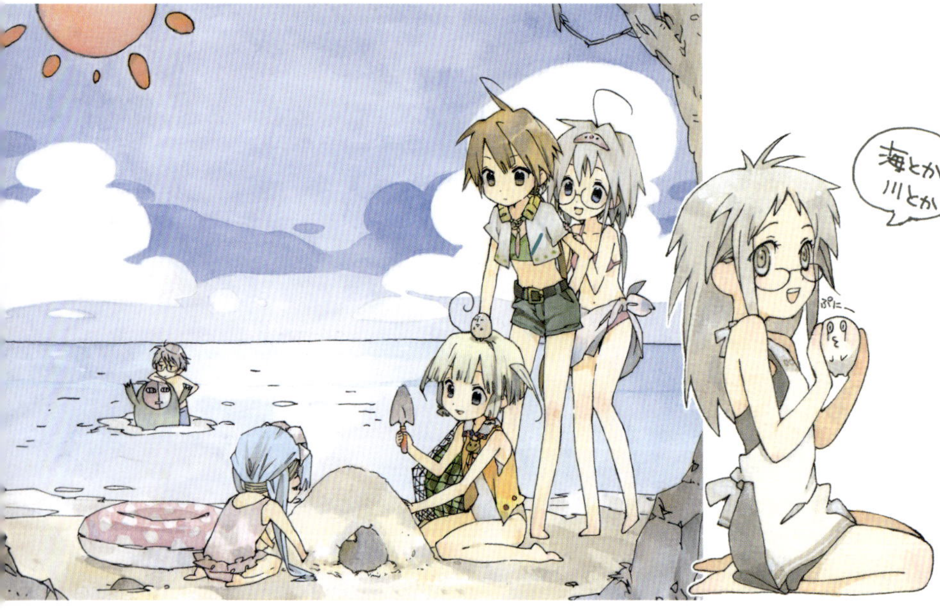

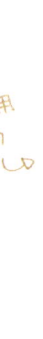

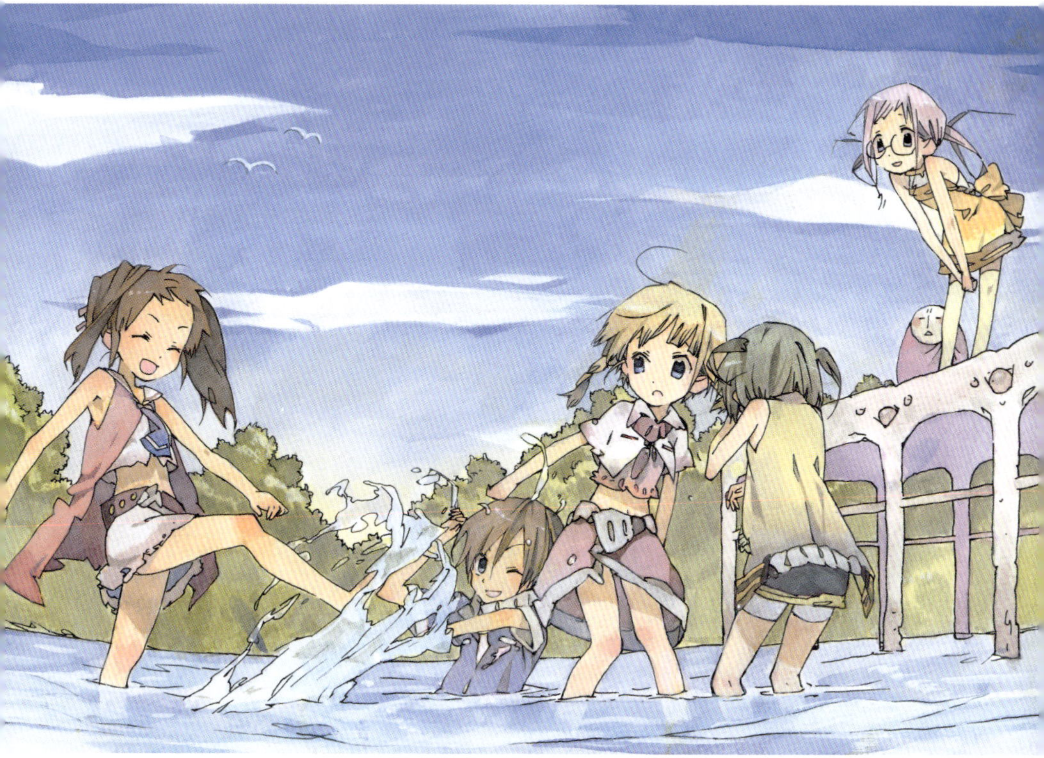

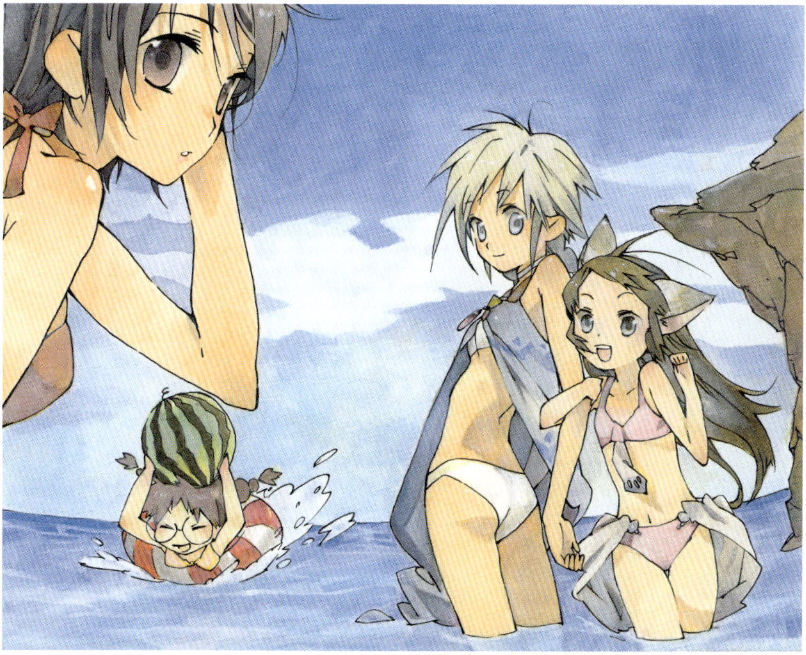

学生時代の。

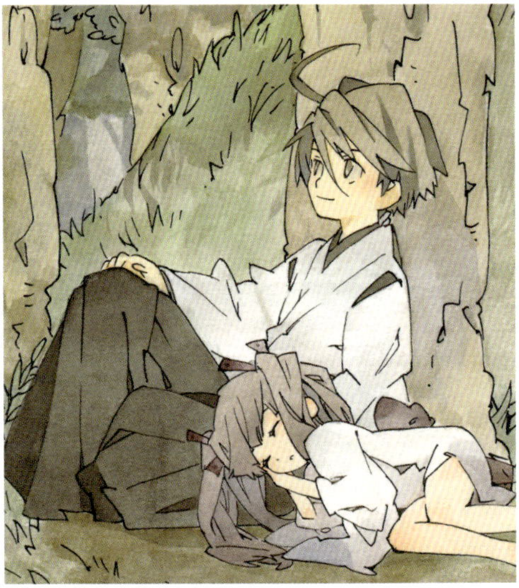

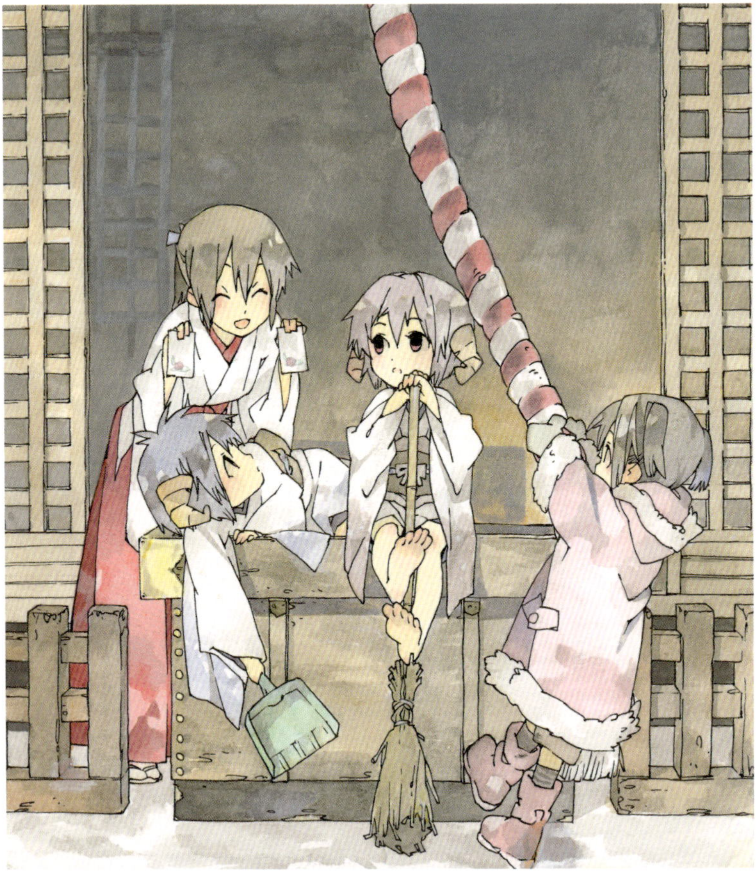

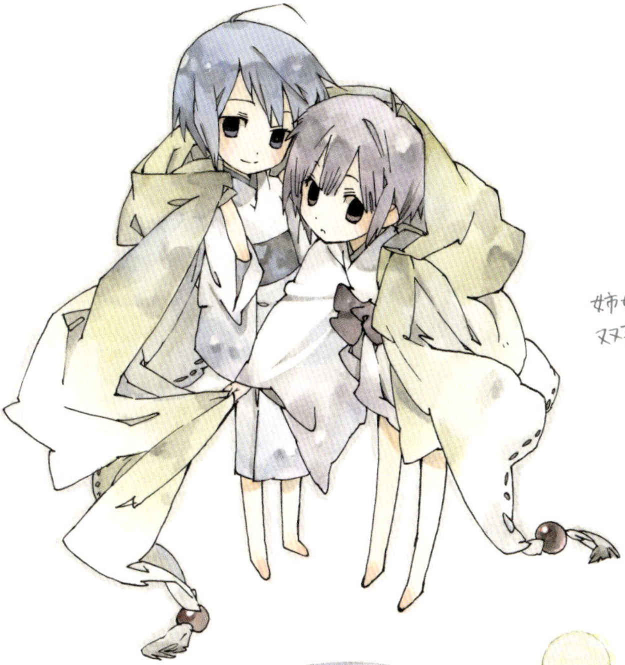

姉妹・姉弟・兄妹・
双子・年の差が好き。

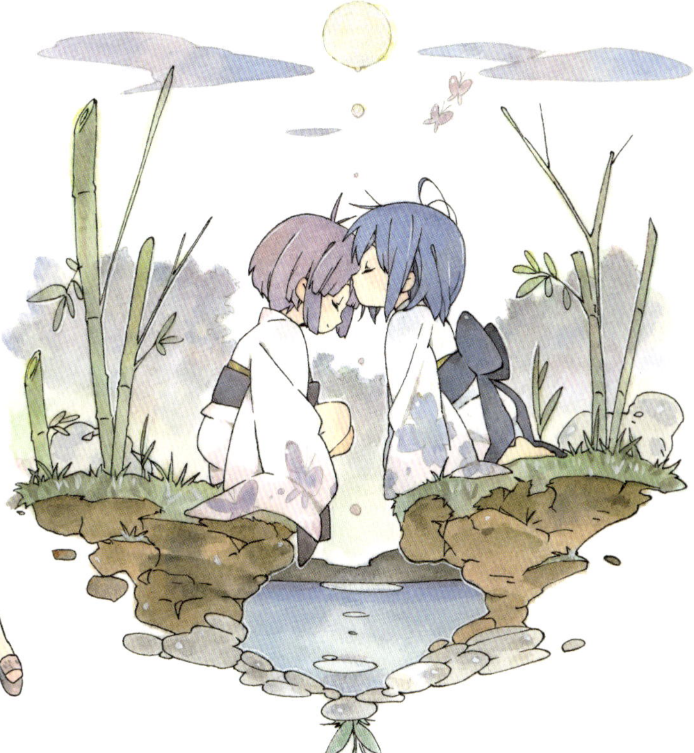

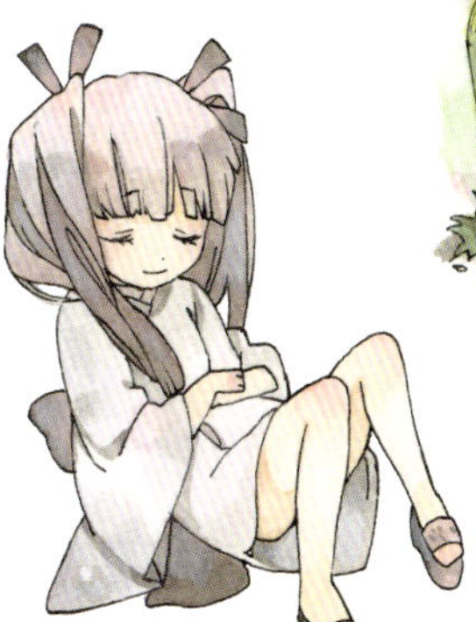

秘密の遠出。

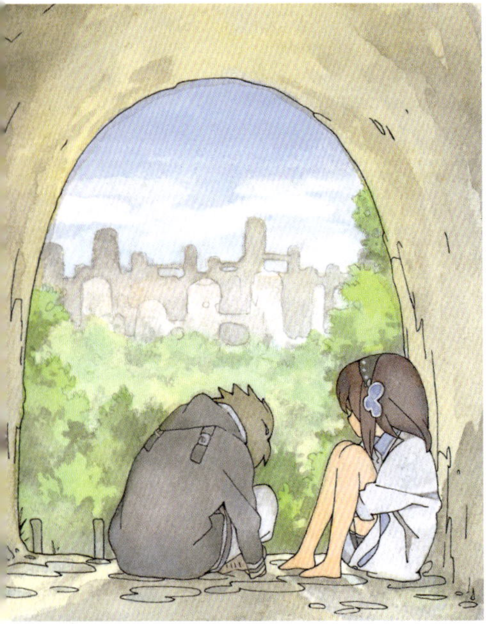

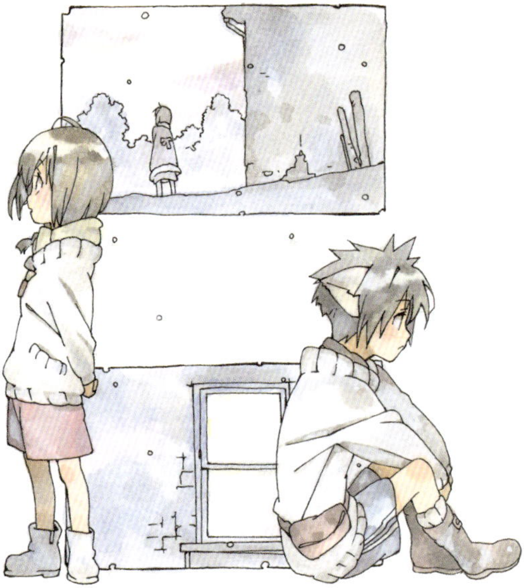

少女と猫。

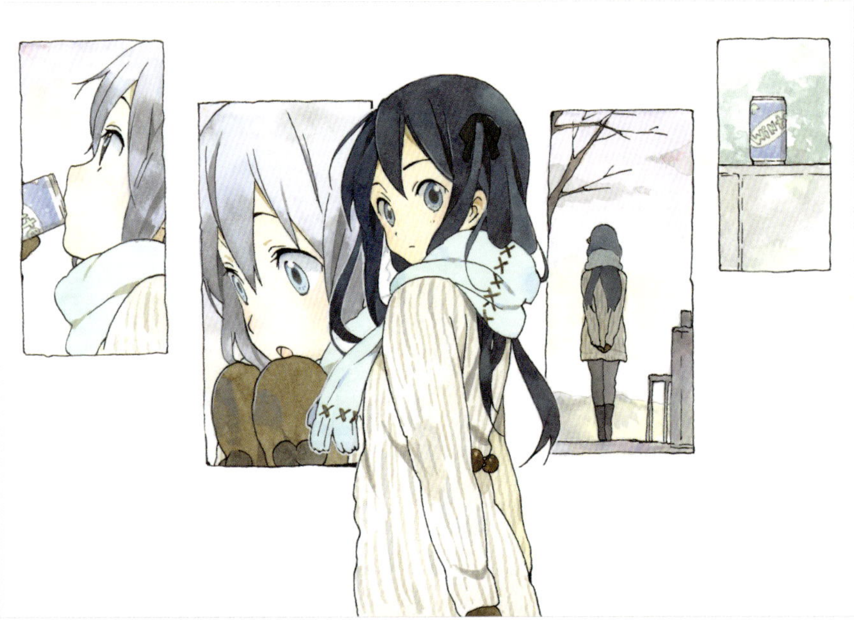

何だっけな
の絵。

絵柄的に
ココロコネクト
の時？

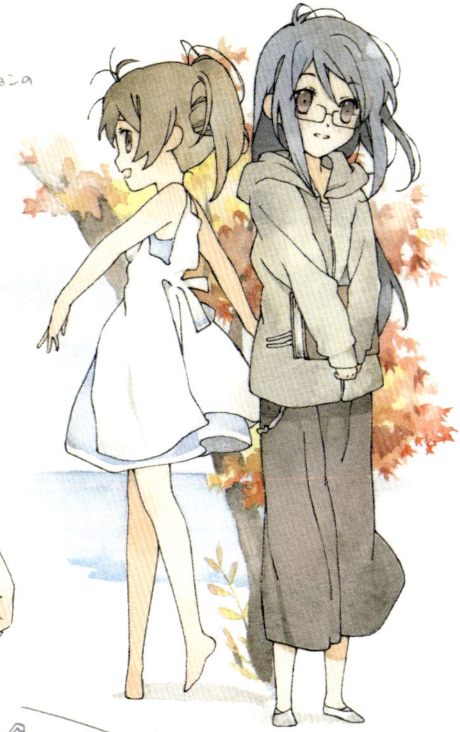
また別バージョンの
秋夏ちゃん。

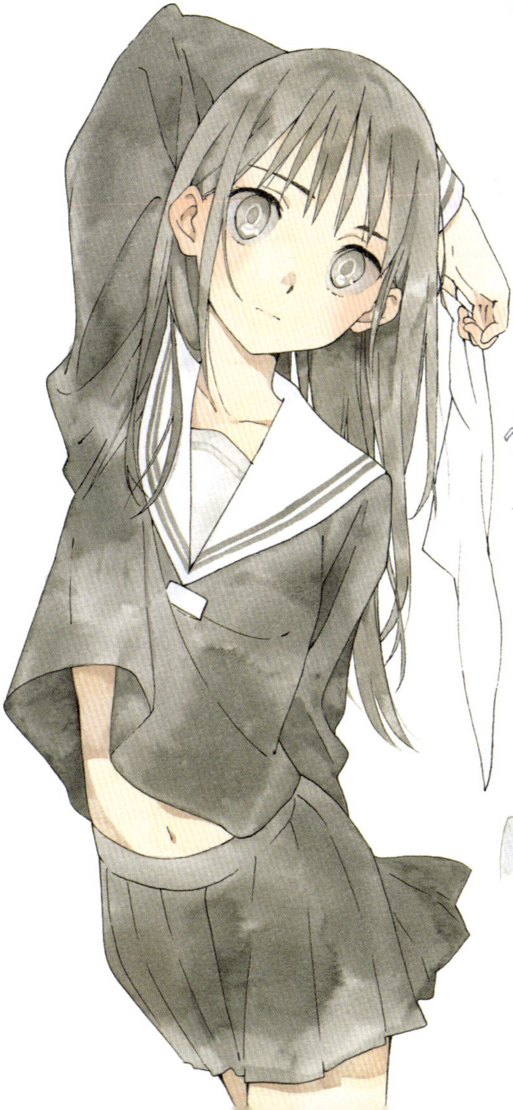
『ぶんどちっく』
表紙

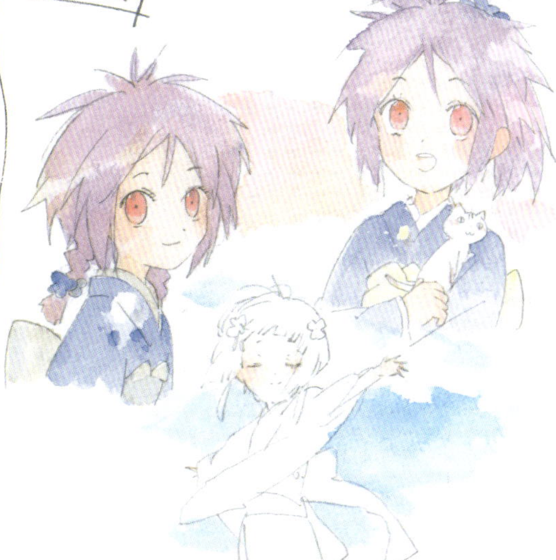

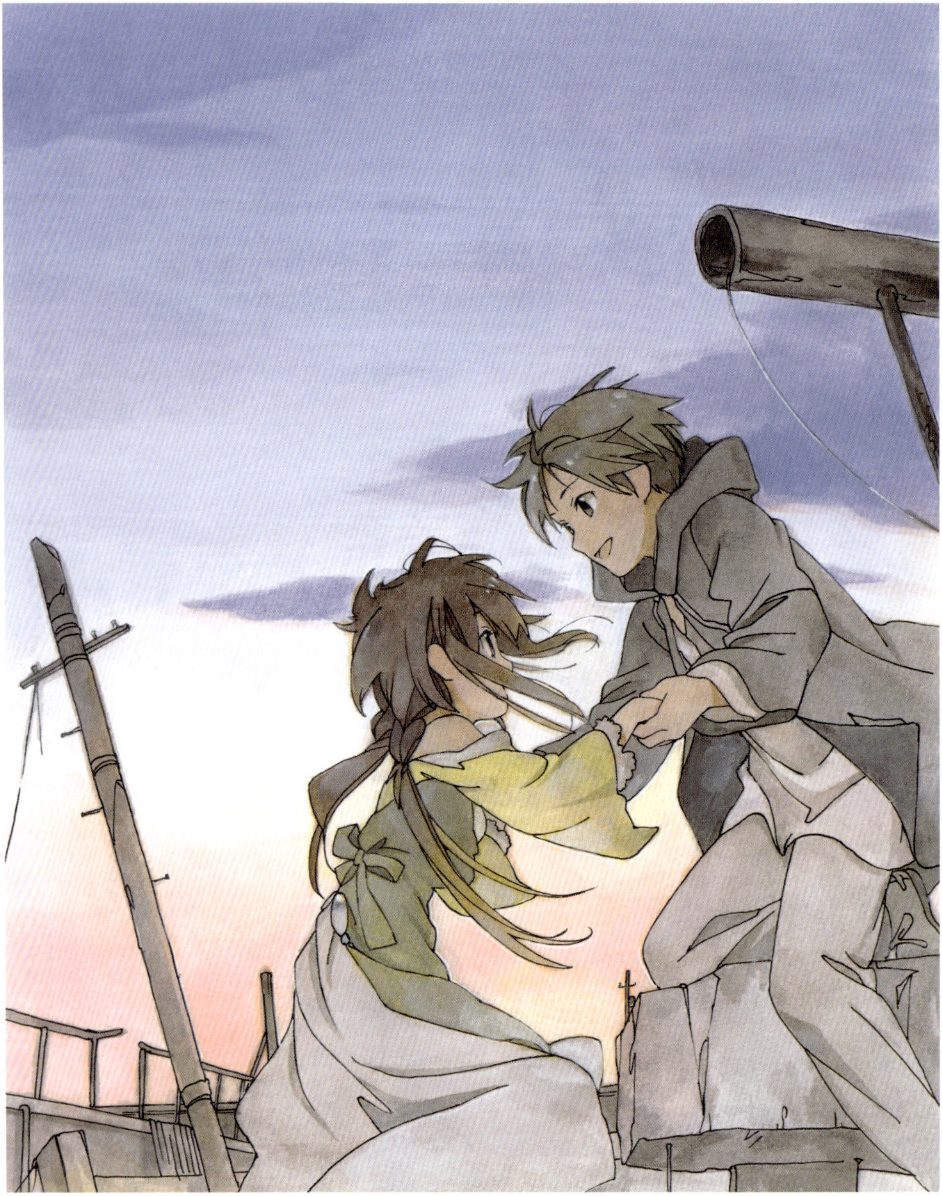

アンドロイドと少年の
叶うことのなかった恋。
みたいな。

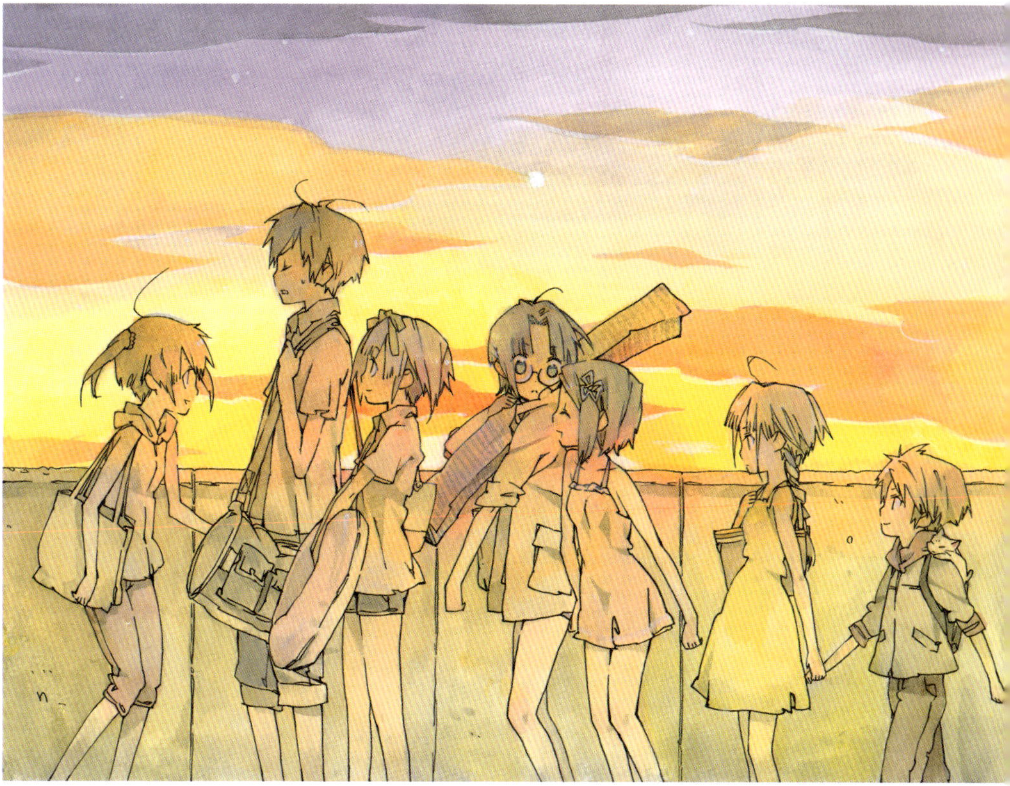

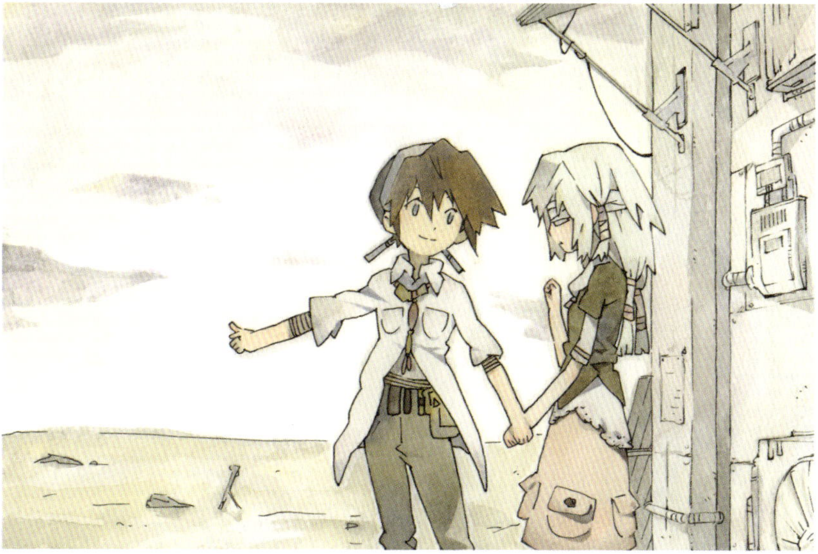

↑
ブギーポップの
小説にハマってて.
影響受けてる絵。
買ってた人はわかるかな.

ちなみに本命は
うしろの2人.

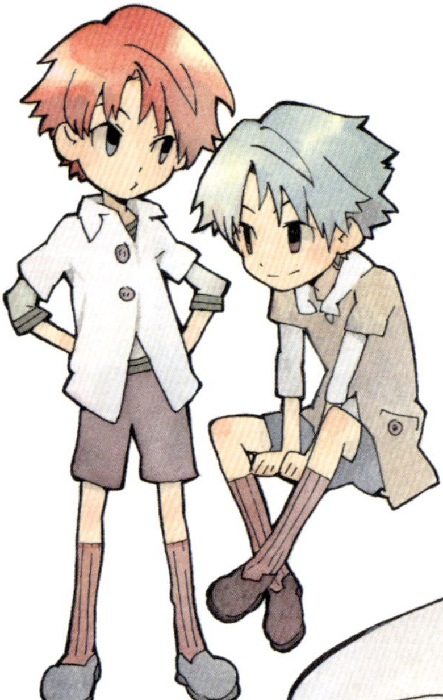

双子。
こっちの双子には
愛憎劇があってもいい。
笑。

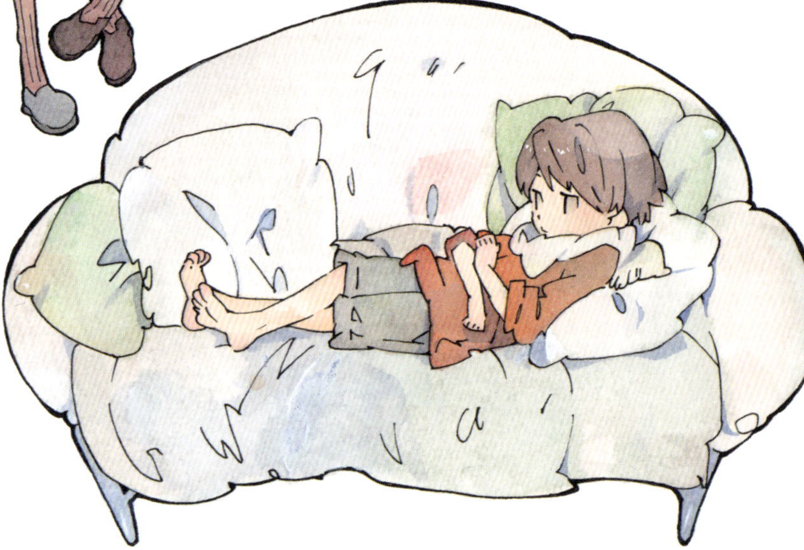

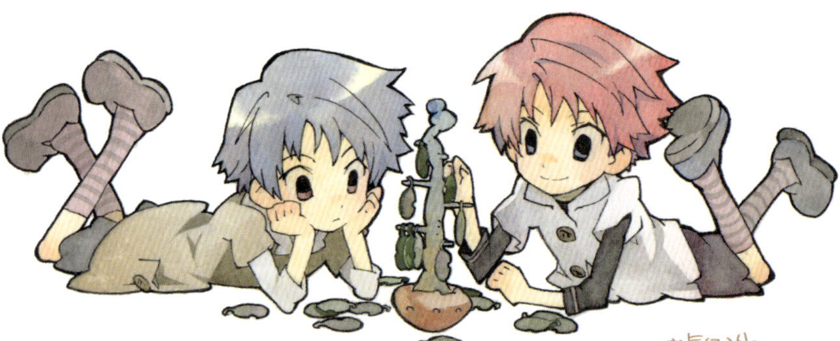

お気に入り。

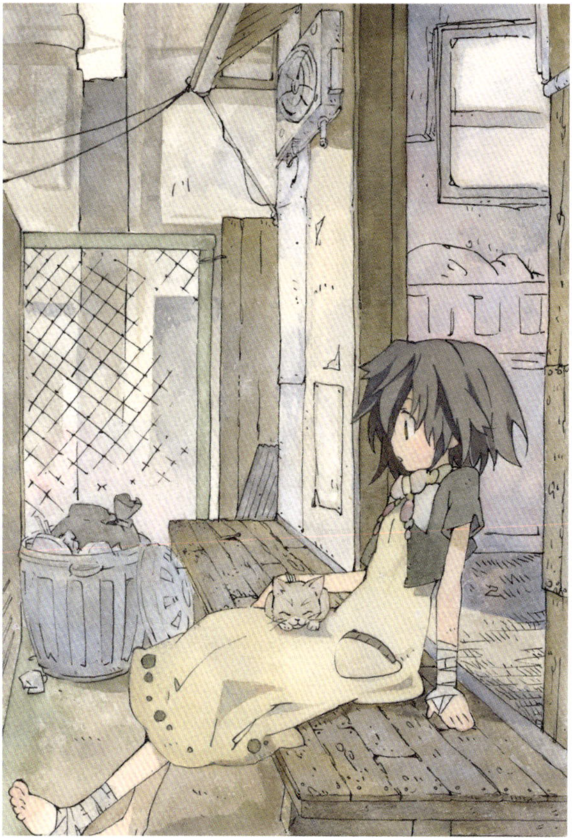

一番古い絵。
この頃はまだカラーインクではなく
学校の絵具使ってます。

↓

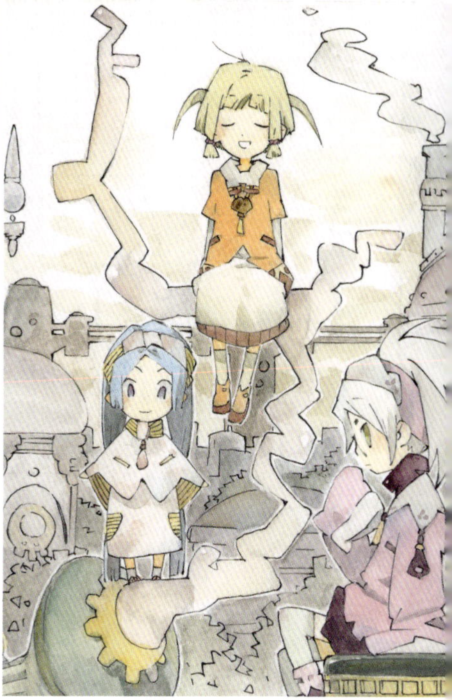

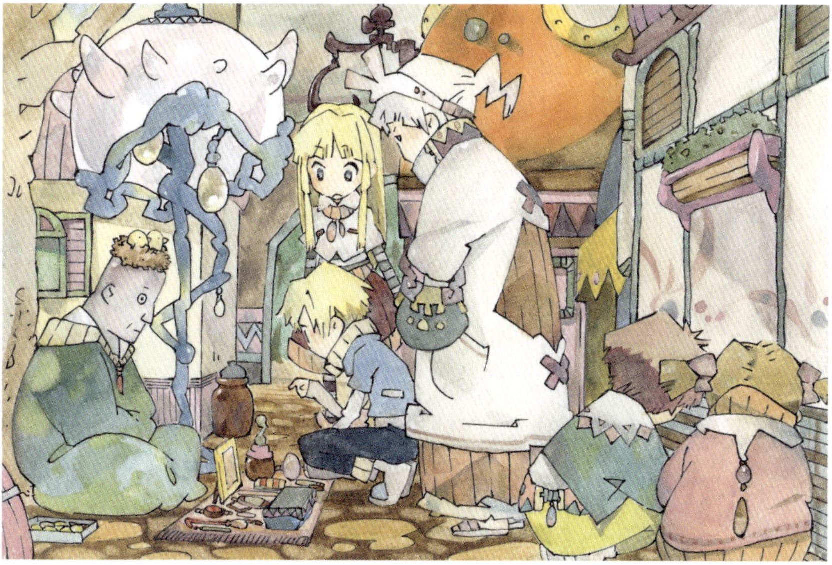

←
これも絵具。
入れる予定がなかった
ですが、姉の一声で。

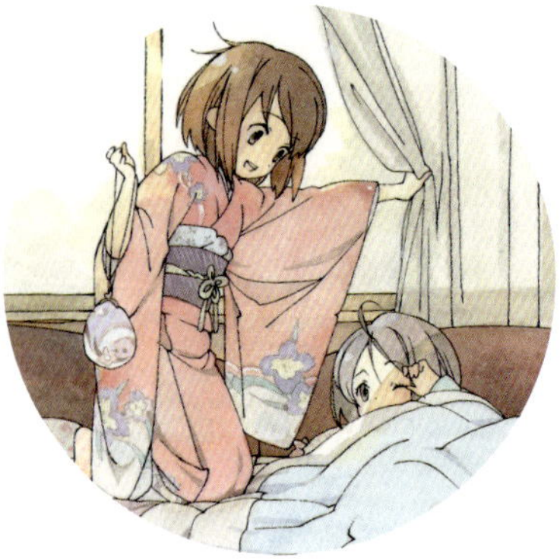

白身魚（しろみざかな）

2007年『扉の外』（電撃文庫）の装画で単行本デビュー。雑誌などでイラストを発表し、『コロシアム』（電撃文庫）、『ココロコネクト』（ファミ通文庫）シリーズなどの文庫で挿絵を担当。雑誌「コミック百合姫」（一迅社）や小説『生きてさえいれば』（文芸社文庫NEO）の表紙も手掛けている。白身魚はアニメーター堀口悠紀子のイラスト作品での名義。アニメ『らき☆すた』『けいおん!』『たまこまーけっと』『22/7（ナナブンノニジュウニ）』などで知られる。また、古くからのペンネームに「どちび」があり、「季刊エス」周辺の仕事はどちび名義。

主な使用画材

主線：呉竹漫画ブラック・Gペン（タチカワ）

彩色：ドクターマーチン ピグメント（耐水性カラーインク）、リキテックスリキッド（液状アクリル絵具 ※近年の作品に使用）

用紙①：シリウス水彩紙（昔から使っている黄みのある紙。本書のカバーや「コミック百合姫」で使用）

用紙②：アルデバラン版画紙（色がやわらかく出る。『コロシアム』『白蝶記』などに使用したが、現在廃盤）

他に一度だけ使用している用紙もあるが、現在は主にこの二種類で描いている。

愛蔵版刊行にあたり、描き下ろしや追加収録を行いました。

白身魚自選イラスト集

真昼の月〔愛蔵版〕

midday moon The Art of Shiromizakana

2024年8月20日　初版第1刷発行

著者　白身魚

編集・デザイン　佐々木弥生

発行人　三芳寛要

発行元　株式会社 パイ インターナショナル

〒170-0005　東京都豊島区南大塚2-32-4

電話：03-3944-3981　FAX：03-5395-4830

sales@pie.co.jp

印刷・製本　TOPPANクロレ株式会社

ISBN 978-4-7562-5827-4 C0079

Printed in Japan

PIE International Inc.

2-32-4 Minami-Otsuka, Toshima-ku, Tokyo 170-0005 JAPAN

international@pie.co.jp　www.pie.co.jp/english

ISBN978-4-7562-5921-9 (Outside Japan)　Printed in Japan

Special Thanks（順不同・敬称略）

コミック百合姫編集部／BALCOLONY.／ポプラ文庫ピュアフル編集部／メディアワークス文庫編集部／ハヤカワ文庫JA編集部／文芸社文庫NEO編集部／電撃文庫編集部／ダッシュエックス文庫編集部／ガガガ文庫編集部／妹さえいれば委員会／ファミ通文庫編集部／MF文庫J編集部／角川スニーカー文庫編集部／Discover 21／角川文庫編集部／光文社文庫編集部／栗俣力也／徳間書店 文芸編集部／エンターブレイン／minori／ビジュアルアーツ／竜騎士07／あっと／SEGA／WING STAGE TAIPEI／コミックNewtype編集部／NTV／アニプレックス／TYPE-MOON／NHK／五十嵐由美／アニメスタイル／佐々木弥生／上座梟